Kohlhammer

Kompass Recht

herausgegeben von Dieter Krimphove

Strafprozessrecht

von

Dr. Lars Bierschenk
Richter am Landgericht, Landgericht Bonn

Dr. Johannes Koranyi
Richter am Landgericht, Landgericht Bonn

Sebastian Weikinger
Staatsanwalt, Staatsanwaltschaft Bonn

Verlag W. Kohlhammer

Inhalt des Download-Materials:
- Gerichtsentscheidungen
- Interaktive Fälle
- Multiple-Choice-Fragen
- Schemata
- Muster

Download des o. g. Materials unter https://dl.kohlhammer.de/
978-3-17-038049-3

Die in dem Werk verwendeten Symbole bedeuten:

 = Klausurtipps für Studenten

 = Tipps für Praktiker

 = Weiterführender bzw. ergänzender Text als Download-Datei

© 2021 W. Kohlhammer GmbH Stuttgart
Gesamtherstellung: W. Kohlhammer GmbH, Stuttgart

Print:
ISBN: 978-3-17-038049-3

E-Book-Format:
pdf: ISBN 978-3-17-038050-9

Vorwort

Nach einer Beschreibung des Strafrechtlers Claus Roxin ist das Strafprozess-recht der *„Seismograph der Staatsverfassung"* (Roxin/Schünemann, Strafver-fahrensrecht § 2 Rn. 1). Das beinahe geflügelte Wort bezeichnet den Konflikt zwischen effektiver Strafrechtspflege und hinreichendem Schutz der Beschul-digten. Über ihre staatsrechtliche Bedeutung hinaus hat die Wendung Roxins längst auch unmittelbare Geltung für die juristische Ausbildung und Praxis erlangt; denn das Strafprozessrecht gilt gemeinhin als besonders sensible Materie und die Sorge, Verfahrensfehler zu begehen oder zu übersehen, ist ein ständiger Begleiter beim Umgang mit diesem Rechtsgebiet. Sowohl der Um-fang der StPO als auch die beachtliche Menge wissenschaftlicher und didakti-scher Literatur zeigen, dass eine fehlerorientierte Betrachtung des Strafprozess-rechts durchaus geboten ist. Hierunter darf aber nicht der Blick auf die Sache leiden; denn jedes rechtsstaatliche Strafverfahren hat letztlich eine dienende Funktion: die Ermittlung der Wahrheit und der gesetzlich gebotenen Folgen (§§ 244 Abs. 2, 264 StPO i. V. m. Art. 20 Abs. 3 GG).

Vor diesem Hintergrund versteht sich dieses Buch im wahrsten Sinne des Wor-tes als ein Kompass bei der Durchdringung des Strafprozessrechts. Einen Kom-mentar oder ein Handbuch will dieser Band nicht ersetzen. Er ist vielmehr eine zusätzliche Orientierungshilfe bei der Navigation entlang der wichtigsten pro-zessualen Klippen und stützt sich dabei auf unsere Erfahrungen aus der beruf-lichen Praxis, der universitären Lehre und der Referendarausbildung. Diesem Zweck entsprechend richten sich die Ausführungen vorwiegend nach der Rspr. des BGH, wobei aber stets auch das Bewusstsein für streitige Aspekte und ihre juristische Erörterung geschärft werden soll.

Zur besseren Verständlichkeit wird zumeist nur eine männliche oder eine weib-liche Form verwendet; die jeweiligen Formulierungen sollen jedoch Personen jeglichen Geschlechts einschließen.

Bonn, im Dezember 2020   Die Verfasser

Inhaltsverzeichnis

Abkürzungsverzeichnis

Abb.	Abbildung
Abs.	Absatz
AktO	Aktenordnung
AO	Abgabenordnung
Art.	Artikel
AufenthG	Aufenthaltsgesetz
Aufl.	Auflage
Az.	Aktenzeichen
BaFin	Bundesanstalt für Finanzdienstleistungsaufsicht
BAK	Blutalkoholkonzentration
BayAGGVG	Bayerisches Gesetz zur Ausführung des GVG und von Verfahrensgesetzen des Bundes
BayStVollzG	Bayerisches Strafvollzugsgesetz
BBG	Bundesbeamtengesetz
BeamtStG	Beamtenstatusgesetz
BerlVerfGH	Verfassungsgerichtshof Berlin
BeStra NRW	Anordnung über Berichtspflichten in Strafsachen Nordrhein-Westfalen
BfJ	Bundesamt für Justiz
BGB	Bürgerliches Gesetzbuch
BGBl.	Bundesgesetzblatt
BGH	Bundesgerichtshof
BKA	Bundeskriminalamt
BKAG	Bundeskriminalamtgesetz
Bl.	Blatt
BNetzA	Bundesnetzagentur
BPolG	Gesetz über die Bundespolizei
BRAO	Bundesrechtsanwaltsordnung
BT-Drs.	Drucksache des Deutschen Bundestages
BtMG	Betäubungsmittelgesetz
BVerfG	Bundesverfassungsgericht
BVerwG	Bundesverwaltungsgericht
BZR	Bundeszentralregister
BZRG	Bundeszentralregistergesetz

bzw.	beziehungsweise
DAD	DNA-Analyse-Datei
d. A.	der Akte
d. h.	das heißt
DJZ	Deutsche Juristenzeitung
DNA	deoxyribonucleic acid (Desoxyribonukleinsäure)
DRiG	Deutsches Richtergesetz
DRiZ	Deutsche Richterzeitung
DSGVO	Datenschutzgrundverordnung
EBAO	Eintreibungs- und Beitreibungsanordnung
EGGVG	Einführungsgesetz zum Gerichtsverfassungsgesetz
EGMR	Europäischer Gerichtshof für Menschenrechte
EGStPO	Einführungsgesetz zur Strafprozessordnung
Einl.	Einleitung
EMRK	Europäische Menschenrechtskonvention
etc.	et cetera
EU	Europäische Union
EuGH	Europäischer Gerichtshof
EUR	Euro
EZB	Europäische Zentralbank
f., ff.	folgende
FAER	Fahreignungsregister (ehemals VZR)
GewO	Gewerbeordnung
GG	Grundgesetz
ggf.	gegebenenfalls
GnO NRW	Gnadenordnung Nordrhein-Westfalen
GVG	Gerichtsverfassungsgesetz
h. M.	herrschende Meinung
HmbStVollzG	Hamburgisches Strafvollzugsgesetz
Hrsg.	Herausgeber
HS	Halbsatz
HStVollzG	Hessisches Strafvollzugsgesetz
i. d. R.	in der Regel
insb.	insbesondere
IMEI	International Mobile Station Equipment Identity
IMSI	International Mobile Subscriber Identity
i. S. d.	im Sinne des/der
i. S. v.	im Sinne von
i. Ü.	im Übrigen

i. V. m.	in Verbindung mit
JA	Juristische Arbeitsblätter
JBeitrG	Justizbeitreibungsgesetz
JGG	Jugendgerichtsgesetz
JMBl. NRW	Justizministerialblatt Nordrhein-Westfalen
JuS	Juristische Schulung
JustG NRW	Gesetz über die Justiz im Land Nordrhein-Westfalen
JVA	Justizvollzugsanstalt
JVollzGB III	Gesetzbuch über den Justizvollzug Baden-Württemberg, Buch 3, Strafvollzug
JVollzGB SA	Justizvollzugsgesetzbuch Sachsen-Anhalt
KWG	Kreditwesengesetz
LG	Landgericht
lit.	littera
MiStra	Anordnung über Mitteilungen in Strafsachen
NJVollzG	Niedersächsisches Justizvollzugsgesetz
NJW	Neue Juristische Wochenschrift
Nr.	Nummer/n
NStZ	Neue Zeitschrift für Strafrecht
NVwZ	Neue Zeitschrift für Verwaltungsrecht
NVwZ-RR	NVwZ Rechtsprechungs-Report
OLG	Oberlandesgericht
OrgStA	Anordnung über Organisation und Dienstbetrieb der Staatsanwaltschaft
OVG	Oberverwaltungsgericht
OWiG	Gesetz über Ordnungswidrigkeiten
PolG NRW	Polizeigesetz Nordrhein-Westfalen
RiStBV	Richtlinien für das Strafverfahren und das Bußgeldverfahren
Rn.	Randnummer
RPflG	Rechtspflegergesetz
Rspr.	Rechtsprechung
RVG	Rechtsanwaltsvergütungsgesetz
RVO	Rechtsverordnung
S.	Seite
SGB	Sozialgesetzbuch (römische Zählung)
SMS	Short Message Service
sog.	sogenannt
StA	Staatsanwaltschaft
StB	Beschwerde in Strafsachen (Az.)

StGB	Strafgesetzbuch
StPO	Strafprozessordnung
StR	Revisionsverfahren in Strafsachen (Az.)
StrEG	Strafverfolgungsentschädigungsgesetz
StV	Strafverteidiger
StVollzG	Strafvollzugsgesetz (Bund)
StVollzG Bln.	Berliner Strafvollzugsgesetz
StVollzG MV	Strafvollzugsgesetz Mecklenburg-Vorpommern
StVollzG NRW	Gesetz zur Regelung des Vollzugs der Freiheitsstrafen in Nordrhein-Westfalen
StVollstrO	Strafvollstreckungsordnung
TKG	Telekommunikationsgesetz
TKÜ	Telekommunikationsüberwachung
u. a.	unter anderem
usw. / u.s.w.	und so weiter
u. U.	unter Umständen
UVollzG NRW	Untersuchungshaftvollzugsgesetz Nordrhein-Westfalen
v.	vom
Vfg.	Verfügung
vgl.	vergleiche
Vorb.	Vorbemerkung
VV	Vergütungsverzeichnis (Anlage 1 RVG)
VwVfG	Verwaltungsverfahrensgesetz
VZR	Verkehrszentralregister (nun FAER)
WaffG	Waffengesetz
z. B.	zum Beispiel
ZPO	Zivilprozessordnung
ZStV	Zentrales Staatsanwaltschaftliches Verfahrensregister

Literaturverzeichnis

Artkämper/Schilling, Vernehmungen, 5. Aufl., 2018

Bender/Nack/Treuer, Tatsachenfeststellung vor Gericht, 4. Aufl., 2014

BfJ – Bundesamt für Justiz (Hrsg.), Übersicht Telekommunikationsüberwachung 2018 (online verfügbar unter www.bundesjustizamt.de)

BfJ – Bundesamt für Justiz (Hrsg.), Übersicht Verkehrsdatenüberwachung 2018 (online verfügbar unter www.bundesjustizamt.de)

de Vries, Einführung in die Kriminalistik für die Strafrechtspraxis, 2015

Destatis – Statistisches Bundesamt (Hrsg.), Fachserie 10, Reihe 2.3, Rechtspflege – Strafgerichte 2019, 2020 (online verfügbar unter www.destatis.de)

Destatis – Statistisches Bundesamt (Hrsg.), Fachserie 10, Reihe 2.6, Rechtspflege – Staatsanwaltschaften 2019, 2020 (online verfügbar unter www.destatis.de)

Föhrig, Kleines Strafrichter-Brevier, 2. Aufl., 2013

Graf, Mustertexte zum Strafprozess, 9. Aufl., 2015

Großmann, Telekommunikationsüberwachung und Online-Durchsuchung: Voraussetzungen und Beweisverbote, JA 2019, 241

Haft, Einführung in das juristische Lernen, 7. Aufl., 2015

Haller/Conzen, Das Strafverfahren, 8. Aufl., 2018

Hellebrand, Die Staatsanwaltschaft, 1999

Kissel/Mayer, Gerichtsverfassungsgesetz, 9. Aufl., 2018

KK-StPO, Karlsruher Kommentar zur Strafprozessordnung, 8. Aufl., 2019

Laubenthal/Baier/Nestler, Jugendstrafrecht, 3. Aufl., 2015

Löwe/Rosenberg, Die Strafprozessordnung und das Gerichtsverfassungsgesetz, Band III/1 (§§ 94 bis 111a), 27. Aufl., 2018

Löwe/Rosenberg, Die Strafprozessordnung und das Gerichtsverfassungsgesetz, Band V/1 (§§ 151 bis 157), 27. Aufl., 2020

Meyer-Goßner/Appl, Die Urteile in Strafsachen, 29. Aufl., 2014

Meyer-Goßner/Schmitt, Strafprozessordnung, 63. Aufl., 2020

MüKo-StPO, Münchener Kommentar zur StPO, Band I (§§ 1–150), Band II (§§ 151–332), 2014/2016

Roxin/Schünemann, Strafverfahrensrecht, 29. Aufl., 2017

Schuster/Weitner, StPO-Fallrepetitorium, 8. Aufl., 2019

Stollenwerk, Abwehr von Konfliktverteidigung, DRiZ 2012, 225

Stollenwerk, Der Prozessauftakt in konfliktreichen Strafverfahren, DRiZ 2015, 138

von Liszt, Vortrag im Berliner Anwaltsverein am 23. März 1901, DJZ 1901, 179

Wolters/Janko, Die Revision in der strafrechtlichen Assessorklausur, JuS 2004, 684

1. Kapitel   Annäherung an das Strafprozessrecht

Zu Beginn der Auseinandersetzung mit dem Strafprozessrecht empfiehlt es **1** sich, den eigenen Standort zu bestimmen. Je nachdem können sich unterschiedliche Anforderungen an die erforderliche Rechtskenntnis und Arbeitsweise ergeben.

I. Studenten und Referendare

1. Studenten der Rechtswissenschaft. Im Studium wird man mit dem Strafprozessrecht meist in Form einer Zusatzfrage am Ende einer Klausur konfrontiert. **2** Zwar können strafprozessuale Fragen auch innerhalb der Tatbestände einzelner Delikte relevant werden (z. B. § 113 Abs. 3 StGB – „rechtmäßige Diensthandlung" oder § 153 StGB – „falsche Aussage"), i. d. R. wird in Klausuren aber eine bestimmte prozessuale Handlung zu würdigen sein. Eine solche Frage sollte zunächst klausurtechnisch eingeordnet werden; häufige Kategorien sind:
- geeignetes (weiteres) Vorgehen von Staatsanwaltschaft oder Gericht,
- Rechtmäßigkeit einer konkreten Maßnahme der Ermittlungsbehörden (insb. Beweiserhebungsverbote),
- Zulässigkeit einer Verwertung bestimmter Beweismittel durch das Gericht (Beweisverwertungsverbote) oder
- Erfolgsaussichten eines Antrags oder eines Rechtsbehelfs.

Bezieht sich die Frage auf das **geeignete weitere Vorgehen**, sollte man sich vor **3** allem auf die Möglichkeiten konzentrieren, mit denen die Staatsanwaltschaft oder das Gericht den jeweiligen Verfahrensabschnitt sachgerecht beenden können (z. B. Erhebung der Anklage oder Verfahrenseinstellung).

Ist die **Rechtmäßigkeit einer konkreten Maßnahme** zu prüfen, sollte hierzu der **4** aus dem Verwaltungsrecht bekannte Aufbau zugrunde gelegt werden:

I.   Ermächtigungs-/Eingriffsgrundlage

II.   Formelle Rechtmäßigkeit
    1.   Zuständigkeit (z. B. Polizei, StA oder Ermittlungsrichter)
    2.   Verfahren (z. B. Anhörung, vgl. Art. 103 Abs. 1 GG und § 33 StPO)
    3.   Form (z. B. Begründung und Bekanntmachung, §§ 34 ff. StPO)

III.   Materielle Rechtmäßigkeit (= Voraussetzungen der Eingriffsgrundlage)

Abb. 1:   Schema zur Rechtmäßigkeit strafprozessualer Maßnahmen

5   Hierbei handelt es sich jedoch nur um eine Orientierungshilfe. Zu beachten ist, dass die StPO nur wenige **Ermächtigungs- bzw. Eingriffsgrundlagen** vorsieht. Die meisten Regeln der StPO betreffen nämlich nicht das „Ob", sondern das „Wie" eines staatsanwaltschaftlichen oder gerichtlichen Handelns. Zentrale Grundlagen sind häufig die **Generalklauseln der StPO:**

- **§§ 160, 161 StPO für das Ermittlungsverfahren**
  - Staatsanwaltschaft: § 161 Abs. 1 StPO i. V. m. §§ 160 ff. StPO
  - Polizei: §§ 163 ff. StPO i. V. m. §§ 160 ff. StPO
  - Ermittlungsrichter (auf Antrag der StA): § 162 Abs. 1, 2 StPO i. V. m. spezieller Rechtsgrundlage zum Erlass eines Beschlusses
- **§ 202 StPO für das Zwischenverfahren**
  - Prozessgericht: § 202 StPO
  - Prozessgericht (auf Antrag der StA): § 162 III StPO i. V. m. spezieller Rechtsgrundlage zum Erlass eines Beschlusses
- **§ 244 Abs. 2 StPO für das Hauptverfahren**
  - Prozessgericht: § 244 Abs. 2 StPO

6   Besondere **Zuständigkeits-, Verfahrens- oder Formvorgaben** können sich aus den einschlägigen Rechtsvorschriften ergeben, z. B. im Fall besonderer Eilbedürftigkeit oder bei verdeckten Ermittlungsmaßnahmen.

Bei der Prüfung der **materiellen Rechtmäßigkeit** empfiehlt sich ein Vorgehen nach der „Methode der Begriffsentfaltung" oder auch „Normalfallmethode" (Zusammenfassung bei Haft Einführung S. 181 ff.):

1. Zunächst sind die problematischen Tatbestandsmerkmale der im Einzelfall einschlägigen Normen exakt zu identifizieren.

2. Mithilfe der juristischen Methodik (insb. Grammatik, Systematik und Telos) ist anschließend zu ermitteln, von welchem typischen Fall („Normalfall") der Gesetzgeber ausgegangen sein dürfte.

3. Weicht der konkrete Fall von dem Leitbild ab, ist zu prüfen, ob dies von einer übergeordneten Wertung gedeckt ist. Hierbei können die Prinzipien des Strafprozesses (Rn. 48 ff.) hilfreich sein.

Eine besondere Ausprägung derartiger Prüfungsaufgaben ist die Frage nach dem Bestehen eines **Beweiserhebungsverbotes**. Unter dem Begriff werden Verstöße gegen Rechtsvorschriften zusammengefasst, die sich auf Maßnahmen zum Zweck der Beweisgewinnung beziehen; Beispiele sind die Belehrungspflicht gemäß § 136 StPO und die nach § 136a StPO verbotenen Vernehmungsmethoden (näher unter Rn. 103 und 383). **7**

Hieran anknüpfend kann sich die Frage stellen, ob aus einem Beweiserhebungsverbot ein **Beweisverwertungsverbot** resultiert, ob also ein rechtsfehlerhaft gewonnenes Beweismittel in die Beweiswürdigung des Urteils einfließen darf (sog. unselbständiges Verwertungsverbot). Insoweit ist zu erörtern, ob das Erhebungsverbot beachtlich ist oder geheilt werden konnte (Rn. 385 ff.). Allerdings kennt das Strafprozessrecht auch einige selbständige Verwertungsverbote, die unabhängig von einem Erhebungsverbot gelten (Rn. 384). **8**

Wird nach den **Erfolgsaussichten eines Antrags oder eines Rechtsbehelfs** gefragt, ist neben den Rechtsmitteln der Berufung (Rn. 414 ff.) und der (Sprung-) Revision (Rn. 422 ff.) vor allem an die sofortige Beschwerde und die (einfache) Beschwerde (Rn. 448 ff.) zu denken. Darüber hinaus sollten die sog. Zwischenrechtsbehelfe in Form der Verfahrensrüge nach § 238 Abs. 1 StPO (Rn. 298) und der richterrechtlich entwickelten beweisbezogenen Rüge nach § 257 Abs. 1 StPO (Rn. 393) berücksichtigt werden. Zu denken ist auch an besondere Anträge, z. B. auf Ablehnung eines Richters wegen Besorgnis der Befangenheit (Rn. 281), Akteneinsichtsgesuche (Rn. 321) oder Anträge auf Aussetzung und Unterbrechung der Hauptverhandlung (Rn. 331). **9**

2. Rechtsreferendare. Für **Referendare** stellen sich die genannten Prüfungsfragen in ähnlicher Weise, jedoch sind sie regelmäßig in einen praktischen Aufgabenteil einzukleiden: **10**

- **Staatsanwaltsklausur:** Entwurf einer Anklageschrift nebst Begleitverfügung und vorangestelltem Rechtsgutachten (ggf. auch Entwurf eines Haftbefehls oder eines Strafbefehls),
- **Urteilsklausur:** Entwurf eines Strafurteils und
- **Rechtsanwaltsklausur:** Gutachten einer Revision und ggf. Schriftsatz.

Darüber hinaus können Referendare mit den Aufgaben eines Sitzungsvertreters der Staatsanwaltschaft betraut werden (vgl. § 142 Abs. 3 GVG). **11**

II. (Junge) Staatsanwälte, Richter und Verteidiger

12   Für Berufsträger mit Tätigkeit im Strafrecht gelten die vorstehenden Ausführungen in entsprechender Weise. Zwar zeichnen sich die meisten Fälle in der Praxis durch eine bedeutend geringere juristische Problemdichte aus; allerdings können andere Schwierigkeiten hinzutreten.

13   **1. Beteiligte des Strafverfahrens und Ablauf.** Obwohl sich die StPO an mehreren Stellen auf „die Verfahrensbeteiligten" (z. B. §§ 160b, 202a, 212, 257b f. StPO) bezieht, enthält sie keine Definition dieses Personenkreises. Ungeachtet des jeweiligen Verfahrensabschnittes sind zumindest folgende Personen bzw. Institutionen an einem Strafverfahren beteiligt:
- das Gericht mit funktioneller und instanzieller Zuständigkeit,
- die Staatsanwaltschaft und ihre Ermittlungspersonen sowie
- der Beschuldigte und sein Verteidiger.

14   Unterteilt man ein Strafverfahren in seine drei wesentlichen Abschnitte, d. h. in das Ermittlungsverfahren, das gerichtliche Verfahren (Zwischen-, Haupt- und ggf. Rechtsmittelverfahren) und das Vollstreckungsverfahren, ergibt sich folgende **Zuständigkeitsverteilung**: Die Staatsanwaltschaft leitet das Ermittlungsverfahren (§ 160 StPO) und nimmt nach rechtskräftigem Abschluss die Aufgaben der Vollstreckungsbehörde (§ 451 StPO) wahr. Wegen ihrer zentralen Rolle im Ermittlungsverfahren wird die **Staatsanwaltschaft** auch als **„Herrin des Ermittlungsverfahrens"** bezeichnet.

⚖ → Entscheidung Nr. 1

15   Für die Dauer des gerichtlichen Verfahrens geht die Verfahrensleitung auf das **Gericht** über (§§ 199, 203 f., 238 StPO), wobei die Staatsanwaltschaft über weitgehende Anhörungs- und Antragsrechte verfügt (§ 33 StPO). Einzig im Fall einer Verurteilung zu einer Freiheitsstrafe unter Strafaussetzung zur Bewährung verbleibt die Verfahrensleitung in Form der Bewährungsaufsicht weiterhin bei dem Gericht (§ 453b Abs. 1 StPO). Angesichts ihrer umfassenden Aufgaben wird die Staatsanwaltschaft nach der AktO aller Bundesländer als **aktenführende Behörde in Straf- und Bußgeldsachen** qualifiziert.

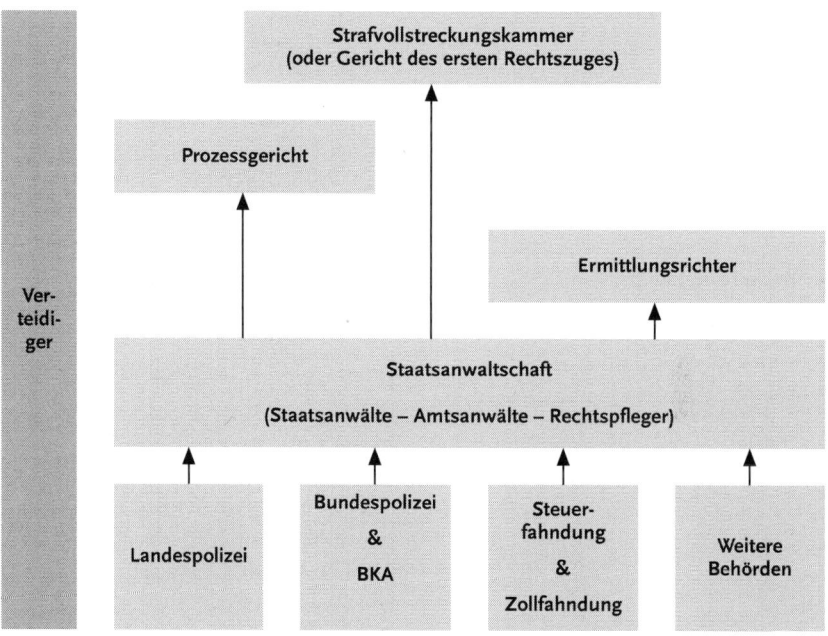

Abb. 2: Organe der Strafrechtspflege (ohne Rechtsmittelgerichte)

Der **Beschuldigte** verfügt als Subjekt des gesamten Verfahrens über weitrei- **16**
chende Mitwirkungsrechte und kann sich insb. „in jeder Lage des Verfahrens"
der Hilfe eines Verteidigers bedienen (§ 137 Abs. 1 Satz 1 StPO).

2. Staatsanwaltschaft und Ermittlungspersonen. Wesentliche Aufgabe des **17**
Staatsanwaltes ist es, das Ermittlungsverfahren effizient zu führen (§§ 160 ff.
StPO), geeignete Aufgaben an die nachgeordneten Ermittlungsbehörden zu de-
legieren (§ 152 GVG i. V. m. § 163 StPO), den Ermittlungsverlauf zu dokumen-
tieren (Rn. 245 ff.) und sowohl im Ermittlungs- als auch im Haupt- und Vollstreckungsverfahren zielführende Anträge an das zuständige Gericht zu stellen (zu
Datenverarbeitung und Datenschutz siehe §§ 483 ff. StPO; das ZStV als länder-
übergreifende Datenbank der Staatsanwaltschaften ist in § 492 StPO geregelt).

⚖ → Entscheidung Nr. 1

Der Berufseinstieg als Staatsanwalt wird angesichts der mitunter auch verwal- **18**
tungsrechtlich geprägten Tätigkeit häufig durch anfängliche Schwierigkeiten
im Umgang mit der **sog. Verfügungstechnik** (Rn. 250) begleitet. Es kommt

eben nicht nur darauf an, im Außenverhältnis die im Einzelfall zweckmäßigen Maßnahmen rechtlich korrekt zu bestimmen; sämtliche Maßnahmen müssen auch praktisch angeordnet und umgesetzt werden.

 Es sollte nicht übersehen werden, dass auch richterliche Entscheidungen stets einer Begleitverfügung gegenüber der Geschäftsstelle bedürfen.

19 **a) Verhältnis zu den Ermittlungsbehörden.** Wichtige **Ermittlungsbehörden bzw. Ermittlungspersonen** der Staatsanwaltschaft i. S. d. § 152 GVG sind:
- die Landespolizei (§ 152 Abs. 2 GVG i. V. m. Landes-RVO),
- die Bundespolizei (§ 152 Abs. 1 GVG i. V. m. § 12 Abs. 5 BPolG),
- das BKA (§ 152 Abs. 1 GVG i. V. m. § 4 BKAG) und
- die Steuer- und Zollfahndung (§ 152 Abs. 1 GVG i. V. m. § 404 AO).

20 Die Staatsanwaltschaft besetzt die Schnittstelle zwischen Polizei (*Exekutive*) und Justiz (*Judikative*) und verdeutlicht zugleich die föderale Anknüpfung dieser beiden Komponenten des Rechtsstaates. Während die Ermittlungsbehörden meist über eine bedeutend größere Erfahrung in Bezug auf Ermittlungstechnik und -taktik verfügen, obliegt es der Staatsanwaltschaft, auf die rechtliche Verwertbarkeit der Ergebnisse hinzuwirken und sie „gerichtstauglich" aufzubereiten.

21 **b) Organisation der Staatsanwaltschaft.** Formal zählen die Staatsanwaltschaften gleichwohl zur Exekutive und sind von den Gerichten unabhängig (§ 150 GVG). Die §§ 141 ff. GVG sehen vor, dass bei jedem Gericht eine Staatsanwaltschaft eingerichtet wird, welche die staatsanwaltschaftlichen Aufgaben bei diesem Gericht wahrnimmt. Näherer Aufbau und Organisation der Staatsanwaltschaften bestimmen das GVG und ergänzende landesrechtliche Gesetze und Verwaltungsvorschriften (z. B. BayAGGVG oder JustG NRW sowie OrgStA). Nicht zwingend, aber häufig werden bei den Landgerichten Staatsanwaltschaften eingerichtet, die auch für die nachgeordneten Amtsgerichte zuständig sind, während bei den Oberlandesgerichten Generalstaatsanwaltschaften bestehen. Zudem können einzelne Staatsanwaltschaften der Länder für spezielle Themen wie z. B. Wirtschaftskriminalität oder *Cybercrime* zu sog. Schwerpunktstaatsanwaltschaften bestimmt werden (§ 143 Abs. 4, 5 GVG). Die Staats- und Generalstaatsanwaltschaften sind Landesbehörden; auf Bundesebene wurde der Generalbundesanwalt beim Bundesgerichtshof (umgangssprachlich auch „Bundesanwaltschaft") implementiert.

22 In ihrer Arbeitsweise sind Staatsanwälte im Unterschied zu Richtern nicht unabhängig, sondern weisungsgebunden im Rahmen der beamtenrechtlichen Dienstaufsicht. Dies gilt innerhalb der jeweiligen Verwaltungshierarchie sowohl gegenüber der Landesjustizverwaltung (sog. externes Weisungsrecht) als auch innerhalb der einzelnen Behörde (sog. internes Weisungsrecht), vgl. § 146 GVG i. V. m. § 35 Abs. 1 Satz 2 BeamtStG i. V. m. landesrechtlichen Vorschriften (z. B. § 8 JustG NRW). Das bedeutet, dass der Justizminister eines Landes von Gesetzes wegen jedem einzelnen Staatsanwalt direkt Weisungen erteilen darf (§ 147 Nr. 2 GVG). In der Verwaltungspraxis wird indes der Dienstweg eingehalten: Auf Landesebene erteilt der jeweilige Justizminister dem Generalstaatsanwalt eine Weisung, dieser weist den Behördenleiter der jeweiligen Staatsanwaltschaft an (§ 147 Nr. 3 GVG), der seinerseits den Abteilungsleiter anweist, welcher letztlich dem betroffenen Dezernenten eine Weisung erteilt. Ein übergreifendes Weisungsrecht von der Bundes- auf die Landesebene besteht hingegen nicht (vgl. Art. 30, 83 f. GG). Der Bundesminister der Justiz ist nur gegenüber dem Generalbundesanwalt weisungsbefugt (§ 147 Nr. 1 GVG, siehe auch § 54 Abs. 1 Nr. 5 BBG). Allerdings verfügt der **Generalbundesanwalt** gegenüber den Ländern in Bezug auf bestimmte Ermittlungsverfahren über ein sog. **Evokationsrecht** (§ 120 Abs. 2 GVG). In den Medien findet sich in diesem Zusammenhang häufig die Formulierung, der Generalbundesanwalt habe die Ermittlungen „an sich gezogen".

Beispiel: **23**
In einem viel beachteten Urteil hat der EuGH den deutschen Staatsanwaltschaften im Jahr 2019 die Zuständigkeit für die Ausstellung europäischer Haftbefehle abgesprochen. Es bestehe für Staatsanwälte die Gefahr *„unmittelbar oder mittelbar Anordnungen oder Einzelweisungen seitens der Exekutive, etwa eines Justizministers, unterworfen zu werden"* (EuGH NJW 2019, 2145).

In der Praxis gibt es generelle Weisungen für bestimmte Fallkonstellationen **24** und Verfahrensarten in Form von **Verwaltungsvorschriften** (z. B. RiStBV und MiStra), aber auch konkrete Weisungen für ein bestimmtes Verfahren. Das Weisungsrecht kann das gesamte Tätigkeitsspektrum der Staatsanwaltschaft vom Beginn der Ermittlungen bis zum Ende der Vollstreckung betreffen. Darin enthalten ist eine Rechtmäßigkeit- und Zweckmäßigkeitskontrolle, was insb. für die sog. Berichtsfälle gilt. So hat etwa die Landesjustizverwaltung des Landes Nordrhein-Westfalen die sog. BeStra NRW erlassen. Darin sind bestimmte Fallkonstellationen und Vorkommnisse geregelt, zu denen den übergeordneten Behörden berichtet werden muss. Diese werden über den Sachverhalt und den Stand der Ermittlungen informiert, um ihre Kontrollfunktion ausüben zu können. Sofern ein angewiesener Staatsanwalt eine Weisung für rechtswidrig hält, kann bzw. muss er dagegen remonstrieren (§ 36 Abs. 2 BeamtStG).

25   **Beispiel:**
Eine rechtswidrige Weisung könnte z. B. darin liegen, bei bestimmten Delikten unter keinen Umständen von der Möglichkeit einer Verfahrenseinstellung aus Opportunitätsgründen (Rn. 206 ff.) Gebrauch zu machen.

26   Weigert sich der Staatsanwalt, eine Weisung zu befolgen, können seine Vorgesetzten von § 145 GVG Gebrauch machen: Nach dem dort normierten **Substitutionsrecht** kann die Bearbeitung des Verfahrens einem anderen Staatsanwalt übertragen werden; das **Devolutionsrecht** erlaubt es dem Vorgesetzten, das Verfahren auch selbst zu übernehmen.

27   c) **Weitere Dienstzweige.** Um ihre vielfältigen Aufgaben bewältigen zu können, werden diese innerhalb der Behörde auf **unterschiedliche Dienstzweige** verteilt.

28   Gemäß § 31 RPflG werden zahlreiche staatsanwaltschaftliche Aufgaben durch **Rechtspfleger** ausgeführt, hierzu zählen zusammengefasst:
- die meisten der Staatsanwaltschaft als Vollstreckungsbehörde in Straf- und Bußgeldsachen obliegenden Geschäfte sowie
- bestimmte Angelegenheiten im Rahmen von Beschlagnahmen.

29   Eine besondere Stellung unter Rechtspflegern nehmen **Amtsanwälte** ein, die nach Absolvierung eines Zusatzstudiums gemäß § 142 Abs. 1 Nr. 3, Abs. 2 GVG i. V. m. der jeweiligen landesrechtlichen OrgStA für einzelne Delikte aus der sachlichen Zuständigkeit der Amtsgerichte vollständig die Aufgaben der Staatsanwälte übernehmen.

30   Zur weiteren Unterstützung der Staatsanwälte und Rechtspfleger sind außerdem Kostenbeamte, Service-Einheiten/Geschäftsstellen und Wachtmeister tätig. Bei der Aufklärung besonders komplexer wirtschaftlicher Vorgänge werden Staatsanwälte zudem durch **Wirtschaftsreferenten** (z. B. Buchalter oder Wirtschaftsprüfer) als Beamte des höheren Dienstes unterstützt.

31   3. **Richter.** Nicht nur zu Beginn ihrer Tätigkeit sehen sich Richter mit der Herausforderung konfrontiert, das **Zwischen- und das Hauptverfahren** und insb. die **Hauptverhandlung** fehlerfrei und effizient zu führen.
Für besonders grundrechtssensible Ermittlungsmaßnahmen bedarf es zudem bereits vor der Erhebung der Anklage eines richterlichen Beschlusses; hierfür ist der **Ermittlungsrichter** zuständig (§ 162 Abs. 1 StPO). Nach der Erhebung der Anklage geht die Zuständigkeit für Ermittlungsmaßnahmen auf das Prozessgericht über (§ 202 StPO und § 162 Abs. 2 StPO).

Auf die Tätigkeit des für die Vollstreckung zuständigen Gerichts (§ 462a StPO), insb. der **Strafvollstreckungskammer** (§ 78a GVG), wird im Kapitel über Strafvollstreckung und -vollzug eingegangen.

4. Verteidiger. Bereits im **Ermittlungsverfahren** darf der Beschuldigte die Unterstützung durch einen Verteidiger in Anspruch nehmen (vgl. § 136 Abs. 1 Satz 2 StPO). Anders als im Zivilprozess zeichnet sich die Tätigkeit von Rechtsanwälten im Strafprozess weniger durch schriftliche Darlegung der Sach- und Rechtslage als vielmehr durch taktische Erwägungen aus. Verteidiger sollten immer ein angemessenes Verteidigungsziel mit ihrem Mandanten definieren, wobei man klassischer Weise zwischen „Freispruchverteidigung" und „Strafmaßverteidigung" unterscheidet. Im Prozess geht es anschließend darum, die nach dem gesetzten Ziel erforderlichen Umstände in die **Hauptverhandlung** einzuführen (vgl. § 261 StPO). Dies setzt Kenntnisse sowohl des materiellen Rechts (z. B. Voraussetzungen eines minder schweren Falles) als auch des Prozessrechts (z. B. Erforderlichkeit eines Widerspruchs gemäß § 257 Abs. 1 StPO) voraus. Wichtig sind zudem Kenntnisse des Strafvollstreckungs- und des Strafvollzugsrechts, da entscheidende Weichen oftmals schon im Erkenntnisverfahren gestellt werden und die Möglichkeiten des **Vollstreckungs- und Vollzugsrechts** auch stets in die Bewertung eines Urteils einfließen sollten, z. B.: **32**

- Therapie statt Strafe (§ 35 BtMG),
- Möglichkeit des offenen statt des geschlossenen Vollzugs und
- Voraussetzungen einer Reduzierung der Strafe (Halbstrafen- und Zwei-Drittel-Verbüßung).

Auch darüber hinaus kann bzw. muss der Verteidiger Erklärungen abgeben und Anträge stellen (vgl. § 238 Abs. 2 StPO und § 257 StPO). Ein nicht zu unterschätzendes Instrument der Verteidigung ist die nunmehr in § 243 Abs. 5 StPO geregelte Eröffnungserklärung (sog. *opening statement*). **33**

III. Soziale Dienste der Justiz

Um ihre gesetzlichen Aufgaben umfassend erfüllen zu können, sind die Gerichte und Staatsanwaltschaften auf zusätzliche **soziale Dienste** angewiesen. Konkret betrifft dies folgende Bereiche: **34**

- **Bewährungshilfe**
  - Bewährungshilfe (§ 56d StGB) und
  - Bewährungshilfe für Jugendliche und Heranwachsende (§§ 24 f. JGG)

- **Führungsaufsicht**
  - Bewährungshilfe im Rahmen der Führungsaufsicht (§ 68 StGB) und
  - Bewährungshilfe im Rahmen der Führungsaufsicht für Jugendliche und Heranwachsende (§ 7 JGG)
- **Gerichtshilfe**
  - Unterstützung der Staatsanwaltschaft im Ermittlungsverfahren zur Aufklärung des persönlichen Umfeldes (§ 160 Abs. 3 Satz 2 StPO),
  - Unterstützung bei der Vorbereitung von Entscheidungen in der Vollstreckung, i. d. R. zur Aufklärung des persönlichen und sozialen Umfeldes (§ 463d StPO),
  - Durchführung eines Täter-Opfer-Ausgleichs (§ 155b StPO) und
  - psychosoziale Prozessbegleitung der Verletzten (§ 406g StPO)

35   In Verfahren nach dem JGG tritt das Jugendamt gemäß § 52 SGB VIII als Jugendhilfe (auch **Jugendgerichtshilfe**) an die Stelle der Gerichtshilfe. Weitere Aufgaben können sich aus dem Gnadenrecht der einzelnen Bundesländer ergeben.

36   Bei sämtlichen Tätigkeiten handelt es sich um eine besondere Form der Sozialarbeit. Die verwaltungsrechtliche Organisation der sozialen Justizdienste obliegt den Ländern. Für die Tätigkeit der Angehörigen der sozialen Dienste sind gute Kenntnisse des jeweiligen Verfahrensabschnittes unerlässlich. Neben ihrer betreuenden Tätigkeit sind die Justizdienste aber auch als Informationsquelle für die Gerichte und Staatsanwaltschaften von Bedeutung. So hängt beispielsweise die Frage, ob eine Bewährungszeit erfolgreich verläuft, maßgeblich von den Mitteilungen des Bewährungshelfers ab. Umgekehrt sind die Beschäftigten der sozialen Dienste oftmals die einzigen Ansprechpartner der Probanden. Aus diesem Grund werden ihnen häufig Entscheidungsbefugnisse beigemessen, die nach dem Gesetz den Gerichten oder der Staatsanwaltschaft obliegen (z. B. bei der Frage, ob ein Bewährungswiderruf noch abgewendet werden kann). Wichtig ist daher, keine falschen Erwartungen bei den Probanden zu schüren.

IV. Verwaltungsbehörden: Ordnungs-, Sozial- und Finanzbehörden

Auch die präventiv-polizeilich tätigen **Sicherheits- bzw. Ordnungsbehörden** sind in vielerlei Hinsicht auf Informationen der Strafverfolgungsbehörden angewiesen, um die ihnen obliegenden Prognoseentscheidungen treffen zu können. Dies gilt z. B. für die Beurteilung folgender Merkmale: **37**

- allgemeine gewerberechtliche Zuverlässigkeit (§ 35 Abs. 1 GewO),
- Zuverlässigkeit nach besonderem Gewerberecht (z. B. § 25c Abs. 1 KWG),
- Zuverlässigkeit für eine waffenrechtliche Erlaubnis (§§ 4 f. WaffG) und
- Voraussetzungen einer Ausweisung (§ 53 Abs. 1 AufenthG).

Ein Überblick über die einzelnen Informationsrechte und -pflichten ergibt sich aus den Regeln der MiStra. Hierbei handelt es sich zwar nicht um ein Gesetz, sondern um eine Verwaltungsvorschrift auf Grundlage von § 12 Abs. 5 EGGVG. Die Bestimmungen bieten mittelbar jedoch Aufschluss über die Existenz einzelner gesetzlicher Vorschriften der jeweiligen Fachgesetze. Darüber hinaus folgen aus §§ 474 ff. StPO i. V. m. den einschlägigen Spezialgesetzen detaillierte Akteneinsichts- und Informationsrechte für nicht am Verfahren beteiligte Dritte. Weitere Auskunftsrechte können sich aus dem BZRG ergeben. **38**

Die Staatsanwaltschaften und Gerichte sind ihrerseits in vielen Fällen auf Informationen der **Ordnungs-, Sozial- und Finanzbehörden** angewiesen. Nach den allgemeinen Befugnissen der Sachverhaltsaufklärung gemäß §§ 160, 161 Abs. 1 Satz 1, 163 Abs. 1 Satz 2 StPO, § 202 StPO und § 244 Abs. 2 StPO können sie von allen öffentlichen Stellen (d. h. Behörden i. S. d. § 1 Abs. 4 VwVfG) die erforderlichen Auskünfte verlangen (sog. Auskunftsersuchen). Das Datenschutzrecht steht dem nicht entgegen (vgl. Art. 6 Abs. 1 Satz 1 c) und e), Abs. 2, 3 Satz 1 b), 2 DSGVO und Art. 2 Abs. 2 d), 23 Abs. 1 d) DSGVO); allerdings ergeben sich zum Schutz des Steuergeheimnisses (§ 30 Abs. 1 AO) und des Sozialgeheimnisses (§ 35 SGB I) zusätzliche Anforderungen aus § 30 Abs. 4 Nr. 4 und 5, Abs. 5 AO bzw. § 73 SGB X. Sind im konkreten Fall detaillierte Auskünfte erforderlich, können die zuständigen Beamten und sonstigen Personen des öffentlichen Dienstes als Zeugen vernommen werden; zur ggf. erforderlichen **Aussagegenehmigung** siehe § 54 StPO. **39**

Für Auskunftsersuchen der Ermittlungsbehörden gegenüber privatrechtlichen Gesellschaften gelten demgegenüber die **allgemeinen Vorschriften über die Vernehmung von Zeugen** (§§ 161a Abs. 1, 163 Abs. 3, 48 ff. StPO). **40**

Benötigen die Strafverfolgungsbehörden **standardisierte Informationen von privatrechtlich geführten Unternehmen** (z. B. Kontoauszüge oder Versichertendaten), erfolgt die Anfrage zumeist schriftlich durch einen sog. **Zeugenfragebogen.** Dies ist gesetzlich nicht ausdrücklich normiert, entspricht aber dem Umstand, dass die konkret zur Auskunft fähigen Mitarbeiter meist nicht persönlich bekannt sind. Ferner kann hierdurch eine persönliche Ladung im Ermittlungsverfahren vermieden werden. Sind die betroffenen Mitarbeiter keine Berufsgeheimnisträger i. S. d. §§ 53 f. StPO, sind sie zur Aussage verpflichtet. Die Zeugenpflicht geht auch dem Geheimnisschutz des § 203 StGB sowie dem allgemeinen Bankgeheimnis vor. Kreditinstitute müssen zudem nach § 24c KWG ein Datensystem führen, welches u. a. den Ermittlungsbehörden durch Vermittlung der BaFin eine zentrale Abfrage der auf eine konkrete Person registrierten Kontostammdaten ermöglicht (sog. **Kontenabruf** bzw. **BaFin-Anfrage**).

41   Unmittelbare **Überschneidungen präventiver und repressiver Polizeitätigkeit** können sich ergeben, wenn nach Bundes- oder Landesrecht dieselben Einheiten sowohl zur Gefahrenabwehr als auch für die Strafverfolgung zuständig sind (zum polizeilichen Vollzugsdienst siehe etwa §§ 1 Abs. 5, 12 BPolG sowie die landesrechtlichen Polizeigesetze und Umsetzungsregeln zu § 152 Abs. 2 GVG). Ob Erkenntnisse, die im Rahmen einer präventiv-polizeilichen Maßnahme gewonnen wurden, auch im Ermittlungsverfahren verwendet werden dürfen, bemisst sich nach § 161 Abs. 3, 4 StPO. Besondere Rechtsfragen ergeben sich, wenn es sich nicht bloß um zufällig gewonnene Erkenntnisse handelt.

42   **Beispiel:**
Die Polizei führt umfangreiche Ermittlungen gegen mehrere Beschuldigte wegen des Verdachts von Verstößen gegen das BtMG. Aus den Ermittlungen erhält sie Hinweise auf eine bevorstehende Kurierfahrt mit einer größeren Menge an Betäubungsmitteln. Um ihre Ermittlungstätigkeit nicht zu offenbaren und hierdurch weitere Ermittlungserfolge zu gefährden, kontrolliert die Polizei das betroffene Fahrzeug unter der Legende einer allgemeinen Verkehrskontrolle (sog. **legendierte Kontrolle**).

⚰ → Entscheidung Nr. 2

2. Kapitel   Grundlagen des Strafprozessrechts

I.   Ziele, Rechtsquellen und Abschnitte des Strafverfahrens

1. Ziele des Strafverfahrens. Das Strafprozessrecht normiert das Verfahren, in **43** dem das Vorliegen einer Straftat festgestellt und der staatliche Strafanspruch durchgesetzt wird. Es dient der Umsetzung der im Strafverfahren verfolgten Ziele der Wahrheitsermittlung, der Rechtsstaatlichkeit und des Rechtsfriedens (vgl. Meyer-Goßner/Schmitt StPO Einl. Rn. 4).

Das Ziel der **Wahrheitsermittlung** ist erreicht, wenn das Strafverfahren mit **44** einer Entscheidung endet, die der materiell-rechtlichen Rechtslage entspricht. Dies ist der Fall, wenn derjenige, der eine Straftat begangen hat, einer gerechten Bestrafung zugeführt, ein Unschuldiger hingegen freigesprochen bzw. keinem langwierigen Strafverfahren ausgesetzt wird. Das Gebot der **Rechtsstaatlichkeit** gebietet es, keine Wahrheitsermittlung um jeden Preis zu betreiben. Ein Beschuldigter darf keinen unverhältnismäßigen Eingriffen durch die Strafverfolgungsorgane ausgesetzt werden, vielmehr ist im Rahmen eines fairen Verfahrens festzustellen, ob ein strafrechtlich relevanter Sachverhalt vorliegt oder nicht. Zuletzt soll durch das Strafverfahren der **Rechtsfrieden** hergestellt, also eine abschließende und verbindliche Entscheidung hinsichtlich des durch den Verdacht einer Straftat begründeten sozialen Konflikts herbeigeführt werden.

2. Rechtsquellen. Zentrale Rechtsquelle des Strafprozessrechts ist die **Strafpro-** **45** **zessordnung (StPO).** Sie ist in ihrer ersten Fassung am 1. Oktober 1879 in Kraft getreten und war bis heute Gegenstand zahlreicher Reformen, die sich insb. auf die Zulassung moderner Ermittlungsmaßnahmen durch Polizei und Staatsanwaltschaft beziehen. Daneben spielt das ebenfalls am 1. Oktober 1879 in Kraft getretene **Gerichtsverfassungsgesetz (GVG)** eine wichtige Rolle, das Regeln zur Zuständigkeit und Organisation von Staatsanwaltschaft und Gerichten enthält. Vereinzelt finden sich Vorgaben zu den im Strafverfahren zu beachtenden Verfolgungsvoraussetzungen auch im **Strafgesetzbuch (StGB)**, insb. im Hinblick auf das Strafantragsrecht und die Verjährung. Spezielle Regelungen für Strafverfahren gegen Jugendliche und Heranwachsende sind im **Jugendgerichtsgesetz (JGG)** geregelt. Zu beachten sind darüber hinaus verfassungs-, grund- und menschenrechtliche Gewährleistungen, die sich aus dem **Grundgesetz (GG)** sowie der **Europäischen Menschenrechtskonvention (EMRK)** ergeben. Einzelheiten der Registrierung, insb. von strafgerichtlichen Entscheidungen sind im **Bundeszentralregistergesetz (BZRG)** geregelt. Verwaltungsvorschriften, insb. bezüglich der Durchführung des Ermittlungsverfahrens durch die Staatsanwaltschaften enthalten die **Richtlinien für das Straf- und Bußgeldverfahren (RiStBV)**.

46   3. **Verfahrensabschnitte.** Das Strafverfahren ist in zwei zentrale Verfahrensabschnitte unterteilt. Im **Erkenntnisverfahren**, das in §§ 1 bis 444 StPO normiert ist, wird mittels polizeilicher und staatsanwaltlicher Ermittlungen und durch richterliche Entscheidungen überprüft, ob sich eine oder mehrere Personen strafbar gemacht haben. Endet das Erkenntnisverfahren mit einer rechtskräftigen Verurteilung, folgt das **Vollstreckungsverfahren** (insb. §§ 449 ff. StPO). In diesem werden die im Erkenntnisverfahren angeordneten Rechtsfolgen umgesetzt, also z. B. eine Freiheits- oder Geldstrafe vollstreckt.

47   Das Erkenntnisverfahren besteht seinerseits aus drei voneinander abzugrenzenden Verfahrensabschnitten:

- Zu Beginn des Erkenntnisverfahrens steht das **Ermittlungsverfahren** (§§ 160 bis 177 StPO). In diesem prüft die Staatsanwaltschaft, ob hinsichtlich einer oder mehrerer Personen ein hinreichender Tatverdacht (Rn. 89) besteht. Ist dies nicht der Fall, stellt die Staatsanwaltschaft das Verfahren gemäß § 170 Abs. 2 Satz 1 StPO ein. Bejaht sie einen hinreichenden Tatverdacht und entscheidet sie sich nicht für eine besondere Verfahrensart (Rn. 191) oder das Absehen von der Strafverfolgung aus Opportunitätsgründen (Rn. 206 ff.), erhebt sie Anklage (§ 170 Abs. 1 StPO).
- Im Falle der Anklageerhebung kommt es zum Zwischenverfahren (§§ 199 bis 211 StPO), in dem das Gericht die Einschätzung der Staatsanwaltschaft hinsichtlich des Vorliegens eines hinreichenden Tatverdachts überprüft. Gelangt auch das Gericht zu der Einschätzung, dass vom Vorliegen eines hinreichenden Tatverdachts auszugehen ist, lässt es die Anklage zur Hauptverhandlung zu.
- Hat das Gericht die Anklage zugelassen, kommt es zum Hauptverfahren (§§ 213 bis 358 StPO). In diesem prüft das Gericht im Rahmen der Hauptverhandlung, ob der Angeklagte bzw. die Angeklagten einer oder mehrerer Straftaten schuldig sind und trifft eine Entscheidung über die Rechtsfolgen. Endet das Hauptverfahren – wie in der Mehrzahl der Fälle – mit einem Urteil, kann dieses im Rechtsmittelverfahren angegriffen werden. Erst mit Abschluss des Rechtsmittelverfahrens und Eintritt der sog. Rechtskraft des Urteils endet das Hauptverfahren und kann sich das Vollstreckungsverfahren anschließen.

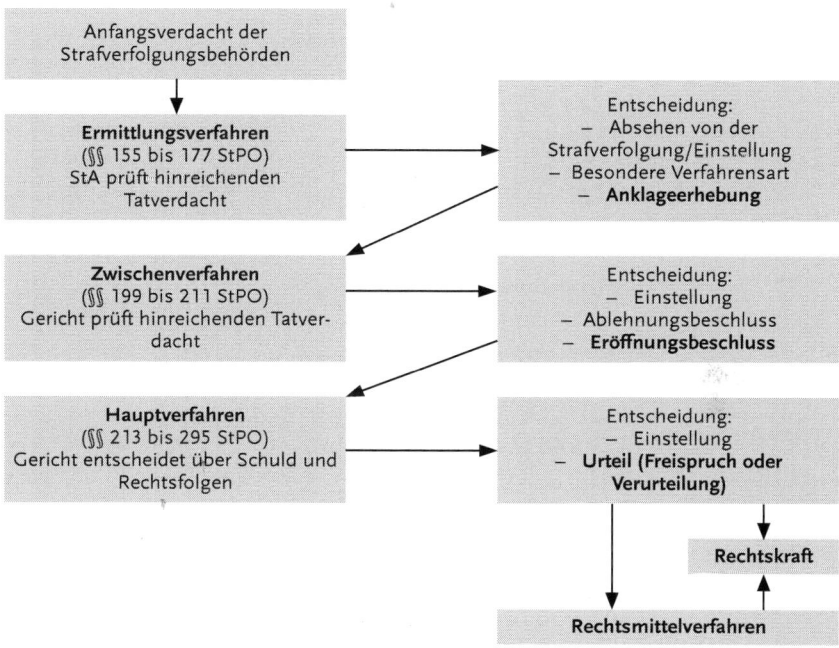

Abb. 3: Ablauf des Erkenntnisverfahrens

II. Prozessgrundsätze

Bei den Prozessgrundsätzen bzw. Prozessmaximen handelt es sich um die fun- **48** damentalen Leitlinien, deren Einhaltung die Rechtsstaatlichkeit des Strafverfahrens gewährleisten soll (vgl. Haller/Conzen Strafverfahren Rn. 9 ff.). Sie sind insb. in der StPO sowie dem GVG geregelt, teilweise aber auch dem GG sowie der EMRK zu entnehmen.

1. Offizialprinzip. Nach § 152 Abs. 1 StPO ist (nur) die Staatsanwaltschaft zur **49** Anklageerhebung berufen. Die Regelung ist Ausdruck des Offizialprinzips, wonach die Strafverfolgung nur durch staatliche Organe erfolgen darf, die Einleitung und Durchführung des Strafverfahrens somit nicht von Privatpersonen abhängt. Hierin liegt ein bedeutsamer Unterschied zum Zivilprozess und der dort geltenden Dispositionsmaxime. Ausnahmen vom Offizialprinzip stellen insb. die **absoluten Antragsdelikte** dar, bei denen die Durchführung eines Ermittlungsverfahrens an die Voraussetzung geknüpft ist, dass durch den hierzu Berechtigten Strafantrag gestellt wird (z. B. § 123 Abs. 2 StGB).

Von den **absoluten Antragsdelikten** zu unterscheiden sind die **relativen Antragsdelikte**, bei denen das Fehlen eines Strafantrags der Strafverfolgung nicht entgegensteht, wenn die Staatsanwaltschaft ein besonderes öffentliches Interesse an der Strafverfolgung bejaht. Dies gilt nach § 230 StGB z. B. für die vorsätzliche und fahrlässige Körperverletzung nach § 223 bzw. § 229 StGB, wobei Nr. 234 RiStBV Fälle benennt, bei denen i. d. R. ein besonderes öffentliches Interesse an der Verfolgung einer Körperverletzung anzunehmen sein soll. Der Staatsanwaltschaft kommt bei der Erklärung des besonderen öffentlichen Interesses ein gerichtlich nicht überprüfbarer Ermessensspielraum zu (BVerfG NJW 1979, 1591).

50 Weitere Einschränkungen des Offizialprinzips ergeben sich bei den – seltenen – **Ermächtigungsdelikten** (z. B. § 90 Abs. 4 StGB) und im **Privatklageverfahren** nach § 374 StPO.

51 2. **Legalitätsprinzip.** Das Legalitätsprinzip umschreibt die Pflicht der Staatsanwaltschaft, bei Vorliegen eines sog. Anfangsverdachts (Rn. 89) Ermittlungen aufzunehmen und, sofern sich in deren Verlauf der Tatverdacht zu einem hinreichenden (Rn. 89) verdichtet, Anklage zu erheben (KK-StPO/Diemer § 152 Rn. 3 f.). Ob und mit welchem Ergebnis ein Strafverfahren durchgeführt wird, steht also nicht im Ermessen der Strafverfolgungsbehörden. Normiert ist das Legalitätsprinzip vorrangig in §§ 152 Abs. 2, 160, 170 Abs. 1 StPO. Prozessual abgesichert wird es durch das **Klageerzwingungsverfahren** in §§ 172 ff. StPO, in materiell-rechtlicher Hinsicht durch die Sanktionierung der **Strafvereitelung im Amt** in § 258a StGB (ggf. durch Unterlassen, vgl. § 13 StGB).

52 Einschränkungen des Legalitätsprinzips ergeben sich insb. aus den §§ 153 ff. StPO und § 45 JGG, die der Staatsanwaltschaft die Befugnis einräumen, in Fällen leichter bis mittelschwerer Kriminalität bei Vorliegen der gesetzlich normierten Voraussetzungen anstelle einer Anklageerhebung **von der Strafverfolgung aus Opportunitätsgründen abzusehen oder sie zu beschränken** (hierzu im Einzelnen noch Rn. 206 ff.). Umstritten ist, in welchem Umfang das Legalitätsprinzip die Staatsanwaltschaft zur Aufnahme von Ermittlungen auch dann verpflichtet, wenn die Kenntniserlangung von einer möglicherweise begangenen Straftat nicht in dienstlicher Eigenschaft, sondern als Privatperson erfolgt ist.

⚒ → Fall 1: „Legalitätsprinzip und die Privatsphäre des Staatsanwaltes"

3. Akkusationsprinzip. Das in §§ 151, 155, 264 StPO niedergelegte Akkusations- **53** prinzip (Anklagegrundsatz) besagt, dass die Strafgerichte nur und erst dann zur Untersuchung eines möglicherweise strafrechtlich relevanten Sachverhalts berufen sind, wenn die Staatsanwaltschaft Anklage erhoben hat. Dabei darf das Gericht grundsätzlich nur über denjenigen Sachverhalt entscheiden, der in der Anklageschrift umschrieben und hierdurch zum Gegenstand der Anklage gemacht worden ist. Es handelt sich um die sog. **Tat im prozessualen Sinn**, d. h. um den nach natürlicher Betrachtung einheitlichen, historischen Lebensvorgang, der auch für den Grundsatz **ne bis in idem** von Bedeutung ist (vgl. §§ 155 Abs. 1, 264 Abs. 1 StPO).

⚐ → Entscheidung Nr. 3

4. Recht auf den gesetzlichen Richter. Hierbei handelt es sich um den in **54** Art. 101 Abs. 1 Satz 2 GG verankerten Grundsatz, wonach die Zuständigkeit der Gerichte durch abstrakte und generelle Regeln bestimmt sein muss, die keinerlei Bezug zur Person der Verfahrensbeteiligten aufweisen.

⚐ → Entscheidung Nr. 4

5. Ermittlungs- bzw. Untersuchungsgrundsatz. Die §§ 155 Abs. 2, 160 Abs. 2, **55** 244 StPO verpflichten die Strafverfolgungsorgane, den Sachverhalt von Amts wegen umfassend aufzuklären. Weder ist es Aufgabe des Beschuldigten, den tatsächlichen Sachverhalt darzulegen, noch besteht ein Ermessen der Staatsanwaltschaft bzw. der Gerichte, ob sie einen möglicherweise strafrechtlich relevanten Sachverhalt aufklären oder nicht.

6. Rechtliches Gehör. Dem Grundsatz des rechtlichen Gehörs kommt nach **56** Art. 103 Abs. 1 GG Verfassungsrang zu. Er enthält die Aussage, dass dem Beschuldigten in jedem Verfahrensstadium die Möglichkeit eingeräumt werden muss, zu dem gegen ihn erhobenen Vorwürfen Stellung zu nehmen. Angesichts dieser verfassungsrechtlichen Vorgabe finden sich zahlreiche Bestimmungen in der StPO, die eine Einflussnahme des Beschuldigten auf das Erkenntnisverfahren ermöglichen bzw. gewährleisten sollen, so etwa in den §§ 33, 115, 248, 257 und 258 StPO. Zur **Anhörungsrüge** siehe Rn. 462.

⚐ → Entscheidung Nr. 5

7. Beschleunigungsgrundsatz. Auch die an sämtliche Strafverfolgungsorgane **57** adressierte Pflicht, das Strafverfahren zügig durchzuführen, um die Belastungen der Betroffenen möglichst gering zu halten, genießt Verfassungsrang, da sie aus dem Rechtsstaatsprinzip (Art. 20 Abs. 3 GG) hergeleitet wird. Ferner normiert auch Art. 6 Abs 1 Satz 1 EMRK, dass Strafverfahren „innerhalb angemessener Frist" zu verhandeln sind.

Der Umsetzung des Beschleunigungsgrundsatzes dient insb. die in §§ 229 Abs. 1 und 2 StPO niedergelegte **Konzentrationsmaxime**, wonach Unterbrechungen der Hauptverhandlung grundsätzlich nur für eine Dauer von drei Wochen zulässig sind und eine Unterbrechung von einem Monat nur erfolgen darf, wenn die Hauptverhandlung zuvor an zehn Tagen stattgefunden hat. Besonderheiten gelten nach § 229 Abs. 3 StPO, wenn die Hauptverhandlung wegen Krankheit des Angeklagten oder der zur Urteilsfindung berufenen Personen nicht fortgeführt werden kann oder sich eine zur Urteilsfindung berufene Person in gesetzlichem Mutterschutz oder in Elternzeit befindet. Mit Wirkung zum 28.3.2020 wurde durch das „Gesetz zur Abmilderung der Folgen der **COVID-19-Pandemie** im Zivil-, Insolvenz- und Strafverfahrensrecht" vom 27.3.2020 (BGBl. 2020 I, 569) ein weiterer, zeitlich befristeter Hemmungstatbestand in § 10 EGStPO implementiert.

58   **8. Nemo tenetur se ipsum accusare.** Als Ausprägung des allgemeinen Persönlichkeitsrechts (Art. 2 Abs. 1 i. V. m. Art. 1 Abs. 1 GG) gewährleistet der Grundsatz, dass ein Beschuldigter nicht gezwungen werden darf, an seiner eigenen Überführung aktiv mitzuwirken (Meyer-Goßner/Schmitt StPO Einl. Rn. 29a). Infolgedessen steht ihm insb. ein umfassendes Schweigerecht im gesamten Erkenntnisverfahren zu (§§ 136 Abs. 1 Satz 2, 243 Abs. 5 Satz 1 StPO). Macht er von diesem Recht vollumfänglichen Gebrauch, darf das Gericht hieraus keine negativen Schlüsse ziehen und das Schweigen ebenso wie ein Leugnen der Tat auch im Rahmen der Strafzumessung nicht zulasten des Betroffenen berücksichtigen (BVerfG NJW 1981, 1431; ferner Rn. 375).

59   **9. Fair trial-Grundsatz.** Aus mehreren grundrechtlichen Gewährleistungen (Art. 1 Abs. 1, 20 Abs. 3, 101 Abs. 1 Satz 2 und 103 Abs. 1 GG) sowie Art. 6 EMRK folgt die Vorgabe eines insgesamt fairen Vorgehens. Schon der Gesetzgeber muss das Strafverfahren so ausgestalten, dass der Beschuldigte in der Lage ist, selbst Einfluss auf die Sachverhaltsfeststellungen durch das Gericht zu nehmen und auf Eingriffe in seine Freiheitsrechte durch die Strafverfolgungsorgane zu reagieren. Darüber hinaus haben Staatsanwaltschaft und Gerichte zu gewährleisten, dass der Einzelne nicht zum bloßen Objekt des Strafverfahrens degradiert wird und er insb. selbst Einfluss auf den Gang des Strafverfahrens nehmen kann (BVerfG NJW 2010, 925).

60   **10. Grundsätze der Unmittelbarkeit und Mündlichkeit.** Diese Grundsätze prägen das Verfahren im Rahmen der gerichtlichen Hauptverhandlung. Der in §§ 226, 250, 261 StPO niedergelegte **Unmittelbarkeitsgrundsatz** verpflichtet das

Gericht, die für die Beantwortung der Schuld- und die Straffrage relevanten Tatsachen selbst unter Rückgriff auf die originären Beweismittel festzustellen (Haller/Conzen Strafverfahren Rn. 37). So darf sich das Gericht insb. nicht darauf beschränken, den von der Staatsanwaltschaft zusammengetragenen Sachverhalt durch Referierung der Akte in die Hauptverhandlung einzuführen, sondern hat die zentralen Beweise im Rahmen der Hauptverhandlung selbst zu erheben. Aus §§ 261, 264 Abs. 1 StPO folgt darüber hinaus, dass nur dasjenige, was **mündlich** vorgetragen und im Rahmen der Hauptverhandlung thematisiert bzw. erörtert worden ist, zum Gegenstand der Urteilsfindung gemacht werden darf. Auch insoweit verbietet sich insb. ein Rückgriff auf Aktenbestandteile, die nicht zum Gegenstand der Hauptverhandlung gemacht worden sind.

11. Öffentlichkeitsgrundsatz. Gemäß §§ 169, 173 GVG finden die Verhandlung **61** vor Gericht sowie die Urteilsverkündung öffentlich statt. Dem Grundsatz der Öffentlichkeit wird Genüge getan, wenn jedermann die Möglichkeit hat, sich ohne besondere Schwierigkeiten davon Kenntnis zu verschaffen, wann und wo ein erkennendes Gericht eine Hauptverhandlung abhält, und wenn der Zutritt im Rahmen der tatsächlichen Gegebenheiten eröffnet ist (Meyer-Goßner/Schmitt StPO § 169 GVG Rn. 1, 4 f.). Seine Grenzen findet der Grundsatz hiernach zunächst in den **räumlichen Kapazitäten des betroffenen Gerichts.** Entscheidend ist nicht, dass jeder Interessierte Zutritt zu einer Verhandlung erlangt, solange nur gewährleistet ist, dass die Personen, die im Hinblick auf die Saalgröße an einer Verhandlung teilnehmen können, noch als hinreichende Repräsentanten der Öffentlichkeit angesehen werden können. Findet ein Teil der Hauptverhandlung nicht bei Gericht statt, können i. Ü. widerstreitende Interessen Privater dem Öffentlichkeitsgrundsatz Grenzen setzen.

Beispiel: **62**
Im Rahmen eines Schwurgerichtsverfahrens führt das Gericht eine Inaugenscheinnahme der Wohnung durch, in der das Tatopfer ums Leben gekommen sein soll. Der Eigentümer und Bewohner der Wohnung möchte nicht, dass über das Gericht und die weiteren Verfahrensbeteiligten hinaus Zuschauer der Inaugenscheinnahme beiwohnen. Die Rechte des Wohnungsinhabers aus Art. 13 Abs. 1 GG überwiegen hier ausnahmsweise das Interesse der Allgemeinheit an der Öffentlichkeit der Hauptverhandlung, sodass es keinen Verstoß gegen Art. 169 GVG begründet, Zuschauer von der Inaugenscheinnahme der Wohnung auszuschließen (Meyer-Goßner/Schmitt StPO § 169 GVG Rn. 6).

63   Darüber hinaus normieren §§ 171a, 171b, 172 GVG Fälle, in denen die Öffentlichkeit zum **Schutz besonderer persönlicher oder öffentlicher Interessen** insgesamt ausgeschlossen werden kann. Erfasst werden unter anderem Sachverhalte, in denen das Verfahren zu einer Unterbringung des Beschuldigten in einem psychiatrischen Krankenhaus oder einer Entziehungsanstalt führen kann, die Intimsphäre der Prozessbeteiligten, Zeugen oder Verletzen einen Ausschluss der Öffentlichkeit gebieten oder die Teilnahme der Öffentlichkeit zu einer Gefährdung der Staatssicherheit oder von Privatgeheimnissen führen würde. Für Verhandlungen gegen Jugendliche normiert § 48 JGG, dass Verhandlungen generell nicht öffentlich durchgeführt werden. Zuletzt ermöglichen §§ 175, 177 GVG, einzelne Personen von der Verhandlung als Zuschauer auszuschließen, wenn sie *„unerwachsen"* sind, *„in einer der Würde des Gerichts nicht entsprechenden Weise erscheinen"* oder durch Störungen der Verhandlung deren ordnungsgemäßen Ablauf gefährden.

64   Schließlich ist Öffentlichkeit der Hauptverhandlung nicht gleichzusetzen mit einer **„Medienöffentlichkeit"**. Der Öffentlichkeitsgrundsatz soll gewährleisten, dass das Informationsinteresse der Allgemeinheit bedient und das Vertrauen in die Rspr. gestärkt wird. Demgegenüber soll der Beschuldigte nicht durch umfassende Rundfunkaufnahmen zum Objekt des Strafverfahrens gemacht werden. Vor diesem Hintergrund lassen § 169 Abs. 1 Satz 3 und Abs. 2, 3 GVG Tonübertragungen sowie Ton- und Filmaufnahmen nur in den dort normierten Ausnahmefällen zu. So dürfen Tonübertragungen (nicht aber Bildübertragungen) in einen gesonderten Raum für Personen erfolgen, die für Hörfunk, Fernsehen oder für andere Medien berichten. Ferner können Tonaufnahmen bei zeitgeschichtlich besonders bedeutsamen Verfahren sowie Ton- und Filmaufnahmen von Entscheidungsverkündungen des BGH zugelassen werden.

⏏ → Entscheidung Nr. 6

65   Die Wahrung der schutzwürdigen Interessen des Beschuldigten gebietet zuletzt, dass dieser durch die Auswahl des Sitzungssaals nicht zum bloßen Objekt des Strafverfahrens degradiert wird, was im Falle einer unerlaubten Erweiterung der Öffentlichkeit (etwa durch Verlegung der Verhandlung in eine Stadthalle mit 10.000 Sitzplätzen) anzunehmen wäre.

66   **12. Grundsatz der freien Beweiswürdigung.** Nach § 261 StPO entscheidet das Gericht nach seiner freien Überzeugung über das Ergebnis der Beweisaufnahme. Dies bedeutet, dass keine festen Beweisregeln existieren, das Gericht also z. B. nicht vom Vorliegen einer bestimmten Tatsache überzeugt sein muss, nur weil diese durch den Angeklagten eingeräumt oder durch eine bestimmte

Anzahl von Zeugen geschildert worden ist. Allerdings ist das Gericht an **Gesetze der Logik** und **naturwissenschaftliche Erkenntnisse** gebunden, kann sich also z. B. – gedanklich – nicht über das Gesetz der Schwerkraft hinwegsetzen. Ferner existieren einige wenige gesetzliche Regeln, die den Grundsatz der freien Beweiswürdigung einschränken. Beispiele hierfür sind etwa § 190 StGB sowie § 274 StPO (hierzu noch Rn. 443). Zuletzt wird der Grundsatz der freien richterlichen Beweiswürdigung auch dadurch eingeschränkt, dass das Gericht seine Überzeugung bezüglich Tatsachen, die die Schuld oder Straffrage betreffen, nicht auf Beweismittel stützen darf, die einem **Beweisverwertungsverbot** unterfallen (hierzu noch Rn. 384 ff.).

13. In dubio pro reo. Der aus dem Rechtsstaatsprinzip sowie Art. 6 Abs. 2 **67** EMRK abzuleitende *in dubio pro reo*-Grundsatz besagt, dass sich nicht auszuräumende Zweifel, die die Tat- oder Schuldfrage betreffen, zugunsten des Angeklagten auswirken müssen. Gelangt das Gericht im Wege der freien Beweiswürdigung nicht zu der Überzeugung, dass die Tat durch die in der Hauptverhandlung erhobenen Beweise nachgewiesen wurde, sondern vernünftige Zweifel nicht ausgeräumt sind, und stehen auch keine weiteren Beweismittel zur Verfügung, hat nach Maßgabe des *in dubio pro reo*-Grundsatzes ein Freispruch zu erfolgen. Es handelt sich somit um eine **Entscheidungsregel**. Nicht anzuwenden ist der Zweifelsgrundsatz auf Rechts- und Verfahrensfragen, wohingegen streitig ist, ob er Geltung im Hinblick auf das Vorliegen der Prozessvoraussetzungen (hierzu Rn. 69 ff.) beansprucht.

⚖ → Entscheidung Nr. 7

14. Grundsatz der effektiven Strafverfolgung bzw. funktionstüchtigen Strafrechtspflege. Zwar haben Privatpersonen mit Ausnahme des Klageerzwingungs- und des Privatklageverfahrens i. d. R. keinen allgemeinen Anspruch auf Strafverfolgung. Als Ausfluss der grundrechtlich verbürgten **staatlichen Schutzpflichten** sowie zur Wahrung der **Integrität des Staates** sind die Strafverfolgungsbehörden jedoch vor allem in folgenden Situationen durch das Grundgesetz zu effektiver Strafverfolgung verpflichtet:

- Gewaltverbrechen und vergleichbare Straftaten,
- Straftaten zum Nachteil von Personen in besonderen Obhutsverhältnissen und
- Delikte von Amtsträgern.

⚖ → Entscheidung Nr. 8

III. Prozessvoraussetzungen

69 Die Durchführung eines Strafverfahrens sowie der Abschluss desselbigen im Wege eines Strafurteils oder einer anderen Erledigungsart sind an das Vorliegen bestimmter grundlegender Voraussetzungen geknüpft, die unter dem Stichwort „Prozessvoraussetzungen" zusammengefasst werden. Man unterscheidet insoweit zwischen positiven Prozess- bzw. **Verfahrensvoraussetzungen**, die vorliegen müssen, und negativen Prozessvoraussetzungen, deren Vorliegen ein **Verfahrenshindernis** nach sich zieht.

70 **1. Allgemeines.** Das Vorliegen der Verfahrensvoraussetzungen ist ebenso wie das Fehlen von Verfahrenshindernissen in jedem Verfahrensstadium durch das zuständige Gericht von Amts wegen zu prüfen, was in § 6 StPO für die sachliche Zuständigkeit ausdrücklich normiert ist. Fehlt eine Verfahrensvoraussetzung oder besteht ein Verfahrenshindernis führt dies i. d. R. zur Einstellung des Verfahrens.

> In Abhängigkeit von dem Zeitpunkt, in dem das Fehlen einer Verfahrensvoraussetzung oder das Bestehen eines Verfahrenshindernisses festgestellt wird, richtet sich die Einstellung nach §§ 170 Abs. 2, 204, 206a oder 260 Abs. 3 StPO.

71 Ist von einem dauerhaften Fehlen einer Verfahrensvoraussetzung bzw. von einem dauerhaften Verfahrenshindernis auszugehen, wird das Verfahren durch die Einstellung endgültig abgeschlossen. Besteht lediglich ein vorübergehendes Hindernis oder kann eine noch fehlende Verfahrensvoraussetzung noch nachgeholt werden, erfolgt zunächst lediglich eine vorläufige Einstellung oder eine Aussetzung der Hauptverhandlung nach § 228 StPO (Meyer-Goßner/Schmitt StPO § 260 Rn. 43).

72 **Beispiel:**
Eine nur vorübergehende Verfahrenseinstellung wäre etwa im Falle einer vorübergehenden Verhandlungsunfähigkeit des Beschuldigten in Betracht zu ziehen.

73 Auch bei Fehlen einer Prozessvoraussetzung ist ausnahmsweise keine Verfahrenseinstellung auszusprechen, wenn bereits feststeht, dass der Angeklagte freizusprechen wäre. Denn in diesem Fall hat das **freisprechende Urteil** Vorrang vor einer Einstellung des Verfahrens (Meyer-Goßner/Schmitt StPO § 260 Rn. 44). Eine weitere Ausnahme gilt für den Fall, dass Anklage zum **sachlich unzuständigen** Gericht erhoben wird. Hält das Gericht, zu dem Anklage erhoben worden ist, ein Gericht höherer Ordnung für zuständig, so hat es diesem (vor Beginn der Hauptverhandlung, vgl. §§ 209, 225a Abs. 2 StPO) die Akten zur Entscheidung vorzulegen bzw. (nach Beginn der Hauptverhandlung, vgl. § 270 StPO) die Sache an dieses zu verweisen. Hält das angerufene Gericht ein Gericht niedrigerer Ordnung für zuständig, hat es (im Zwischenverfahren, vgl. § 209 Abs. 1 StPO) das Verfahren vor diesem zu eröffnen oder (im Hauptverfahren, vgl. § 269 StPO) die Sache selbst zu verhandeln.

Nach §§ 209a Nr. 1, 225a Abs. 4, 270 Abs. 1 Satz 2 StPO gelten besondere Strafkammern (hierzu Rn. 259) im Verhältnis zu allgemeinen Strafkammern als Gericht höherer Ordnung. Allerdings wird die **Zuständigkeit besonderer Strafkammern** nach § 6a Satz 1 StPO durch das Gericht nur bis zur Eröffnung des Hauptverfahrens von Amts wegen geprüft und der Angeklagte kann nach Satz 3 der Vorschrift nur bis zum Beginn seiner Vernehmung zur Sache in der Hauptverhandlung einwenden, anstelle der allgemeinen Strafkammer sei die Zuständigkeit einer besonderen Strafkammer begründet. Eine § 6a StPO entsprechende Regelung enthält § 16 StPO für das **Fehlen der örtlichen Zuständigkeit** des Gerichts. Das Fehlen der örtlichen Zuständigkeit bzw. die Missachtung der Zuständigkeit einer besonderen Strafkammer begründet daher kein Verfahrenshindernis. Es kann sich hieraus aber ein absoluter Revisionsgrund nach § 338 Nr. 4 StPO ergeben (vgl. Rn. 441).

2. Wichtige Prozessvoraussetzungen. Die Prozessvoraussetzungen können sich auf die Zuständigkeit des Gerichts, die Person des Beschuldigten sowie die Verfolgbarkeit der konkreten Tat beziehen. **74**

a) Zuständigkeit des Gerichts. Das angerufene Gericht muss zuständig sein (hierzu noch ausführlich Rn. 256 ff.). Dies bedeutet zunächst, dass die angeklagte Tat der **deutschen Strafgerichtsbarkeit** unterfallen und derjenige **Rechtsweg** eröffnet sein muss, dem das angerufene Gericht angehört (vgl. §§ 13, 18 bis 20 GVG; §§ 3 ff. StGB). Darüber hinaus muss das Gericht in **sachlicher** Hinsicht (§ 6 StPO i. V. m. den Bestimmungen des GVG) zuständig sein. Zum Vorgehen bei fehlender sachlicher oder örtlicher Zuständigkeit sowie bei Zuständigkeit einer speziellen Kammer siehe Rn. 73. **75**

b) Person des Beschuldigten. Ein Verfahrenshindernis besteht für den Fall, dass der Beschuldigte **verstirbt** oder nicht **strafmündig** i. S. v. § 19 StGB ist. Darüber **76**

hinaus muss der Beschuldigte verhandlungsfähig, also in der Lage sein, seine Interessen wahrzunehmen, seine Verteidigung in verständiger und verständlicher Weise zu führen und Prozesserklärungen abzugeben oder entgegenzunehmen. Ist dies nicht der Fall, ist das Verfahren für die Dauer der **Verhandlungsunfähigkeit** einzustellen. Ein in der Person des Beschuldigten begründetes Verfahrenshindernis stellt ferner die **Immunität** nach Art. 46 Abs. 2 und 4 GG bzw. § 152a StPO i. V. m. dem geltenden Landesrecht dar. Zuletzt kann ein Verfahrenshindernis durch eine **Amnestie** begründet werden.

77   c) **Verfolgbarkeit der konkreten Tat.** Ein Verfahrenshindernis liegt auch vor, wenn bezüglich der konkreten Tat bereits **anderweitige Rechtshängigkeit** besteht. Hiervon ist nach Maßgabe des § 156 StPO ab dem Zeitpunkt auszugehen, in dem ein anderes Gericht beschlossen hat, das Verfahren bezüglich der identischen Tat im prozessualen Sinn zu eröffnen. Darüber hinaus darf im Hinblick auf den in Art. 103 Abs. 3 GG verankerten *ne bis in idem*-Grundsatz kein **Strafklageverbrauch** eingetreten, also noch keine rechtskräftige Entscheidung hinsichtlich der Tat im prozessualen Sinn ergangen sein. Weitere Verfahrenshindernisse, die sich auf die fehlende Verfolgbarkeit der Tat beziehen, stellen der **Verjährungseintritt** (§§ 78 ff. StGB), das Fehlen eines **Strafantrags** bei den absoluten Antragsdelikten sowie eine nicht erfolgte **Ermächtigung** bei den Ermächtigungsdelikten (Rn. 50) dar. Zuletzt begründen das Fehlen sowie wesentliche Mängel von **Eröffnungsbeschluss** und **Anklage** ein Verfahrenshindernis. Allerdings geht die h. M. davon aus, dass es sich um heilbare Verfahrenshindernisse handelt, wobei eine Heilung insb. durch die ordnungsgemäße Nachholung von Eröffnungsbeschluss oder Anklage im Rahmen der Hauptverhandlung möglich sein soll (ablehnend Meyer-Goßner/Schmitt StPO § 204 Rn. 4).

78   3. **Prozesshindernisse aus dem Verfassungsrecht.** Für eine Reihe von Fällen wird diskutiert, ob über die anerkannten Fallgruppen hinaus Prozesshindernisse auch aus dem Verfassungsrecht abgeleitet werden können. Die h. M. steht dem ablehnend gegenüber. So geht der BGH insb. davon aus, dass eine **überlange Verfahrensdauer** i. d. R. kein Verfahrenshindernis begründet, sondern im Falle der Verurteilung im Urteil auszusprechen ist, dass zur Entschädigung für die überlange Verfahrensdauer ein bestimmter Teil der verhängten Strafe als vollstreckt gilt (sog. Vollstreckungslösung). Nur in eng begrenzten Ausnahmefällen soll eine überlange Verfahrensdauer ein Verfahrenshindernis begründen, namentlich dann, wenn das Verfahren zu gravierenden Belastungen des Beschuldigten geführt hat und die Fortsetzung des Verfahrens unter rechtsstaatlichen Gesichtspunkten nicht mehr hinnehmbar erscheint (BGH NJW 2001, 1146).

Auch eine begrenzte Lebenserwartung des **Beschuldigten** begründet nach Ein- **79**
schätzung der Rspr. i. d. R. kein Verfahrenshindernis, solange nicht das voraus-
sichtliche Lebensende derart nahe ist, dass die Durchführung eines Verfahrens
seinen Sinn verloren hat (BerlVerfGH NJW 1993, 515).

Der Umstand, dass dem Beschuldigten im Laufe des Verfahrens **Folter** ange- **80**
droht worden ist, soll ebenfalls kein Verfahrenshindernis begründen; vielmehr
soll die Missachtung von Art. 1 Abs. 1 GG und Art. 104 Abs. 1 Satz 2 GG sowie
Art. 3 EMRK i. d. R. dadurch hinreichend kompensiert werden, dass nach
§ 136a Abs. 2 StPO die mittels Folter erlangten Beweismittel einem absoluten
Beweisverwertungsverbot unterfallen (BVerfG NJW 2005, 656).

Nicht einheitlich beurteilt wird schließlich, ob eine **rechtsstaatswidrige Tatpro- 81
vokation** geeignet ist, ein Verfahrenshindernis zu begründen. Betroffen sind
insoweit insb. Fälle, in denen eine an sich nicht tatgeneigte Person die Tat erst
aufgrund des nachhaltigen Drängens eines verdeckten Ermittlers begeht. Der
EGMR hat insoweit im Jahr 2014 entschieden, eine Tatprovokation begründe
jedenfalls dann eine Verletzung von Art. 6 Abs. 1 EMRK, wenn die Tat ohne
Einfluss des Provokateurs nicht begangen worden wäre. Folge der Verletzung
des Art. 6 Abs. 1 EMRK soll sein, dass alle durch die Provokation *„gewonnenen
Beweismittel ausgeschlossen"* oder *„auf andere Weise vergleichbare Ergebnisse herbeigeführt werden"* müssen. Nach teilweise vertretener Auffassung soll dieser
Spruchpraxis der EGMR nur dadurch Genüge getan werden können, dass im
Falle einer unzulässigen Tatprovokation i. d. R. vom Vorliegen eines Verfahrenshindernisses ausgegangen wird. Demgegenüber nimmt der BGH lediglich
ein Verwertungsverbot hinsichtlich der unmittelbar durch die Provokation gewonnenen Beweismittel an. Ein Verfahrenshindernis sei nur in extremen Fällen anzunehmen (BGH NStZ 2015, 541; NStZ 2018, 355; abweichend aber
BGH NJW 2016, 91).

3. Kapitel   Ermittlungsverfahren

I.   Beginn des Ermittlungsverfahrens

82   Sobald die Staatsanwaltschaft (oder ihre Ermittlungspersonen) von einem Sachverhalt Kenntnis erhält, der strafrechtlich relevant sein kann, ist sie nach dem Legalitätsprinzip (Rn. 51 ff.) verpflichtet, tätig zu werden.

83   **1. Strafanzeige.** Der häufigste Weg, wie die Strafverfolgungsbehörden über einen Sachverhalt informiert werden, ist die Strafanzeige. Dabei handelt es sich um die Mitteilung eines Sachverhalts, der nach Meinung des Anzeigeerstatters Anlass zur Strafverfolgung bietet (Meyer-Goßner/Schmitt StPO § 158 Rn. 2). Es handelt sich dabei um eine **Anregung an die Ermittlungsbehörden** tätig zu werden. Sie kann mündlich oder schriftlich bei der Staatsanwaltschaft, den Behörden und Beamten des Polizeidienstes und den Amtsgerichten angebracht werden (§ 158 Abs. 1 Satz 1 StPO).

84   Grundsätzlich sind weder Behörden noch Privatpersonen verpflichtet, Anzeige zu erstatten, wenn sie von Straftaten Kenntnis erlangen. Lediglich in wenigen Fällen sieht das Gesetz eine **Anzeigepflicht** vor, z. B.:

- Nach § 138 StGB macht sich jedermann (Privatpersonen und Amtsträger) strafbar, der es unterlässt, Strafanzeige zu erstatten, obwohl er Kenntnis von einer geplanten schweren Straftat (z. B. Mord, Totschlag, Raub) hat und die Straftat noch abgewendet werden könnte.
- Sind Anhaltspunkte dafür vorhanden, dass jemand eines nicht natürlichen Todes gestorben ist oder wird der Leichnam eines Unbekannten gefunden, sind die Behörden zur sofortigen Anzeige verpflichtet (§ 159 StPO).
- Wird vor Gericht eine Straftat in der Sitzung begangen, so hat das Gericht den Tatbestand festzustellen und der zuständigen Behörde das darüber aufgenommene Protokoll mitzuteilen (§ 183 Satz 1 GVG, i. Ü. siehe Rn. 339 ff.).

85   Anzeigeerstatter sind verfahrensrechtlich Zeugen und unterliegen damit der **Wahrheitspflicht.** Folgerichtig handelt es sich um Straftaten, wenn Dritte wider besseres Wissen angezeigt werden (§ 158 StGB) oder eine Straftat wider besseres Wissen vorgetäuscht wird (§ 145d StGB). Ist eine unwahre Anzeige veranlasst worden, hat das Gericht dem Anzeigenden in bestimmten Fällen die Kosten aufzuerlegen (§ 469 StPO).

2. Strafantrag. Von der Strafanzeige abzugrenzen ist der förmliche Strafantrag.   **86**
Dabei handelt es sich um das **gezielte Strafverfolgungsverlangen** gegen einen
bestimmten, nicht notwendigerweise bekannten Täter. Der Verfolgungswille
des Antragstellers muss unmissverständlich erkennbar sein. Zwar kann der
Strafantrag ebenfalls wie eine Strafanzeige angebracht werden (siehe Rn. 83),
bei Antragsdelikten muss der Antrag, der Prozessvoraussetzung ist, indes bei
einem Gericht oder der Staatsanwaltschaft schriftlich oder zu Protokoll, bei
einer anderen Behörde schriftlich angebracht werden (§ 158 Abs. 2 StPO). In
diesen Fällen statuieren die §§ 77 ff. StGB nähere Anforderungen, etwa zur An-
tragsberechtigung und zur Frist. Schriftform erfordert die Unterschrift des Antragstellers; die Einlegung per Telefax ist zulässig, nicht jedoch die Einlegung
per E-Mail.

> **Beispiel:**   **87**
> Bei Beleidigung (§ 185 StGB) handelt es sich um ein absolutes Antragsdelikt,
> d. h. die Staatsanwaltschaft kann die Tat ohne Strafantrag nicht verfolgen.
> Sofern z. B. Mitarbeiter der Gerichtshilfen bei ihrer Dienstausübung belei-
> digt werden, reicht es nicht, dass sie dies formlos zu den Akten bringen.
> Erforderlich ist ein form- und fristgerechter Strafantrag.

3. Amtliche Wahrnehmung. Neben individuellen Mitteilungen kommt es auch   **88**
zu Ermittlungsverfahren, wenn die Strafverfolgungsbehörden auf anderem
Wege Kenntnis von möglichen Straftaten erlangen. Den ersten Zugriff hat
dabei i. d. R. die Polizei (§ 163 StPO). Selbstverständlich kann und muss die
Staatsanwaltschaft aber auch von sich aus tätig werden (§ 160 StPO); zur privaten Kenntniserlangung von Amtsträgern siehe Rn. 52.

II. Verdachtsstufen der StPO

Jede Ermittlungshandlung setzt wenigstens den Verdacht einer Straftat voraus,   **89**
wie er sich z. B. aus einer Strafanzeige ergeben kann (Rn. 82 ff.); zum **Legalitätsprinzip** siehe ferner Rn. 51 ff. Für einzelne Maßnahmen der Ermittlungsbehörden setzt die StPO unterschiedliche Verdachtsstufen voraus, ohne sie zu
definieren oder eine einheitliche Terminologie zu verwenden. Ihrer Unterscheidung kommt erhebliche Bedeutung zu:

- **Anfangsverdacht (§ 152 Abs. 2 StPO):** Ein durch konkrete Tatsachen belegter und durch kriminalistische Erfahrung begründeter Anhalt dafür, dass eine verfolgbare Straftat vorliegt (Meyer-Goßner/Schmitt StPO § 152 Rn. 4). Ausreichend ist die Möglichkeit einer Straftat, die aber über die bloße Vermutung hinausgehen muss. Sobald ein Anfangsverdacht vorliegt, ist die Staatsanwaltschaft verpflichtet, die Ermittlungen aufzunehmen (Rn. 53 ff.).
- **Hinreichender Tatverdacht (§§ 170 Abs. 1, 203 StPO):** Eine Verurteilung in der Hauptverhandlung erscheint nach Abschluss der Ermittlungen aufgrund des Ermittlungsergebnisses wahrscheinlicher als ein Freispruch (Meyer-Goßner/Schmitt StPO § 170 Rn. 1). Dabei handelt es sich um eine Prognose mit erheblichem Beurteilungsspielraum, die für die Anklageerhebung und die Eröffnung des Hauptverfahrens relevant ist.
- **Dringender Tatverdacht (§ 112 Abs. 1 StPO):** Eine nach dem gegenwärtigen Stand der Ermittlungen begründete hohe Wahrscheinlichkeit einer späteren Verurteilung, die nur aus bestimmten Tatsachen hergeleitet werden darf und stärker ist als der hinreichende Tatverdacht (Meyer-Goßner/Schmitt StPO § 112 Rn. 5 f.). Der dringende Tatverdacht ist für die Anordnung der Untersuchungshaft erforderlich.

III. Die Staatsanwaltschaft im Ermittlungsverfahren

90 Die Staatsanwaltschaft ist die *Herrin des Ermittlungsverfahrens*, folglich spricht man auch von dem **staatsanwaltschaftlichen Ermittlungsverfahren**. Die Aufgaben und Befugnisse in diesem Abschnitt des Strafverfahrens sind vornehmlich in der Strafprozessordnung geregelt. Ziel ist es, den Sachverhalt möglichst umfassend zu erforschen, indem die zur Verfügung stehenden **Beweismittel gesammelt** werden.

91 Dabei sind sowohl **belastende als auch entlastende Umstände** zu ermitteln. Man sagt, die Staatsanwaltschaft sei die *objektivste Behörde der Welt*.

> **Vertiefung:**
> Dieses geflügelte Wort geht zurück auf Franz von Liszt, der es jedoch anders gemeint haben dürfte. Das Originalzitat lautet:
> *„Durch die Aufstellung des Legalitätsprinzips, durch die dem Staatsanwalt auferlegte Verpflichtung, in gleicher Weise Entlastungs- wie Belastungsmomente zu prü-*

> *fen, durch das ihm eingeräumte Recht, Rechtsmittel zugunsten des Beschuldigten einzulegen, u.s.w. könnte ein bloßer Civiljurist zu der Annahme verleitet werden, als wäre die Staatsanwaltschaft nicht Partei, sondern die objektivste Behörde der Welt. Ein Blick in das Gesetz reicht aber aus, um diese Entgleisung als solche zu erkennen. Es genügt der Hinweis auf § 147 GVG: Die Beamten der Staatsanwaltschaft sind verpflichtet, den dienstlichen Anweisungen ihrer Vorgesetzten nachzukommen." (von Liszt DJZ 1901, 179 [180]).*

§ 161 StPO verleiht dem Staatsanwalt die Befugnis, alle erforderlichen Ermittlungsmaßnahmen selbst durchzuführen. In der strafjustiziellen Praxis lässt die personelle Ausstattung der Staatsanwaltschaften dies jedoch nur im Ausnahmefall zu. Mitunter bearbeiten einzelne Staatsanwälte bis zu 800 Verfahren oder mehr pro Jahr. **92**

Die Staatsanwaltschaft ist daher befugt, sich der Polizei mit ihrem deutlich besser ausgestatteten Apparat zu bedienen und Ermittlungsaufträge zu erteilen, denen die Polizei nachzukommen hat. Polizisten fungieren in diesen Fällen als **Ermittlungspersonen der Staatsanwaltschaft (§ 152 GVG)**. **93**

Die **Richtlinien für das Strafverfahren und das Bußgeldverfahren (RiStBV)** sehen vor, dass der Staatsanwalt in bedeutsamen oder in rechtlich oder tatsächlich schwierigen Fällen den Sachverhalt vom ersten Zugriff an selbst aufklären, namentlich den Tatort selbst besichtigen, die Beschuldigten und die wichtigsten Zeugen selbst vernehmen soll. Beauftragt er seine Ermittlungspersonen oder andere Stellen, hat er die Ermittlungen zu leiten, mindestens ihre Richtung und ihren Umfang zu bestimmen (Nr. 3 Abs. 1, 2 RiStBV). **94**

Bei der Beweissammlung im Ermittlungsverfahren gilt grundsätzlich das **Freibeweisverfahren**, wenngleich bei der Auswahl der Beweismittel von Anfang an zu beachten ist, dass in einer möglichen Hauptverhandlung für Schuld- und Rechtsfolgenfragen ausschließlich **Strengbeweismittel** verwendet werden dürfen. Es gilt demnach ein **Numerus Clausus der Beweismittel** (Hellebrand Staatsanwaltschaft Rn. 208). **95**

Der Gesetzgeber hat die Ermittlungsbehörden mit der sog. **Ermittlungsgeneralklausel** in § 161 StPO umfassend ermächtigt. Danach ist die Staatsanwaltschaft befugt, von allen Behörden Auskunft zu verlangen und Ermittlungen jeder Art entweder selbst vorzunehmen oder durch die Behörden und Beamten des Polizeidienstes vornehmen zu lassen. Es handelt sich um die **gesetzliche Ermächtigungsgrundlage** für sämtliche Ermittlungshandlungen, die wegen der gerin- **96** geren Intensität des Grundrechtseingriffs nicht selbstständig geregelt sind. Es sind „Ermittlungen jeder Art" vorzunehmen, die geeignet und erforderlich sind, um zur Aufklärung der Straftat beizutragen (BGH NJW 1996, 771).

97   Daneben wurden für bestimmte **Standardermittlungsmaßnahmen** explizite gesetzliche Regelungen geschaffen und abhängig von dem Ausmaß des Eingriffs in die Rechte des Betroffenen an nähere Voraussetzungen gebunden. Sie enthalten mitunter Zwang gegen die Betroffenen.

> Als „Zwangsmaßnahmen" gelten nur solche, die gegen bzw. ohne den Willen des Adressaten erfolgen. Gewährt der Beschuldigte z. B. auf die Frage „Dürfen wir mal reinkommen und uns umsehen?" freiwillig den Zutritt zu seiner Wohnung, bedarf es keines Durchsuchungsbeschlusses. Allerdings dürfen die gesetzlichen Voraussetzungen nicht bewusst umgangen werden!

IV. Ermittlungs- und Zwangsmaßnahmen im Einzelnen

98   **1. Vernehmung des Beschuldigten.** Eine wichtige Erkenntnisquelle ist die Einlassung des Beschuldigten. Er ist deshalb vor Abschluss der Ermittlungen zu vernehmen, es sei denn, dass das Verfahren zur Einstellung führt (§ 163a Abs. 1 Satz 1 StPO). Die **Gewährung rechtlichen Gehörs** ist im deutschen Strafprozess ein elementarer Bestandteil. Die Vernehmung des Beschuldigten dient auch der Information des Beschuldigten über das gegen ihn gerichtete Verfahren. Gleichwohl hat ein Beschuldigter kein Recht darauf, über die Ermittlungen unterrichtet zu werden. Er ist jedoch in bestimmten Fällen über die Einstellung des Verfahrens in Kenntnis zu setzen (§ 170 Abs. 2 Satz 2 StPO).

99   **a) Definition.** Die StPO setzt den „Beschuldigten" als selbstverständlich voraus, definiert ihn aber nicht. Unter Berücksichtigung von § 397 AO verlangt die h. M. zur Begründung der Beschuldigteneigenschaft einen **Anfangsverdacht** (Rn. 89) und einen **Willensakt der Strafverfolgungsbehörden**, der z. B. in der Belehrung einer Person als Beschuldigter, der Einleitung eines offiziellen Ermittlungsverfahrens gegen die Person oder generell in Maßnahmen liegen kann, die sich nur gegen Beschuldigte richten können, z. B. die vorläufige Festnahme nach § 127 StPO (Rn. 177).

b) Pflichten. Der Beschuldigte muss zur Vernehmung bei der Staatsanwalt- **100**
schaft erscheinen, jedoch nicht bei der Polizei (§ 163a Abs. 3 Satz 1 StPO). Erscheint er unentschuldigt nicht bei der Staatsanwaltschaft, kann er polizeilich
vorgeführt werden, d. h. er wird unter Anwendung von Zwang zur Vernehmung gebracht (§ 163a Abs. 3 Satz 2 i. V. m. § 133 StPO). Es empfiehlt sich
daher für einen Beschuldigten, der von seinem Schweigerecht Gebrauch machen will, dies den Ermittlungsbehörden mitzuteilen.

c) Rechte. Der Beschuldigte hat das **Recht zu schweigen.** Als Ausprägung des **101**
nemo tenetur-Grundsatzes (Rn. 58) muss niemand zu seiner eigenen Überführung beitragen. Nicht von dem Schweigerecht umfasst sind indes die Angaben
zu seinen Personalien. Macht ein Beschuldigter insoweit keine oder falsche Angaben, stellt dies eine Ordnungswidrigkeit nach § 111 Abs. 1 OWiG dar.

Obwohl vielfach zu lesen, besteht ein ausdrückliches **Recht zur Lüge** auch für **102**
den Beschuldigten nicht (BGH NStZ 2005, 517). Sagt ein Beschuldigter die
Unwahrheit, hat dies jedoch nur selten Konsequenzen, nämlich dann, wenn die
Lüge eine neue Straftat darstellt, etwa falsche Verdächtigung (§ 164 StGB), Vor-
täuschen einer Straftat (§ 145d StGB) oder Beleidigung/Verleumdung (§ 185 ff.
StGB). Im Ausnahmefall kann eine Lüge des Beschuldigten – oder später des
Angeklagten – strafschärfend ins Gewicht fallen, wenn erwiesen unwahre Angaben über Zeugen und Mittäter eindeutig die **Grenzen angemessener Verteidigung** überschreiten und Rückschlüsse auf eine rechtsfeindliche Einstellung
des Angeklagten zulassen.

⚰ → Entscheidung Nr. 9

Es versteht sich von selbst, dass Beschuldigte nicht mittels Misshandlung, Fol- **103**
ter, Täuschung oder anderer **verbotener Vernehmungsmethoden** (§§ 136a, 163a
Abs. 2 Satz 2, Abs. 4 Satz 2 StPO) in ihrer Willensentschließung und Willens-
betätigung beeinträchtigt werden dürfen. Aussagen, die unter Verletzung dieses Verbots zustande kommen, dürfen nicht verwertet werden (§ 136a Abs. 3
Satz 2 StPO, siehe auch Rn. 382 ff.).

Zentraler Bedeutung kommt dem Recht zu, sich in jeder Lage des Verfahrens **104**
des **Beistands eines Verteidigers** bedienen zu können (§ 137 Abs. 1 Satz 1 StPO,
Rn. 32). Der Verteidiger hat ein Anwesenheits- und Mitwirkungsrecht und ist
grundsätzlich von Vernehmungsterminen zu unterrichten (§ 163a Abs. 4
i. V. m. § 168c Abs. 1, 5 StPO). Er hat das **Recht auf Akteneinsicht** (§ 147 StPO)
und **freie Kommunikation mit dem Beschuldigten** (§ 148 StPO). In den Fällen
der **notwendigen Verteidigung** (§ 140 StPO) bestimmt das Gesetz, dass ein Ver-

teidiger zwingend erforderlich ist. Unter den näheren Voraussetzungen der §§ 141 ff. StPO wird dem Beschuldigten, der noch keinen Wahlverteidiger hat, ein Verteidiger **beigeordnet**, der sog. **Pflichtverteidiger**.

105 **d) Belehrung.** Vor der ersten Vernehmung, die im Ermittlungsverfahren i. d. R. durch Beamte der Polizei erfolgt, ist der Beschuldigte zu belehren (§ 163a Abs. 4 Satz 2 i. V. m. § 163 Abs. 1 Sätze 2 bis 6 StPO). Ihm ist zu eröffnen, welche Tat ihm zur Last gelegt wird (§ 163a Abs. 4 Satz 1 StPO). Ferner ist er darüber aufzuklären, dass er sich nicht zur Sache äußern muss (**Recht zu schweigen**) und jederzeit einen Verteidiger hinzuziehen kann (**Recht auf Verteidigerkonsultation**). Bei Auswahl und Kontaktierung eines Verteidigers ist der Beschuldigte zu unterstützen. In Fällen **notwendiger Verteidigung** (§ 140 StPO) ist er darauf hinzuweisen, dass er nach Maßgabe der §§ 141 Abs. 1, 142 Abs. 1 StPO die Bestellung eines Pflichtverteidigers beantragen kann; auf die Kostenfolge des § 465 StPO ist er ebenfalls hinzuweisen. Es ist dem Beschuldigten darzulegen, dass er zu seiner Entlastung einzelne Beweiserhebungen beantragen kann. In geeigneten Fällen soll der Beschuldigte auch darauf, dass er sich schriftlich äußern kann, sowie auf die Möglichkeit eines Täter-Opfer-Ausgleichs (§§ 155a, 155b StPO; § 46a StGB) hingewiesen werden.

106 **e) Protokollierung/Aufzeichnung.** Die Vernehmung des Beschuldigten ist in einem Protokoll festzuhalten (§ 168b Abs. 2 StPO). Sie kann in Bild und Ton aufgezeichnet werden. Seit dem 1.1.2020 muss die Beschuldigtenvernehmung in den Fällen des § 136 Abs. 4 Satz 2 StPO auf Video aufgenommen werden, wenn dem Beschuldigten ein Tötungsdelikt vorgeworfen wird oder schutzwürdige Interessen des Beschuldigten die Aufzeichnung gebieten (sog. **audio-visuelle Vernehmung**).

107 **2. Vernehmung von Zeugen.** Das wichtigste und zugleich fehleranfälligste Beweismittel ist der Zeugenbeweis. Besondere Wichtigkeit kommt der Aussage von Zeugen zu, da Zeugen in der Lage sind, Lebenssachverhalte verständig wahrzunehmen, zu erfassen und darüber zu berichten. Straftaten, die nicht von Zeugen beobachtet wurden, sind oft überhaupt nicht aufzuklären. Zeugen sind jedoch gleichzeitig wegen der **Begrenztheit der menschlichen Wahrnehmung** das potenziell fehleranfälligste Beweismittel; denn es ist unausweichlich, dass Menschen Vorgänge subjektiv wahrnehmen und die Erinnerung durch diverse subjektive Faktoren beeinflusst wird. Dies ist Zeugen oftmals nicht bewusst.

108 **a) Definition.** Zeuge ist, wer über **eigene sinnliche Wahrnehmungen** Auskunft geben soll und im Hauptverfahren nicht Angeklagter oder Mitangeklagter ist. Die eigenen Wahrnehmungen müssen nicht immer unmittelbar die aufzuklärende Straftat betreffen. Es ist etwa zulässig, wenn ein Zeuge über das berichtet, was er von einer anderen Person erzählt bekommen hat; er ist dann **Zeuge vom Hörensagen** (siehe auch Rn. 357). Zeugen bekunden über **Tatsachen**. Wertungen, Schlussfolgerungen oder Rechtsfragen sind nicht Inhalt des Zeugenbeweises (Meyer-Goßner/Schmitt StPO Vorb. § 48 Rn. 2).

Beispiel: **109**
Eine Person, die auf einen Verkehrsunfall erst in dem Moment aufmerksam wird, in dem es knallt (sog. Knallzeuge), kann nicht über den eigentlichen Unfall Zeugnis ablegen, da sie diesen nicht beobachtet hat. Darauf hat der Vernehmende zu achten, da dieser Umstand dem Zeugen selbst oft nicht bewusst ist und er davon ausgeht, er wisse was passiert sei. Es handelt sich tatsächlich aber um seine Schlussfolgerungen.

b) Pflichten. Zeugen sind verpflichtet, auf Ladung der Staatsanwaltschaft zu   **110** erscheinen und zur Sache auszusagen (§ 161a Abs. 1 Satz1 StPO). Auch vor den Ermittlungspersonen der Staatsanwaltschaft, insb. der Polizei, haben sie seit Inkrafttreten des „Gesetzes zur effektiveren und praxistauglicheren Ausgestaltung des Strafverfahrens" vom 17.8.2017 (BGBl. 2017 I, 3202) zu erscheinen, wenn der Ladung ein Auftrag der Staatsanwaltschaft zugrunde liegt (§ 163 Abs. 3 Satz 1 StPO). Ist dies nicht der Fall, sind Zeugen nicht verpflichtet, bei der Polizei zu erscheinen. Erscheint ein Zeuge pflichtwidrig nicht, kann er polizeilich vorgeführt werden, d. h. er wird von der Polizei unter Zwang zu der Vernehmung gebracht.

Zeugen sind verpflichtet, **wahrheitsgemäß auszusagen.** Die Aussage dürfen sie   **111** nur verweigern, sofern das Gesetz eine Ausnahme von der Aussagepflicht zulässt (§ 48 Abs. 1 Satz 2 StPO).

c) Zeugnisverweigerungsrechte und Auskunftsverweigerungsrecht. Zeugnis-   **112** verweigerungsberechtigte Zeugen dürften das *Zeugnis*, also die Aussage, **insgesamt oder in zusammenhängenden Teilen** verweigern. Das Gesetz regelt in den §§ 52–54 StPO Gründe für die Zeugnisverweigerung. Auskunftsverweigerungsberechtigte Personen dürfen dagegen nur die Beantwortung **einzelner Fragen** verweigern, wenn die wahrheitsgemäße Beantwortung der Frage sie selbst oder einen nahen Angehörigen in die Gefahr bringen würde, wegen einer Straftat oder einer Ordnungswidrigkeit verfolgt zu werden (§ 55 StPO).

aa) Zeugnisverweigerungsrecht der Angehörigen des Beschuldigten. Die in   **113** § 52 StPO näher bezeichneten **Angehörigen** des Beschuldigten (Verlobter, Ehegatte, eingetragener Lebenspartner, Verwandte und Verschwägerte) dürfen das Zeugnis verweigern, um ihnen die **Zwangslage** zu ersparen, die bestünde, wenn sie – zur Wahrheit verpflichtet – durch ihre Aussage den Beschuldigten belasten würden. Es ist indes irrelevant, ob die Aussage den Beschuldigten tatsächlich belasten würde oder ob der Zeuge die Zwangslage tatsächlich als solche empfindet. Die Ausübung des Zeugnisverweigerungsrechts muss **ausdrücklich erklärt** werden. Der Zeuge ist nicht berechtigt, ohne Erklärung zu schweigen oder gar zu lügen. Der Zeuge kann auf sein Recht verzichten. Erklärt er es nach anfänglicher Aussage zu einem späteren Zeitpunkt, darf die Aussage ab diesem Zeitpunkt grundsätzlich nicht verwertet werden (§ 252 StPO), es sei denn die frühere Aussage erfolgte vor einem Richter (Meyer-Goßner/Schmitt StPO § 252 Rn. 14). Der Zeuge kann in diesem Fall aber die Verwertung der früheren Aussage genehmigen (BGH NJW 1981, 2825).

114

> **Beispiel:**
> Die von ihrem Ehemann vergewaltigte Zeugin belastet bei der polizeilichen Vernehmung unmittelbar nach der Tat ihren Ehemann schwer. Ihre Therapeutin rät ihr, keine Aussage vor Gericht zu machen, um das Martyrium der Tat nicht nochmals durchleben zu müssen. In diesem Fall darf die Zeugin in der Hauptverhandlung das Zeugnis nach § 52 StPO verweigern. Die Verwertung ihrer früheren Angaben, die durch Vernehmung des seinerzeitigen Vernehmungsbeamten in den Prozess eingeführt werden können, kann sie jedoch genehmigen. Allerdings sind die Angaben im Rahmen der freien richterlichen Beweiswürdigung kritisch zu sehen, da etwa Nachfragen der Verteidigung an die Zeugin nicht möglich sind.

115 **bb) Zeugnisverweigerungsrecht von Berufsgeheimnisträgern.** Angehörige der in § 53 StPO abschließend aufgeführten Berufsgruppen (sog. **Berufsgeheimnisträger**, z. B. Geistliche, Rechtsanwälte, Ärzte, Steuerberater, Psychotherapeuten etc.) haben ebenfalls das Recht, das Zeugnis zu verweigern. Das Gesetz postuliert einen Schutz des **besonderen Vertrauensverhältnisses**, das zwischen Angehörigen dieser Berufsgruppen und den Menschen, die Hilfe, Dienstleistungen und Beratung in Anspruch nehmen, regelmäßig besteht. Das Zeugnisverweigerungsrecht erstreckt sich jeweils auf das, was die Berufsträger in Ausübung ihres Berufes erfahren haben. Einige dieser Berufsgeheimnisträger kann der Beschuldigte von der Verschwiegenheitspflicht entbinden. Sie müssen dann wahrheitsgemäß aussagen. Bei bestimmten Berufsgruppen, nämlich Geistlichen, Abgeordneten und Mitarbeitern von Presse und Rundfunk ist dies nicht möglich (§ 53 Abs. 2 StPO).

Angehörige des öffentlichen Dienstes, die als solche zur Verschwiegenheit verpflichtet sind, können das Zeugnis über Tatsachen, die dem öffentlichen Geheimhaltungsinteresse unterliegen, verweigern. Der Dienstherr erteilt im Rahmen der beamtenrechtlichen Vorschriften eine **Aussagegenehmigung** (Rn. 39).   **116**

cc) Auskunftsverweigerungsrecht. Als Ausfluss des **Rechts zur Selbstbelastungsfreiheit** ermöglicht § 55 StPO dem Zeugen, der sich oder einen nahen Angehörigen belasten müsste, die Beantwortung einzelner Fragen zu verweigern (sog. **Auskunftsverweigerungsrecht**). Das Recht schützt den Zeugen, nicht den Beschuldigten. § 55 StPO berechtigt den Zeugen jedoch nicht dazu, einfach zu schweigen oder gar zu lügen. Die Auskunftsverweigerung muss ausdrücklich erklärt werden; auf sie kann verzichtet werden. Soweit eine Verfolgungsgefahr ausgeschlossen ist, kann die Auskunft nicht verweigert werden, etwa wenn der Zeuge oder Angehörige wegen Strafunmündigkeit nicht verfolgt werden kann oder für die in Betracht kommende Tat bereits rechtskräftig verurteilt ist.   **117**

Der Zeuge entscheidet nach eigenem, freiem Ermessen, ob ein Fall der Selbstbelastung vorliegen könnte und teilt dies dem Vernehmenden mit. Während im Hauptverfahren das Gericht entscheidet, ob die Verfolgungsgefahr besteht oder nicht, entscheidet dies im Ermittlungsverfahren zunächst der vernehmende Polizeibeamte oder Staatsanwalt. Ist die Staatsanwaltschaft der Auffassung, die Auskunft werde zu Unrecht verweigert, kann sie ein Ordnungsgeld festsetzen (§ 161a Abs. 2 Satz 1 i. V. m § 70 StPO). Gegen den Ordnungsgeldbescheid kann der Zeuge gerichtliche Entscheidung beantragen, um die Entscheidung des Ermittlungsrichters herbeizuführen (§ 161a Abs. 3 Satz 1 StPO).   **118**

Vertiefung:
Nach ständiger Rspr. von BVerfG und BGH kann eine Verfolgungsgefahr bereits bejaht werden, wenn der Zeuge bestimmte Tatsachen angeben müsste, die mittelbar den Verdacht einer Straftat oder Ordnungswidrigkeit begründen (sog. **Mosaiktheorie**). Dies ist zum Beispiel dann der Fall, wenn die wahrheitsgemäße Beantwortung einer Frage zwar allein eine Strafverfolgung nicht auslösen könnte, jedoch „als Teilstück in einem mosaikartigen Beweisgebäude" zu einer Belastung des Zeugen beitragen könnte. So darf etwa der rechtskräftig verurteilte Drogenhändler die Beantwortung der Frage nach seinen Lieferanten nach § 55 StPO verweigern, wenn es Anhaltspunkte dafür gibt, dass er neben den rechtskräftig abgeurteilten Taten weitere Taten begangen haben könnte, die mit Benennung der Lieferanten (besser) aufzuklären wären (BVerfG NJW 2002, 1411).

---

119 **d) Belehrung.** Zeugen sind darüber zu belehren, dass sie in den gesetzlichen Fällen das Zeugnis oder die Auskunft verweigern dürfen. Sie sind ferner vor der Vernehmung zur Wahrheit zu ermahnen und über die strafrechtlichen Folgen einer unrichtigen oder unvollständigen Aussage zu belehren (§§ 57 Abs. 1, 161a Abs. 1 Satz 2, 163 Abs. 3 Satz 2 StPO).

Vertiefung:

Eine sog. **informatorische Befragung** sieht die Strafprozessordnung nicht vor, sie ist jedoch in engen Grenzen anerkannt und zulässig. Es handelt sich um eine Befragung von Personen ohne Belehrung, etwa um zu ermitteln, ob die Person als Zeuge in Betracht kommt oder um eine Zeugenvernehmung vorzubereiten, insb. zur Ermittlung der Identität der Person oder etwaiger Zeugnisverweigerungsrechte (Meyer-Goßner/Schmitt StPO § 57 Rn. 6). Zum Teil wird als gesetzliche Grundlage § 9 PolG NRW bzw. die entsprechende landesrechtliche Vorschrift genannt (Artkämper/Schilling S. 63 ff.).

---

120 **3. Durchsuchung.** Das Gesetz unterscheidet zwischen der Durchsuchung beim Verdächtigen und der Durchsuchung bei anderen Personen.

121 **a) Durchsuchung beim Verdächtigen.** Gemäß § 102 StPO kann bei dem, der als **Täter oder Teilnehmer einer Straftat** verdächtig ist, eine Durchsuchung der Wohnung und anderer Räume sowie seiner Person und der ihm gehörenden Sachen sowohl zum Zweck der **Ergreifung seiner Person** als auch dann vorgenommen werden, wenn zu vermuten ist, dass die Durchsuchung zur **Auffindung von Beweismitteln** führen werde.

122 Zur Anordnung einer Durchsuchung beim Verdächtigen genügen zureichende tatsächliche Anhaltspunkte dafür, dass eine bestimmte Straftat bereits begangen ist. Die Dursuchung darf nicht der Ermittlung von Tatsachen dienen, die zur Begründung eines Verdachts erforderlich sind. Der Verdacht muss indes noch nicht so konkret sein, dass die Beschuldigteneigenschaft begründet ist, wenngleich der Verdächtige durch die Durchsuchungsanordnung i. d. R. formal zum Beschuldigten wird (MüKo-StPO/Hauschild § 102 Rn. 9).

⚖ → Entscheidung Nr. 10

> **Beispiel:**   **123**
> Bei einer Verkehrskontrolle wurde in der Hosentasche des Fahrers Marihu-
> ana gefunden und ein Schnelltest vor Ort ergab, dass er unter dem Einfluss
> von Betäubungsmitteln stand. Der Beifahrer wurde vor Ort durchsucht, es
> wurden aber keine Drogen bei ihm gefunden. Weil der Beifahrer mehrfach
> wegen Betäubungsmitteldelikten vorbestraft war, wurde die Durchsuchung
> seiner Wohnung angeordnet. Nach Ansicht des BVerfG war diese rechtswid-
> rig, da keine ausreichenden Verdachtsmomente gegen den Beifahrer vorla-
> gen. Allein den Drogenfund beim Fahrer sowie die einschlägigen Vorstrafen
> des Beifahrers hielt das Gericht nicht für ausreichend.

⚒ → Entscheidung Nr. 11

Durchsucht werden dürfen: **124**

- **Räumlichkeiten** des Verdächtigen, unabhängig davon, ob er diese berechtigt
  oder unberechtigt oder mit anderen gemeinsam nutzt. Erfasst sind daher
  auch Büros, Hotelzimmer etc.;
- die **Person** des Verdächtigen und zwar in oder unter der Kleidung. Erfasst
  sind auch natürliche Köperöffnungen des Verdächtigen, die ohne medizi-
  nische Hilfsmittel einzusehen sind (z. B. Mundhöhle); die Abgrenzung zur
  körperlichen Untersuchung ergibt sich aus § 81a StPO;
- **Sachen** des Verdächtigen, also insb. die Kleidung und sonstige Gegenstände
  wie Taschen, Koffer etc., wobei es nicht auf Eigentumsverhältnisse ankommt.

Die Durchsuchung darf nur bestimmte Zwecke verfolgen, nämlich: **125**

- der **Ergreifung des Verdächtigen** zur Durchführung einer gesetzlichen
  Zwangs- oder Identifizierungsmaßnahme;
- dem **Auffinden von Beweismitteln**, wobei die gesuchten Gegenstände vorher
  in gewissem Maße bestimmt sein müssen. Ein gezieltes Suchen nach **Zu-
  fallsfunden** (vgl. § 108 StPO) ist demnach unzulässig;
- dem **Auffinden von Einziehungsgegenständen** (§ 111b Abs. 2 StPO).

b) Durchsuchung bei anderen Personen. Gemäß § 103 StPO sind Durchsu-   **126**
chungen bei anderen Personen nur zur **Ergreifung des Beschuldigten** oder zur
Verfolgung von Spuren einer Straftat oder zur **Beschlagnahme bestimmter Gegenstände** und nur dann zulässig, wenn Tatsachen vorliegen, aus denen zu
schließen ist, dass die gesuchte Person, Spur oder Sache sich in den zu durch-
suchenden Räumen befindet.

127   Auch bei einer anderen, also unverdächtigen, Person können unter bestimmten Voraussetzungen die Räumlichkeiten, die Person und die ihr gehörenden Sachen durchsucht werden. Im Vergleich zur Durchsuchung beim Verdächtigen, sind die Voraussetzungen jedoch deutlich enger.

128   Bei der Durchsuchung zur Ergreifung des Beschuldigten muss der Tatverdacht bereits so konkret sein, dass die Beschuldigteneigenschaft begründet ist.

129   Die Durchsuchung zur Beschlagnahme von beweisrelevanten Gegenständen bei Unverdächtigen ist nur dann zulässig, wenn aufgrund bestimmter, bewiesener Tatsachen die Annahme gerechtfertigt ist, die Gegenstände können bei der Durchsuchung gefunden werden. Anders als bei Durchsuchungen nach § 102 StPO reicht hier die „kriminalistische Erfahrung" nicht aus (BVerfG NJW 2007, 1804).

130   **c) Einschränkungen und Verfahren.** Da Durchsuchungen in die Grundrechte aus **Art. 2 und 13 GG** eingreifen, stellt das Gesetz weitere Voraussetzungen auf, etwa bei Durchsuchungen von Räumen zur Nachtzeit (§ 104 StPO).

131   Wie bei allen intensiven Eingriffen in Grundrechte normiert § 105 StPO für Durchsuchungsanordnungen einen **Richtervorbehalt**. Danach dürfen Durchsuchungen nur durch den Richter (im Ermittlungsverfahren: Ermittlungsrichter bei dem zuständigen Amtsgericht, §§ 162, 169 StPO) angeordnet werden.

    → Muster 1: Durchsuchungsbeschluss

132   Nur bei **Gefahr im Verzug** sind die Staatsanwaltschaft und ihre Ermittlungspersonen zur Anordnung befugt, also wenn die durch die vorherige Einholung der richterlichen Anordnung bedingte zeitliche Verzögerung den Erfolg der Durchsuchung gefährden würde. Die Strafverfolgungsbehörden sind verpflichtet, den Antrag rechtzeitig zu stellen, also sobald dies nach kriminalistischer Erfahrung erforderlich ist. Eine absichtliche Herbeiführung der Eilbedürftigkeit ist unzulässig (BVerfG NJW 2001, 1121).

> Bei Eilbedürftigkeit können Durchsuchungsbeschlüsse (§ 105 StPO) auch **telefonisch** ergehen. Die näheren Umstände sollten jedoch nachträglich in den Akten festgehalten werden (Art. 19 Abs. 4 GG; BGH NJW 2005, 1060); hierzu unter Rn. 245 ff.

> **Vertiefung:**
> Um den Richtervorbehalt effektiv durchzusetzen, sind die Gerichte ver-
> pflichtet, **Bereitschaftsdienste** einzurichten, die tagsüber sowohl innerhalb
> als auch außerhalb der üblichen Dienstzeiten und wünschenswerterweise
> auch nachts erreichbar sind. Beispielsweise bei dem Amtsgericht Bonn ist
> der richterliche Bereitschaftsdienst etwa in der Zeit von 6 Uhr bis 21 Uhr
> erreichbar. Zwischen 21 Uhr und 6 Uhr können die Staatsanwaltschaft Bonn
> und ihre Ermittlungspersonen Durchsuchungsanordnungen im Wege der
> Eilkompetenz treffen. Der Bereitschaftsdienst der Staatsanwaltschaft Bonn
> ist rund um die Uhr, also auch nachts erreichbar.

Fehlerhafte Durchsuchungsanordnungen können zur **Unverwertbarkeit** der **133**
bei der Durchsuchung erlangten Beweise führen (Rn. 382 ff.).

4. Sicherstellung und Beschlagnahme. Um den Sachverhalt aufzuklären und/ **134**
oder Gegenstände sowie Vermögenswerte für das Verfahren zu sichern, kann
es notwendig werden, Gegenstände in amtliche Verwahrung zu nehmen, d. h.
sie sicherzustellen.

a) Sicherstellung und Beschlagnahme von Gegenständen. Gemäß § 94 StPO **135**
sind Gegenstände, die als Beweismittel für die Untersuchung von Bedeutung
sein können, in Verwahrung zu nehmen oder in anderer Weise **sicherzustellen.**
Sofern Gegenstände sich im Gewahrsam einer Person befinden und nicht freiwillig herausgegeben werden, bedarf es der **Beschlagnahme**, die somit einen
Unterfall der Sicherstellung darstellt.

Unter den Begriff der Gegenstände, der weit zu verstehen ist, fallen **bewegliche** **136**
Sachen jeder Art, auch Datenträger und Computerausdrucke, unbewegliche Sachen (Immobilien), Leichen, Leichenteile und abgetrennte Teile lebender Menschen (Meyer-Goßner/Schmitt StPO § 94 Rn. 4). Als **Beweismittel** kommen Gegenstände in Betracht, wenn sie unmittelbar oder mittelbar zur Aufklärung der
Tat oder ihrer Umstände, also auch zur Person des Täters, der Schadenshöhe
etc. beitragen können (Meyer-Goßner/Schmitt StPO § 94 Rn. 5), z. B. Tatwaf-
fen, Tatbeute, Fingerabdrücke, DNA-Spuren oder Drogen.

Zur Sicherstellung ist es erforderlich, dass durch einen **staatlichen Akt** erkenn- **137**
bar wird, dass der Gegenstand nunmehr der amtlichen Obhut untersteht. Dies
erfolgt bei beweglichen Sachen in aller Regel durch Inbesitznahme. Ist diese
nicht möglich, etwa bei Grundstücken oder Räumen, muss das staatliche Herr-
schaftsverhältnis über die Sache auf andere Weise deutlich gemacht werden,
z. B. durch Absperrung, Versiegelung oder dem Aussprechen eines Verfü-
gungsverbots.

138   Die Beschlagnahme muss in angemessenem Verhältnis zur Schwere der Tat und zur Stärke des Tatverdachts stehen (Meyer-Goßner/Schmitt StPO § 94 Rn. 18).

139   Zur Auswertung von **Dokumenten und Speichermedien** siehe § 110 StPO.

140   **aa) Beschlagnahmeverbote.** § 97 StPO verbietet die Beschlagnahme bestimmter Gegenstände, um die Zeugnisverweigerungsrechte der §§ 52 bis 53a StPO effektiv durchzusetzen. Danach dürfen u. a. schriftliche Mitteilungen zwischen dem Beschuldigten und verschiedenen zeugnisverweigerungsberechtigten Personen, z. B. Angehörigen, Geistlichen, Verteidigern, nicht beschlagnahmt werden, wenn sie im Gewahrsam der Zeugen stehen. In diesen Fällen ist bereits die Anordnung der Beschlagnahme rechtswidrig. Eine freiwillige Herausgabe der Gegenstände durch den Zeugnisverweigerungsberechtigten schließt die Vorschrift aber nicht aus.

141   **bb) Verfahren.** Die formlose Sicherstellung unterliegt keinen besonderen Verfahrensvorschriften. Es versteht sich von selbst, dass alle sichergestellten Gegenstände genau zu erfassen und die Sicherstellung aktenkundig zu machen ist (§ 109 StPO).

142   Das Verfahren bei der Beschlagnahme richtet sich nach § 98 StPO. Die Beschlagnahme ist danach von dem Gericht durch **förmlichen Beschluss** anzuordnen. Der Beschluss hat schriftlich zu erfolgen und die Gründe der Anordnung erkennen zu lassen (§ 34 StPO). Nur bei Gefahr im Verzug sind auch die Staatsanwaltschaft und ihre Ermittlungspersonen anordnungsbefugt. In diesem Fall ist die Anordnung nicht formbedürftig, kann also mündlich, telefonisch oder in sonst geeigneter Weise erlassen werden; in jedem Fall ist sie aktenkundig zu machen. Die Eilbeschlagnahme soll binnen drei Tagen **richterlich bestätigt** werden, wenn bei der Beschlagnahme weder der davon Betroffene noch ein erwachsener Angehöriger anwesend war oder wenn der Beschlagnahme ausdrücklich widersprochen wurde (§ 98 Abs. 2 Satz 1 StPO). Der von der Beschlagnahme Betroffene kann jederzeit gerichtliche Entscheidung beantragen (§ 98 Abs. 2 Satz 2 SPO), über die das nach § 162 StPO zuständige Gericht entscheidet.

143   **cc) Herausgabe asservierter Gegenstände.** Wird eine bewegliche Sache, die nach § 94 StPO beschlagnahmt oder auf andere Weise sichergestellt und sodann bei der Staatsanwaltschaft oder Polizei asserviert worden ist, für die Zwecke des Strafverfahrens nicht mehr benötigt, so wird das **Asservat** im Regelfall an den **letzten Gewahrsamsinhaber** herausgegeben (§ 111n StPO). Da dies offenkundig nicht in allen Fällen zu befriedigenden oder wenigstens recht-mäßigen Besitzverhältnissen führen würde, etwa wenn das Diebesgut an den Dieb herausgegeben werden müsste, sieht § 111n Abs. 2 StPO vor, dass Sachen, die dem bekannten Verletzten durch eine Straftat entzogen worden sind, an diesen herausgegeben werden können. Freilich werden Gegenstände, die zwei-felsfrei unrechtmäßig in die Hand des letzten Gewahrsamsinhabers gelangt sind, auch dann nicht an den letzten Gewahrsamsinhaber herausgegeben, wenn der Verletzte unbekannt geblieben ist; in diesem Fall wird nach § 983 BGB verfahren (Nr. 75 Abs. 4 RiStBV). Steht der Herausgabe an den letzten Gewahrsamsinhaber oder den Verletzten der offenkundige Anspruch eines Dritten entgegen, wird die Sache an den Dritten herausgegeben, wenn dieser bekannt ist (§ 111n Abs. 3, 4 StPO). Bestehen lediglich Anhaltspunkte für die Berechtigung eines Dritten, so kann der Staatsanwalt diesem unter Bestim-mung einer Frist Gelegenheit zu ihrem Nachweis geben (Nr. 75 Abs. 3 Satz 2 RiStBV). Über die Herausgabe entscheidet im vorbereitenden Verfahren und nach rechtskräftigem Abschluss des Verfahrens die Staatsanwaltschaft, i. Ü. das mit der Sache befasste Gericht (§ 111o Abs. 1 StPO).

Bewegliche Sachen sind an dem Ort zurückzugeben, an dem sie aufzubewah-ren waren, es handelt sich um eine **Holschuld**. **144**

⚏ → Entscheidung Nr. 12

Zur **Einziehung** einschließlich **Vermögensabschöpfung** siehe i. Ü. Rn. 349. **145**

b) **Sicherstellung von Vermögenswerten.** Gemäß § 111b StPO sind Gegen-stände zur Sicherung der Vollstreckung zu beschlagnahmen, wenn die An-nahme begründet ist, dass die Voraussetzungen der Einziehung oder Un-brauchbarmachung des Gegenstands vorliegen (§§ 73, 73a, 73b, 74, 74b, 74d, 76a StGB). **146**

5. **Technische Ermittlungen im Bereich Telekommunikation.** Der Einzug der Technisierung der menschlichen Kommunikation bringt es mit sich, dass auch Kriminalität mittels moderner Kommunikationsmedien begangen wird und/ oder darüber aufgeklärt werden kann. Das Gesetz gibt den Ermittlungsbehör-den daher umfangreiche technische Ermittlungsmethoden an die Hand. **147**

a) **Telekommunikationsüberwachung (TKÜ), § 100a Abs. 1 Satz 1 StPO.** Die Vorschrift erlaubt die Überwachung der **laufenden Telekommunikation** des Be-schuldigten und anderer Personen. Telekommunikation umfasst alle Formen der Nachrichtenübermittlung unter Raumüberwindung in nichtkörperlicher Weise mittels technischer Einrichtungen, auch von Maschine zu Maschine **148**

(KK-StPO/Bruns §100a Rn. 4). Den Hauptanwendungsfall stellt immer noch die klassische Kommunikation via (Mobil-)Telefon dar. Aber auch Text-, Bild- oder Sprachnachrichten, die mittels Mobilfunks oder im Internet übertragen werden, können nach § 100a Abs. 1 Satz 1 StPO überwacht und aufgezeichnet werden (Großmann JA 2019, 241).

149   Wegen des damit verbundenen Eingriffs in das Post- und Fernmeldegeheimnis erlaubt das Gesetz den Eingriff nur unter näheren Voraussetzungen.

150   Erforderlich ist ein durch bestimmte Tatsachen begründeter Verdacht einer zumindest versuchten schweren Straftat (sog. **qualifizierter Anfangsverdacht** (MüKo-StPO/Günther § 100a Rn. 74; Meyer-Goßner/Schmitt StPO § 100a Rn. 9 ff.). Die erfassten Straftaten zählt das Gesetz in § 100a Abs. 2 StPO abschließend auf. Darunter fallen im Allgemeinen Verbrechen und Vergehen mit einer Strafrahmenobergrenze von 5 Jahren, deren Rechtsgüter der Gesetzgeber für besonders schützenswert hält. Genannt sind u. a. Mord und Totschlag, Raub, Völkermord, Verstöße gegen das Kriegswaffenkontrollgesetz, Verbrechen nach dem BtMG usw. (sog. **Katalogtaten**). Auf bestimmte Tatsachen stützt sich der Verdacht, wenn es sich nicht um bloße Vermutungen handelt, sondern die Umstände unter Berücksichtigung von Lebens- und kriminalistischer Erfahrung bereits ein solches Maß an Konkretisierung und Verdichtung zulassen, dass sie in erheblichem Maße auf die Täterschaft des Betroffenen hindeuten. Ein über den Anfangsverdacht (Rn. 89) hinausgehender Verdachtsgrad im Sinne eines hinreichenden oder dringenden Tatverdachts (Rn. 89) ist indes nicht erforderlich. Neben der allgemeinen Wertung der Schwere einer Katalogtat muss die Tat auch **im Einzelfall** schwer wiegen, wobei alle Umstände des Einzelfalls zu berücksichtigen sind. An dieser Voraussetzung fehlt es beispielsweise, wenn bereits absehbar ist, dass die Tat als minder schwerer Fall zu ahnden sein wird. Schließlich müssen die Ermittlung des Sachverhalts oder die Ermittlung des Aufenthaltsorts des Beschuldigten auf andere Weise wesentlich erschwert oder aussichtslos sein (**Subsidiaritätsgrundsatz**), d. h. es müssen erst alle anderen Ermittlungsmittel ausgeschöpft werden.

📖 → Entscheidung Nr. 13

151   Die Maßnahmen dürfen sich grundsätzlich nur gegen den Beschuldigten oder dessen Nachrichtenmittler richten (§ 100a Abs. 3 StPO), wobei freilich auch deren Kommunikation mit unbeteiligten Dritten überwacht wird, welche nach der gesetzlichen Konzeption des § 101 Abs. 4 StPO nach Abschluss der Maßnahmen darüber zu informieren sind.

Bei den sog. **Zufallserkenntnissen** ist § 479 Abs. 2 Satz 1 i. V. m. § 161 Abs. 3 StPO (bis 2019: § 477 Abs. 2 Satz 2 StPO) zu berücksichtigen. Danach sind Erkenntnisse aus TKÜ gegen den Beschuldigten und Dritte nur verwertbar, wenn sie eine Katalogtat betreffen. Bei Nichtkatalogtaten dürfen die Zufallserkenntnisse nicht unmittelbar verwertet werden; zulässig ist es jedoch weitere Ermittlungen in diese Richtung durchzuführen.

Wegen der Intensität des Grundrechtseingriffs unterliegt die TKÜ dem Richtervorbehalt (§ 100e Abs. 1 Satz 1 StPO). **152**

Vertiefung:
Im Jahr 2018 wurden in 5.104 Verfahren insgesamt 19.474 Anordnungen nach § 100a Abs. 1 StPO getroffen, ganz überwiegend im Betäubungsmittelbereich (BfJ Übersicht Telekommunikationsüberwachung 2018).

b) Quellen-TKÜ, § 100a Abs. 1 Satz 2, 3 StPO. Technische Gegebenheiten, insb. **153** Verschlüsselungen bei internetbasierter Kommunikation machen es den Strafverfolgungsbehörden zum Teil unmöglich, die Kommunikation klassisch auf dem Übertragungswege abzufangen und aufzuzeichnen. In diesen Fällen muss die Aufzeichnung **auf den Endgeräten** selbst stattfinden, etwa durch spezielle Software auf einem Smartphone oder Computer. § 100a Abs. 1 Satz 2 StPO erlaubt dabei die Aufzeichnung der laufenden Kommunikation und § 100a Abs. 1 Satz 3 StPO die bereits abgeschlossener und gespeicherter Kommunikationsdaten, z. B. verschlüsselte Chatprotokolle.

§ 100a Abs. 1 Satz 2, 3 StPO wurde durch den Gesetzgeber 2017 klarstellend **154** eingeführt, wobei die Maßnahmen nach h. M. auch nach dem bis dahin geltenden Recht möglich waren. In der Sache gelten ferner die obigen Anordnungsvoraussetzungen (Rn. 150).

c) Online-Durchsuchung, § 100b StPO. Die 2017 völlig neu geschaffene Online- **155** Durchsuchung ergänzt die Quellen-TKÜ, die auf die Abschöpfung der laufenden bzw. der gelaufenen Kommunikation abzielt, um die Möglichkeit mittels Spähsoftware (sog. „Bundes-Trojaner") **sämtliche Daten des informationstechnischen Systems** (Dokumente, Fotos, Videos etc.) abzuführen und das aktuelle Nutzungsverhalten des Benutzers zu überwachen. Ob die Ermächtigungsgrundlage es erlaubt, Kameras und Mikrofone zu aktivieren, ist streitig (Großmann JA 2019, 241).

Wegen der **außerordentlich starken Grundrechtsrelevanz** hat der Gesetzgeber **156** den Eingriff an besonders hohe Voraussetzungen geknüpft. So verlangt § 100b den durch Tatsachen begründeten Verdacht einer besonders schweren Straftat. Der Katalog des § 100b Abs. 2 StPO nennt daher ausschließlich Straftaten, deren Höchststrafe über fünf Jahren liegt (Meyer-Goßner/Schmitt StPO § 100b Rn. 7), zudem muss die jeweilige Tat im Einzelfall besonders schwer wiegen. Auch bei § 100b StPO gilt der Subsidiaritätsgrundsatz.

157 **d) Akustische Wohnraumüberwachung, § 100c StPO.** Gemessen an den Anordnungsvoraussetzungen stellt § 100c StPO den **stärksten Eingriff in die Rechte des Beschuldigten** im Bereich der technischen Ermittlungsmethoden dar. Danach kann das **nichtöffentlich gesprochene Wort des Beschuldigten in Wohnungen** abgehört werden (sog. „großer Lauschangriff"). Hinsichtlich Verdachtsgrad und Tatenkatalog unterscheiden sich die Voraussetzungen nicht von denen der Online-Durchsuchung, jedoch geht der Subsidiaritätsgrundsatz weiter, da die Erforschung des Sachverhalts oder die Ermittlung des Aufenthaltsortes eines Mitbeschuldigten auf andere Weise *unverhältnismäßig* erschwert oder aussichtslos sein müssen.

158 **e) Akustische Überwachung außerhalb von Wohnraum, § 100f StPO.** Auch das nichtöffentlich gesprochene Wort des Beschuldigten außerhalb von Wohnraum kann aufgezeichnet werden, z. B. im Auto. Die Anordnungsvoraussetzungen entsprechen im Wesentlichen denen des § 100a StPO.

159 **f) Erhebung von Verkehrsdaten, § 100g StPO.** Der in den letzten Jahren mehrfach geänderte § 100g StPO erlaubt in der aktuell geltenden Fassung v. 26.11.2019 die Erhebung sog. Verkehrsdaten. Nach § 100g Abs. 1 Satz 1 StPO können die **Verkehrsdaten i. S. v. § 96 Abs. 1 TKG** erhoben werden, d. h. diejenigen Daten, die von den Telekommunikationsunternehmen zur Rechnungserstellung gespeichert werden: Nummern oder Kennungen (IMSI, IMEI) der beteiligten Anschlüsse oder Endgeräte inkl. Standortdaten bei Mobilfunk, Beginn und Ende der Verbindung, der in Anspruch genommene Telekommunikationsdienst etc. Voraussetzung der Erhebung ist entweder der durch bestimmte Tatsachen begründete Verdacht einer auch im Einzelfall erheblichen Straftat, insb. einer in § 100a Abs. 2 StPO bezeichneten Straftat (§ 100g Abs. 1 Satz 1 Nr. 1 StPO), oder eine durch oder mittels Telekommunikation begangenen Straftat (§ 100g Abs. 1 Satz 1 Nr. 2 StPO), wenn die Erforschung des Sachverhalts auf andere Weise aussichtslos wäre (§ 100g Abs. 1 Satz 2 StPO). Bei den Standortdaten unterscheidet das Gesetz nochmals: Sie dürfen grundsätzlich nur für die Zukunft erhoben werden, da ansonsten die Erstellung umfangreicher Bewegungsprotokolle möglich wäre. Bei den gespeicherten (retrograden) Standortdaten ist die Erhebung nur unter den strengeren Voraussetzungen von § 100g Abs. 2 StPO zulässig.

§ 100g Abs. 2 StPO betrifft die Erhebung von **Verkehrsdaten nach § 113b TKG**, welcher unter dem Begriff der **Vorratsdatenspeicherung** eingeführt und kontrovers diskutiert wurde. Danach müssen bestimmte Verkehrsdaten und Standortdaten **anlasslos gespeichert** und für bestimmte Fristen aufbewahrt werden. Der Zugriff auf diese Daten ist nur zulässig, wenn bestimmte Tatsachen den Verdacht einer besonders schweren Straftat begründen, wobei nicht auf den Katalog des § 100a Abs. 2 StPO abgestellt wird, sondern in § 100g Abs. 2 StPO ein engerer Straftatenkatalog etabliert wurde, der überwiegend identisch ist mit § 100b Abs. 2 StPO.

160

> **Vertiefung:**
> Die Vorratsdatenspeicherung stellt ein scheinbar nicht enden wollendes Problem in Gesetzgebung und Rspr. dar. Zuletzt hielt das OVG Nordrhein-Westfalen § 113b TKG für europarechtswidrig und setzte die Speicherpflicht in einem Eilverfahren aus, was die BNetzA dazu bewog, vorerst die bußgeldbewehrten Speicherpflichten nicht zu überwachen. Das BVerwG hat am 25.9.2019 die Frage der Vereinbarkeit der deutschen Regelung mit dem Unionsrecht dem EuGH zur Entscheidung vorgelegt. Das letzte Wort in Sachen Vorratsdatenspeicherung ist folglich noch nicht gesprochen (OVG Nordrhein-Westfalen NVwZ-RR 2018, 43 und BVerwG NVwZ 2020, 1108).

> **Vertiefung:**
> Im Jahr 2018 wurden in Deutschland in 7.078 Verfahren insgesamt 11.266 Erstanordnungen nach § 100g Abs. 1 StPO und in 1.486 Verfahren insgesamt 2.819 Erstanordnungen nach § 100g Abs. 2 StPO erlassen (BfJ Übersicht Verkehrsdatenüberwachung 2018).

Unter den näheren Voraussetzungen des § 100g Abs. 3 StPO ist die Erhebung aller in einer Funkzelle angefallenen Verkehrsdaten, die sog. **Funkzellenabfrage**, zulässig. Damit lassen sich alle Anschlüsse ermitteln, die in einer bestimmten Funkzellenwabe zu einer bestimmten Zeit registriert waren. So lässt sich z. B. überprüfen, ob sich das Mobiltelefon eines Verdächtigen zur Tatzeit in der Nähe des Tatorts befunden hat.

161

g) Bestandsdatenauskunft. Auskunft über personenbezogene Daten der Kunden von Anbietern von Telekommunikationsdiensten (sog. Bestandsdaten), wie sie sich beispielsweise aus einer zugewiesenen Internetprotokoll-Adresse (**IP-Adresse**) ergeben, können die Ermittlungsbehörden gemäß §§ 112, 113 TKG verlangen. Zu den verfassungsrechtlichen Anforderungen sog. manueller Aus-

162

kunftsersuchen nach § 113 TKG hat sich das BVerfG zuletzt in seiner Entscheidung „Bestandsdatenauskunft II" geäußert.

⚎ → Entscheidung Nr. 14

163 **h) IMSI-Catcher und stille SMS, § 100i StPO.** Der sog. IMSI-Catcher ist ein Gerät, das es ermöglicht, die weltweit einmalige Gerätenummer eines Mobilfunkendgerätes (sog. **IMEI-Kennung**) und die ebenfalls weltweit einmalige Kartennummer der darin verwendeten SIM-Karte (sog. **IMSI-Kennung**) (§ 100i Abs. 1 Nr. 1) sowie den Standort von Mobiltelefonen (§ 100i Abs. 2 Nr. 2) zu ermitteln. Ein IMSI-Catcher funktioniert wie eine herkömmliche Mobilfunkzelle mit besonders starkem Signal, das alle Mobiltelefone in der Umgebung dazu bringt, sich automatisch in das Netz des IMSI-Catchers einzuwählen und dabei IMSI- und IMEI-Kennung zu übermitteln. Damit können z. B. beim Netzbetreiber die gespeicherten Bestandsdaten der Mobilfunkteilnehmer (u. a. die Rufnummer, Name und Anschrift des Rufnummerninhabers) ermittelt werden (BVerfG NJW 2007, 351).

164 **Beispiel:**
Drogendealer B verkauft Kokain in größeren Mengen. Die Ermittlungsbehörden kennen zwar seinen Namen, aber nicht seine Mobilnummer. B pflegt jeden Freitag um 19 Uhr im selben Imbiss zu speisen und kurz davor zu telefonieren. An einem Freitag installiert die Polizei daher in der Nähe des Imbisses einen IMSI-Catcher und observiert B für kurze Zeit, um die exakte Zeit des Anrufs festzustellen. Auch an diesem Freitag setzt sich B zum Essen und telefoniert. Über den IMSI-Catcher erfährt die Polizei die IMEI-Nummer des Mobiltelefons des B und kann zukünftig die Telekommunikation des B gemäß § 100a Abs. 1 Nr. 1 StPO überwachen.

165 Sind IMSI-, IMEI- oder Rufnummer eines Geräts bereits bekannt, kann mit dem IMSI-Catcher der Standort des Geräts weiter eingegrenzt werden, indem das Mobilfunknetz des IMSI-Catchers gezielt nach dessen Kennung durchsucht wird; der ungefähre Standort muss vorher bekannt sein.

166 Soweit der Standort des Geräts gänzlich unbekannt ist, kann mit Hilfe einer **stillen SMS** (sog. *stealth ping*) die Funkzelle ermittelt werden, in der sich das Gerät gerade eingewählt hat, wenn dieses eingeschaltet und empfangsbereit ist. Dabei bemerkt der Empfänger den Erhalt der SMS nicht.

⚎ → Entscheidung Nr. 15

6. DNA-Maßnahmen. In den letzten Jahrzehnten haben sich die Möglichkeiten **167** molekulargenetischer Untersuchungen stetig weiterentwickelt. Sie gehören heutzutage zum Standardrepertoire alltäglicher Ermittlungsarbeit, da es sich um eine **besonders zuverlässige naturwissenschaftliche Untersuchungsmethode** zur Identifizierung oder zum Ausschluss von Spurenverursachern handelt (KK-StPO/Hadamitzky § 81e Rn. 1).

a) Molekulargenetische Untersuchung, § 81e StPO. § 81e StPO erlaubt es, das **168** DNA-Muster des Beschuldigten oder anderer Personen zu ermitteln und mit sichergestellten Spuren zu vergleichen. Nach Absatz 1 der Vorschrift dürfen die nach **§ 81a StPO** von dem Beschuldigten oder nach § 81c StPO von Dritten erlangten **Blutproben oder Körperzellen** auf das DNA-Identifizierungsmuster, die Abstammung und das Geschlecht der Person untersucht werden, um diese Merkmale mit Vergleichsmaterial – etwa Spuren vom Tatort (z. B. Zigarettenkippe) oder Tatopfer (z. B. Spermaspuren) – abzugleichen, soweit dies zur Erforschung des Sachverhalts erforderlich ist. Andere Feststellungen dürfen nach § 81e Abs. 1 StPO nicht erfolgen; psychische, charakter- oder krankheitsbezogene Persönlichkeitsmerkmale oder Erbanlagen dürfen nicht ermittelt werden (BT-Drs. 13/667, S. 11). § 81a Abs. 2 StPO lässt die vorgenannten Untersuchungen auch an aufgefundenem, sichergestelltem oder beschlagnahmtem Material zu. Ist unbekannt, von welcher Person das Spurenmaterial stammt, dürfen seit einer Gesetzesänderung im Jahr 2019 zusätzlich Feststellungen über die Augen-, Haar- und Hautfarbe sowie das Alter der Person getroffen werden, um insoweit weitere Ermittlungsansätze zu erhalten.

Untersuchungen nach § 81e Abs. 1 StPO unterliegen dem **Richtervorbehalt**, **169** dürfen bei Gefahr im Verzug aber auch von der Staatsanwaltschaft und ihren Ermittlungspersonen angeordnet werden (§ 81f Abs. 1 StPO).

b) DNA-Identitätsfeststellung, § 81g StPO. Um die Identitätsfeststellung in **170** **künftigen Strafverfahren** zu erleichtern, können nach § 81g StPO DNA-Profile in der dafür eigens eingerichteten und beim BKA geführten **DNA-Analyse-Datei (DAD)** (§ 81g Abs. 5 StPO) gespeichert werden. Künftig anfallende tatrelevante DNA-Spuren können mit den Datensätzen der DAD abgeglichen werden und führen möglicherweise zur Identifizierung des Spurenlegers und zur Aufklärung der Tat. Das DNA-Identifizierungsmuster und das Geschlecht eines Beschuldigten dürften nach § 81g Abs. 1 StPO ermittelt und gespeichert werden, wenn der Anfangsverdacht (Rn. 89) einer Straftat von erheblicher Bedeutung, einer Straftat gegen die sexuelle Selbstbestimmung (§§ 174b bis 184f StGB) oder einer sonstigen Straftat, die wiederholt begangen worden ist und deshalb in ihrem Unrechtsgehalt einer Straftat von erheblicher Bedeutung gleichsteht, besteht und bestimmte Tatsachen die Gefahr begründen, der Beschuldigte werde in Zukunft Straftaten von erheblicher Bedeutung erneut begehen. Die prognostische Erwartung von nicht erheblichen Straftaten gegen die sexuelle Selbstbestimmung (z. B. exhibitionistische Handlungen) oder sonstigen nicht erheblichen Straftaten, auch wenn diese wiederholt begangen wurden, genügt nicht. Wegen ihrer Grundrechtsrelevanz unterliegen die Maßnahmen nach § 81g StPO dem **Richtervorbehalt.**

> **Vertiefung:**
> Im März 2020 waren in der DAD ca. 870.000 DNA-Muster bekannter Straftäter und 358.000 nicht identifizierte Spuren gespeichert. Im Jahr 2019 konnten knapp 19.000 Spuren mit Hilfe der DAD dem jeweiligen Spurenverursacher zugeordnet werden (siehe https://www.bka.de; zuletzt abgerufen am 30.9.2020).

171

> **Beispiel:**
> Nach dem Mord an dem Münchener Modemacher Rudolph Mooshammer im Jahr 2005 konnten Spuren, die der Täter am Tatort zurückgelassen hatte, mit Hilfe der DAD, in der das DNA-Profil des Täters gespeichert war, innerhalb weniger Tage aufgeklärt werden.

172 c) DNA-Reihenuntersuchung, § 81h StPO. In bestimmten Fällen schwerer Kriminalität (insb. vollendete Tötungsdelikte) ist es nach gerichtlicher Anordnung zulässig, einen Massengentest durchzuführen. Bei diesem wird die DNA von Spurenmaterial mit der DNA von Personen aus einem nach genauen täterbezogenen Kriterien (z. B. Alter, Geschlecht, Wohnort, Augenfarbe, Körpergröße, Zugehörigkeit zu einer bestimmte Personengruppe) festgelegten Kreis verglichen, wobei alle untersuchten Personen schriftlich einwilligen müssen. Damit soll festgestellt werden, ob das Spurenmaterial von einer der getesteten Personen oder ihren Verwandten stammt. Wegen des enormen Aufwands einer solchen Reihenuntersuchung und der großen Anzahl potenziell betroffener unverdächtiger Personen, kommt sie nur im Ausnahmefall in Betracht.

173 7. Observation. Nach der Ermittlungsgeneralklausel (Rn. 92) ist die sog. kurzfristige Observation, also die Beobachtung des Beschuldigten, stets zulässig. Erst wenn die Beobachtung durchgehend länger als 24 Stunden dauert oder an mehr als zwei Tagen stattfinden soll (sog. **längerfristige Observation**), statuiert § 163f StPO nähere Voraussetzungen, nämlich zureichende tatsächliche Anhaltspunkte für eine Straftat von erheblicher Bedeutung, das Erfordernis der Subsidiarität (Rn. 150) und einen Richtervorbehalt.

Unter den weiteren Voraussetzungen des § 100h Abs. 2 Satz 1 StPO darf die **174** längerfristige Observation unter dem **Einsatz technischer Mittel** (z. B. Videokameras) erfolgen.

Beispiel: **175**
In einem Ermittlungsverfahren im Jahr 2018 wurden in dem als Brennpunkt bekannten Bonner Stadtteil Tannenbusch aufgrund der §§ 163f, 100h StPO mehrere Kameras aufgestellt und eine Vielzahl bekannter Drogenhändler beim Drogenhandel auf offener Straße und am helllichten Tage videografiert. Dies erlaubte – auch in Kombination mit weiteren Maßnahmen, wie TKÜ und dem Einsatz verdeckt operierender Polizeibeamte (§§ 110a ff. StPO) – die Aufklärung eines gut organisierten Systems des Drogenhandels.

8. Vorläufige Festnahme und Untersuchungshaft. Die Umstände des Falles **176** können es erfordern, dem Verdächtigen die Fortbewegungsfreiheit zu nehmen, um ihn der Strafverfolgung zuzuführen.

Dies lässt § 127 Abs. 1 Satz 1 StPO zu, wenn jemand auf frischer Tat betroffen **177** oder verfolgt wird, er der Flucht verdächtig ist oder seine Identität nicht sofort festgestellt werden kann. Dann ist **jedermann**, d. h. nicht nur die Strafverfolgungsbehörden, sondern jeder Bürger zur vorläufigen Festnahme der Person berechtigt. Erforderlich ist jedoch, dass die Straftat wirklich begangen worden ist (Meyer-Goßner/Schmitt StPO § 127 Rn. 4) und die Festnahme dem Zweck dient, den Täter der Strafverfolgung zuzuführen. Das Gesetz erlaubt dazu auch die Anwendung von (körperlichem) Zwang. Bei Gefahr im Verzug erlaubt § 127 Abs. 2 StPO der Staatsanwaltschaft und der Polizei die vorläufige Festnahme auch dann, wenn die Voraussetzungen eines Haft- oder Unterbringungsbefehls vorliegen, ein solcher aber noch nicht erlassen ist. Es ergibt sich bereits aus der Systematik des Gesetzes, dass sich die Festnahme aufgrund eines bereits erlassenen **Haftbefehls** nicht nach § 127 StPO, sondern nach § 115 StPO richtet (Meyer-Goßner/Schmitt StPO § 127 Rn. 1).

Bei der **Untersuchungshaft** handelt es sich um richterlich angeordnete Frei- **178** heitsentziehung bei nicht rechtskräftig verurteilten Personen. Sie ist wegen der **Unschuldsvermutung** nur in engen Grenzen zulässig, wird aber auch von der EMRK anerkannt (Art. 5 Abs. 1 Satz 2 lit. c EMRK). Sie muss der Durchsetzung des Anspruchs der staatlichen Gemeinschaft auf vollständige Aufklärung der

Tat und rasche Bestrafung des Täters dienen (Meyer-Goßner/Schmitt StPO Vorb. § 112 Rn. 4).

 Aus §§ 128 f. StPO folgt, dass eine festgenommene Person ohne Haftbefehl längstens bis zum Ablauf des Folgetages festgehalten werden darf.

179 Für den Erlass eines Haftbefehls sind ein **dringender Tatverdacht** und ein **Haftgrund** (§ 112 Abs. 1 Satz 1 StPO) erforderlich; selbstverständlich darf die Untersuchungshaft **nicht unverhältnismäßig** sein (§ 112 Abs. 1 Satz 2 StPO).

180 Der dringende Tatverdacht erfordert eine **hohe Verurteilungswahrscheinlichkeit** und ist gegenüber dem **hinreichenden Tatverdacht**, der bereits vorliegt, wenn eine Verurteilung wahrscheinlicher ist als ein Freispruch, der engere Verdachtsbegriff (Rn. 89). Die hohe Verurteilungswahrscheinlichkeit muss sich aus bestimmten Tatsachen speisen, während bloße Vermutungen nicht ausreichen (Meyer-Goßner/Schmitt StPO § 112 Rn. 7).

181 Die **Haftgründe** zählen §§ 112, 112a StPO enumerativ und abschließend:
- **Flucht** (§ 112 Abs. 2 Nr. 1 StPO): Der Beschuldigte muss flüchtig sein oder sich verborgen halten. Dies ist der Fall, wenn er seine Wohnung aufgibt und/oder sich ins Ausland absetzt, um sich dem Zugriff der Strafverfolgungsbehörden zu entziehen, er unangemeldet, unter falschen Personalien oder an einem unbekannten Ort lebt.
- **Fluchtgefahr** (§ 112 Abs. 2 Nr. 2 StPO): Sie liegt vor, wenn die umfassende Würdigung der tat- und täterbezogenen Umstände des Falles ergibt, dass es wahrscheinlicher ist, der Beschuldigte werde sich dem Strafverfahren entziehen als dass er sich ihm stellen werde. Für Fluchtgefahr sprechen etwa fehlende soziale oder berufliche Bindungen, häufige Wohnsitzwechsel, charakterliche Unzuverlässigkeit durch Drogenmissbrauch etc. Ein gewichtiges Indiz kann auch eine hohe Straferwartung sein.
- **Verdunkelungsgefahr** (§ 112 Abs. 2 Nr. 3 StPO): Erforderlich ist der dringende Verdacht, der Beschuldigte werde durch bestimmte Handlungen auf Beweismittel, seien es Sachen oder Personen, derart einwirken, dass die Ermittlung der Wahrheit erschwert wird, also z. B. die Einschüchterung von Zeugen oder die Vernichtung von Spuren.
- **Schwere der Tat** (§ 112 Abs. 3 StPO): Dieser Haftgrund greift bei bestimmten schweren Straftaten, z. B. Tötungsdelikten. In verfassungskonformer Auslegung reicht es nach der Rspr. des BVerfG zur Anordnung der Untersuchungshaft in diesen Fällen aus, wenn Flucht- oder Verdunkelungsgefahr

mit geringer Wahrscheinlichkeit vorliegen oder nicht auszuschließen sind (Meyer-Goßner/Schmitt StPO § 112 Rn. 36 ff.).

- **Wiederholungsgefahr** (§ 112a StPO): Dieser präventiv-polizeiliche Haftgrund soll die Begehung weiterer Straftaten verhindern. Deshalb zählt § 112a StPO die notwendigen Straftaten enumerativ auf. Erforderlich ist neben dem dringenden Tatverdacht einer dieser Taten, dass bestimmte Tatsachen die Gefahr begründen, der Täter werde vor rechtskräftiger Verurteilung weitere Straftaten gleicher Art begehen. Je nach Tat ist eine zu erwartende Freiheitsstrafe von mindestens einem Jahr erforderlich. Die sog. **Sicherungshaft** nach § 112a StPO ist subsidiär zu anderen Haftgründen.

9. Fahndungsmaßnahmen. In vielen Fällen ist es erforderlich, nach Beschuldigten oder Dritten zu fahnden. Das Gesetz kennt dabei die Fahndungsziele **Festnahme, Aufenthaltsermittlung, Verbrechensaufklärung** und **Identitätsfeststellung** (KK-StPO/Schultheis § 131 Rn. 2). **182**

Nach § 131 StPO kann ein Beschuldigter bei dem Vorliegen eines Haft- oder Unterbringungsbefehls zur Festnahme ausgeschrieben werden. **183**

Sofern der Aufenthaltsort eines Beschuldigten oder eines Zeugen unbekannt ist, kann er gemäß § 131a StPO zur Aufenthaltsermittlung ausgeschrieben werden. Dies ist ebenfalls bei anderen strafprozessualen Maßnahmen möglich, etwa zur Sicherstellung eines Führerscheins oder zur **erkennungsdienstlichen Behandlung** (§ 81b StPO). **184**

In diesen Fällen ist bei Straftaten von erheblicher Bedeutung subsidiär auch die sog. **Öffentlichkeitsfahndung** erlaubt (§ 131 Abs. 3, § 131a Abs. 3 StPO). Dabei handelt es sich um eine Fahndung, die sich über behördeninterne Maßnahmen hinaus an die gesamte Bevölkerung oder aber auch einen beschränkten Personenkreis richtet (Meyer-Goßner/Schmitt StPO § 131 Rn. 2), wobei diverse Kommunikationskanäle zur Anwendung gelangen (Rundfunk, Presse, Fernsehen, Internet) und auch Abbildungen der gesuchten Personen veröffentlich werden können. Bei der behördeninternen **Ausschreibung ohne Öffentlichkeitsfahndung** werden die zur Fahndung erforderlichen Daten dagegen nur einem bestimmten oder zumindest bestimmbaren Personenkreis, i. d. R. Polizeibeamten, zugänglich gemacht (KK-StPO/Schultheis § 131 Rn. 15). Zur sog. **Rasterfahndung** siehe § 98a StPO. **185**

10. Führerscheinmaßnahmen. In der justiziellen Praxis spielen Straftaten im Straßenverkehr, insb. im Zusammenhang mit Alkohol, eine große Rolle. Hier kommt der **Entziehung der Fahrerlaubnis** nach § 69 StGB (Maßregel der Bes- **186**

serung und Sicherung) eine entscheidende Bedeutung zu. Da es bis zu einer rechtskräftigen Entscheidung mitunter sehr lange dauern kann, ermöglicht es § 111a StPO als vorbeugende Maßnahme, die Fahrerlaubnis durch richterlichen Beschluss **vorläufig zu entziehen,** wenn dringende Gründe vorliegen, dass die Maßregel des § 69 StGB angeordnet werden wird.

V. Rechtsschutz im Ermittlungsverfahren

187   Rechtsstaatliche Garantien gebieten es, dass sich Betroffene gegen (Zwangs-) Maßnahmen im Ermittlungsverfahren wehren können. Das gesetzliche Rechtsschutzsystem im Ermittlungsverfahren orientiert sich vornehmlich an der Art der anzugreifenden Maßnahme sowie dem Umstand, ob dieser eine gerichtliche Entscheidung zugrunde liegt oder nicht.

188   **1. Spezielle Rechtsbehelfe.** Gegen bestimmte Maßnahmen sieht das Gesetz spezielle Rechtsbehelfe vor, z. B. § 117 Abs. 1 StPO (**Haftprüfungsantrag**); § 119 Abs. 5 Satz 1 StPO, § 98 Abs. 2 Satz 2 StPO, § 161a Abs. 3 Satz 1 StPO, § 163a Abs. 3 Satz 3 StPO (**Entscheidung des Gerichts auf Antrag**).

189   **2. Beschwerde.** Gegen richterlich angeordnete oder bestätigte Maßnahmen im Ermittlungsverfahren, z. B. Durchsuchungsbeschluss nach §§ 102, 105 StPO oder Bestätigung technischer Maßnahmen nach § 100e StPO, steht dem Betroffenen das Rechtsmittel der Beschwerde (§§ 304 ff. StPO) zu, die in einigen Fällen als **sofortige Beschwerde** binnen Wochenfrist einzulegen ist (§ 311 StPO), z. B. § 81 Abs. 4 Satz 1 StPO; siehe hierzu auch Rn. 449 ff. sowie zur sog **Haftbeschwerde** Rn. 452.

190   **3. Antrag auf gerichtliche Entscheidung.** Auch gegen alle weiteren Maßnahmen, insb. solche, denen ausschließlich eine staatsanwaltschaftliche Entscheidung zugrunde liegt, kann der Betroffene gerichtliche Entscheidung nach § 98 **Abs. 2 Satz 2 StPO analog** beantragen (Löwe/Rosenberg/*Menges* StPO § 98 Rn. 50). Dies gilt auch, wenn sich der Betroffene gegen die Art und Weise der Umsetzung einer richterlich angeordneten Maßnahme wehren möchte. Zuständig ist vor Erhebung der Anklage der **Ermittlungsrichter** (§§ 162, 169 StPO).

VI. Abschluss des Ermittlungsverfahrens

Sind alle Beweise erhoben oder ist das Ermittlungsverfahren bereits zu einem **191** früheren Zeitpunkt entscheidungsreif, hat der Staatsanwalt über dessen Abschluss zu entscheiden. Er stellt es ein, sieht mit oder ohne Auflagen von der Strafverfolgung ab oder erhebt die öffentliche Klage. Zuvor kommen verfahrensrechtliche Erledigungen ohne Entscheidung in der Sache in Betracht, etwa die Abgabe an eine andere Staatsanwaltschaft oder die Verbindung mit einem anderen Verfahren.

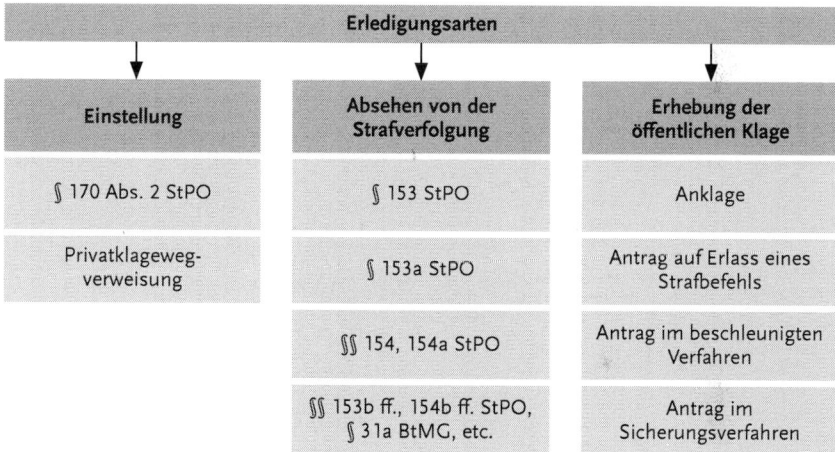

Abb. 4:   Erledigungsarten im Erwachsenenstrafrecht

Die überwiegende Mehrheit aller Ermittlungsverfahren endet mit einer Einstel- **192** lung oder dem Absehen von der Strafverfolgung; die Erhebung der öffentlichen Klage ist **statistisch betrachtet** eine eher seltene Erledigungsart:

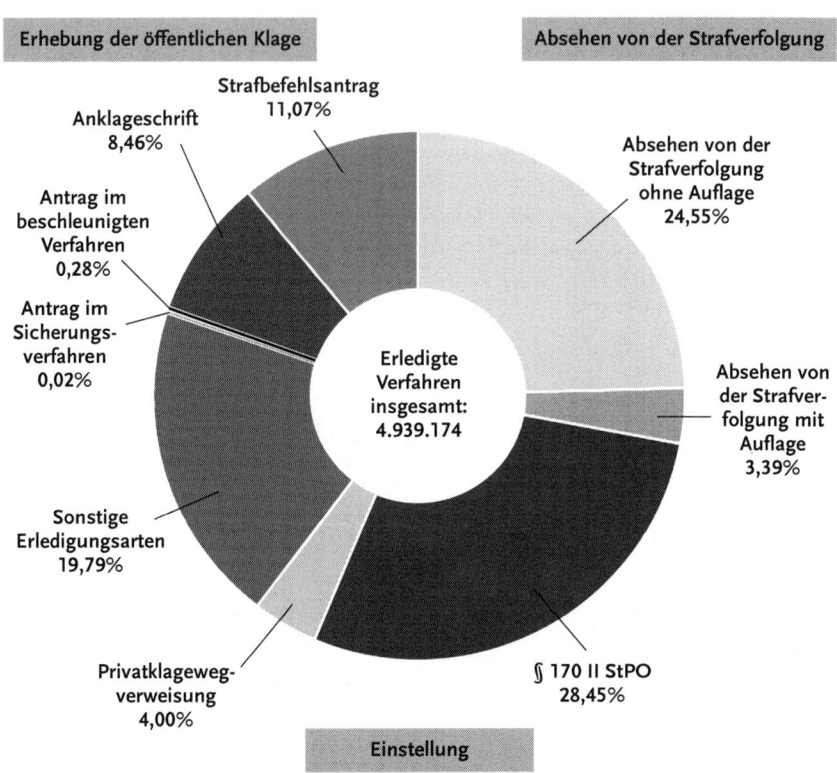

Abb. 5:   Erledigungsarten 2019, Staatsanwaltschaften mit Amtsanwaltschaften
(Quelle: Destatis Fachserie 10, Reihe 2.6, Tabelle 2.2.1.1)

193   **1. Einstellung mangels hinreichenden Tatverdachts, § 170 Abs. 2 StPO.** Kommt
der Staatsanwalt bei seiner Prüfung zu dem Ergebnis, dass ein hinreichender
Tatverdacht nicht vorliegt, stellt er das Verfahren gemäß § 170 Abs. 2 StPO ein.
Dies ist der Fall, wenn die **Tat nicht nachweisbar** ist, sich die **Unschuld des
Beschuldigten** erwiesen hat oder der Sachverhalt **keiner strafrechtlichen Norm**
unterfällt. Zudem ist das Verfahren gemäß § 170 Abs. 2 StPO einzustellen,
wenn unbehebbare **Verfahrenshindernisse** bestehen, z. B. Verjährung, fehlender und nicht nachholbarer oder zu ersetzender Strafantrag, Strafunmündigkeit, Strafklageverbrauch (MüKo-StPO/Kölbel § 170 Rn. 21 f.).

Bei der Beurteilung der Nachweisbarkeit ist von dem Staatsanwalt eine Progno- **194**
seentscheidung gefordert. Die Einstellung ist angezeigt, wenn der Freispruch
des Beschuldigten am Ende einer gedachten Hauptverhandlung unter Würdigung des Akteninhalts **wahrscheinlicher** ist als eine Verurteilung, ein hinreichender Tatverdacht also verneint wird. Die Aufklärung von Widersprüchen
darf der Hauptverhandlung vorbehalten bleiben (Meyer-Goßner/Schmitt StPO
§ 170 Rn. 1).

Vertiefung:
Der **Zweifelssatz** ist unstreitig bei der Prognoseentscheidung der Staatsanwaltschaft nicht unmittelbar anwendbar, da es dem Wesen einer Prognoseentscheidung immanent ist, dass letzte Zweifel bleiben und der Zweifelssatz
erst nach Ausschöpfung des gesamten Beweisstoffes i. S. d. § 261 StPO unmittelbar zur Anwendung gelangt. Gleichwohl entfaltet der Zweifelssatz **mit-
telbare Geltung** (KK-StPO/Schneider § 203 Rn. 7 ff.). Die notwendige Verurteilungswahrscheinlichkeit ist nämlich dann nicht gegeben, wenn das
erkennende Gericht bei korrekter Anwendung der Entscheidungsregel
wahrscheinlich zum Freispruch kommen müsste.

Der **Zeitpunkt der Einstellung** richtet sich nach dem Beweisergebnis im jewei- **195**
ligen Aufklärungsstadium. Steht z. B. von vornherein fest, dass das angezeigte
Verhalten unter keinen Umständen einer strafrechtlichen Norm unterfällt oder
die Tat verjährt ist, kann das Verfahren ohne weitere Ermittlungen der Einstellung zugeführt werden.

Beispiel: **196**
Ehefrau E zeigt ihren Ehemann an, weil er sie mit einer anderen Frau betro-
gen hat. Ehebruch ist im strafrechtlichen Sinn nicht verboten. Das Verfahren
unterliegt deshalb der sofortigen Einstellung ohne weitere Ermittlungen.

Das Verfahren ist folglich soweit aufzuklären, dass die in § 170 StPO geforderte **197**
Prognoseentscheidung – sofern das Verfahren nicht vorher im Wege einer Op-
portunitätsentscheidung (dazu sogleich, Rn. 206 ff.) erledigt wird – getroffen
werden kann und bekannte oder erwartbare Beweismittel daran voraussichtlich
nichts mehr ändern würden.

198

> **Beispiel:**
> Anzeigeerstatterin A wirft dem Beschuldigten B vor, er habe sie am 3.2.2020
> in Bonn verprügelt. Dies könnten auch die Zeuginnen K und Y bezeugen.
> Die Ermittlungen gegen B ergeben, dass er sich vom 2.1.2020 bis 31.7.2020
> im geschlossenen Vollzug der JVA Rheinbach befand. Die Ermittlungen
> gegen B können ohne Weiteres gemäß § 170 Abs. 2 StPO eingestellt werden,
> da dieser ein unwiderlegbares Alibi hat. Es müssen weder B noch K und Y
> vernommen werden. Eine gesetzliche Pflicht zur Anhörung des Beschuldig-
> ten im Ermittlungsverfahren, das der Einstellung zugeführt wird, besteht
> nicht. Gleichzeitig ergibt sich aus dem Ermittlungsergebnis ein Anfangsver-
> dacht (Rn. 89) wegen falscher Verdächtigung gemäß § 164 StGB gegen A,
> gegen die daher ein neues Ermittlungsverfahren einzuleiten ist, in dem die
> Vernehmung des B als Zeuge angezeigt sein dürfte.

199   Die Einstellung erfolgt durch **Verfügung**, in der die wesentlichen Gründe der
Einstellung darzustellen sind (MüKo-StPO/Kölbel § 170 Rn. 19 f.). Es sind
zudem die erforderlichen Nebenverfügungen zu treffen, etwa Mitteilung der
Einstellung an den Beschuldigten (§ 170 Abs. 2 Satz 2 StPO), Beendigung an-
dauernder prozessualer Maßnahmen (z. B. vorläufige Entziehung der Fahrerlaubnis, Beschlagnahme von Gegenständen oder Vermögenswerten, Untersuchungshaft etc.) sowie Bescheidung des Antragstellers i. S. d. § 171 StPO.

> Die Begründung der Einstellungsverfügung darf sich gemäß Nr. 89 Abs. 2
> RiStBV nicht auf allgemeine und nichtssagende Redewendungen, z. B. *„da
> eine Straftat nicht vorliegt oder nicht nachgewiesen ist"*, beschränken. Vielmehr
> soll i. d. R. – schon um unnötige Beschwerden zu vermeiden – angegeben
> werden, aus welchen Gründen der Verdacht einer Straftat nicht ausreichend
> erscheint oder weshalb sich sonst die Anklageerhebung verbietet.

200   Die Einstellung gemäß § 170 Abs. 2 StPO ist – wie grundsätzlich alle Entscheidungen der Staatsanwaltschaft – nicht der Rechtskraft fähig. Das Verfahren
kann daher **jederzeit wieder aufgenommen** werden.

201   Hat der Verletzte einen Antrag auf Strafverfolgung gestellt, die Staatsanwaltschaft das Verfahren aber gemäß § 170 Abs. 2 StPO eingestellt, steht ihm das
Rechtsmittel der Beschwerde zu, sog. **Vorschaltbeschwerde** (§ 172 Abs. 1 StPO),
über das die Generalstaatsanwaltschaft entscheidet. Gegen deren ablehnende
Entscheidung kann die Entscheidung durch das Oberlandesgericht beantragt
werden, sog. **Klageerzwingungsverfahren** (§ 172 Abs. 2 StPO).

2. Verweisung auf den Privatklageweg. Einen Sonderfall der Einstellung gemäß **202** § 170 Abs. 2 StPO ist die Verweisung auf den Privatklageweg. Bei den in § 374 StPO abschließend aufgezählten Delikten (z. B. Hausfriedensbruch, Beleidigung, Körperverletzung, Sachbeschädigung) wird Anklage nur erhoben, wenn dies im **öffentlichen Interesse** liegt (§ 374 StPO).

Nr. 86 Abs. 2 RiStBV gibt dem Staatsanwalt vor, wann dies der Fall ist. Ein öf- **203** fentliches Interesse wird danach i. d. R. vorliegen, wenn der Rechtsfrieden über den Lebenskreis des Verletzten hinaus gestört und die Strafverfolgung ein gegenwärtiges Anliegen der Allgemeinheit ist, z. B. wegen des Ausmaßes der Rechtsverletzung, wegen der Rohheit oder Gefährlichkeit der Tat, der rassistischen, fremdenfeindlichen oder sonstigen menschenverachtenden Beweggründe des Täters oder der Stellung des Verletzten im öffentlichen Leben. Ist der Rechtsfrieden über den Lebenskreis des Verletzten hinaus nicht gestört worden, so kann ein öffentliches Interesse auch dann vorliegen, wenn dem Verletzten wegen seiner persönlichen Beziehung zum Täter nicht zugemutet werden kann, die Privatklage zu erheben, und die Strafverfolgung ein gegenwärtiges Anliegen der Allgemeinheit ist.

Die RiStBV gibt in Nr. 229 Abs. 1 für die häufig vorkommenden Beleidigungsdelikte den **Prüfungsmaßstab** für das öffentliche Interesse vor und erleichtert so das Abfassen von Einstellungsbescheiden. Danach soll von der Erhebung der öffentlichen Klage regelmäßig abgesehen werden, wenn eine wesentliche Ehrenkränkung nicht vorliegt. Liegt dagegen eine wesentliche Ehrenkränkung oder ein Fall des § 188 StGB vor, so wird das öffentliche Interesse meist gegeben sein.

Prüfer wissen es zu schätzen, wenn Kandidaten inhaltlich und sprachlich zwischen **öffentlichem Interesse** i. S. d. § 376 StPO, das bei Privatklagedelikten Voraussetzung der Erhebung der öffentlichen Klage ist, und **besonderem öffentlichen Interesse an der Strafverfolgung,** das bei relativen Antragsdelikten den fehlenden Strafantrag ersetzen kann und damit Prozessvoraussetzung ist (z. B. § 230 Abs. 1 Satz 1 StGB), zu differenzieren wissen.

Die Staatsanwaltschaft kann Vorermittlungen durchführen, um die Frage nach **204** dem Vorliegen des öffentlichen Interesses entscheiden zu können. Hat sie das öffentliche Interesse bejaht und Anklage erhoben, wobei eine gerichtliche Prüfung des öffentlichen Interesses nicht stattfindet, kann sie ihre Meinung jederzeit ändern.

Ändert die Staatsanwaltschaft nach Anklageerhebung ihre Meinung zum öffentlichen Interesse, kann sie die Anklage bis zur Eröffnung des Hauptverfahrens jederzeit zurücknehmen (§ 156 StPO). Nach Eröffnung des Hauptverfahrens wird zu differenzieren sein: Soweit bei Antragsdelikten Strafantrag gestellt wurde, dürfte die nachträgliche Verneinung als Zustimmung zu einer Verfahrenseinstellung nach § 153 Abs. 2 StPO zu verstehen sein. Soweit es an einem Strafantrag fehlt, ist das Verfahren durch Prozessurteil nach § 260 Abs. 3 StPO einzustellen (Meyer-Goßner/Schmitt StPO § 376 Rn. 8).

205 Trifft ein **Offizialdelikt** innerhalb derselben prozessualen Tat mit einem oder mehreren Privatklagedelikten zusammen, ist vorrangig das Offizialdelikt von Amts wegen zu verfolgen. Die Privatklagedelikte sind im Zuge dessen ohne Rücksicht auf das Vorliegen eines öffentlichen Interesses mitzuverfolgen (Meyer-Goßner/Schmitt StPO § 376 Rn. 9 f.)

> **Vertiefung:**
> Im **Privatklageverfahren** kann der Privatkläger die Privatklagedelikte, durch die er selbst verletzt ist, **ohne Mitwirkung der Staatsanwaltschaft** oder eines Rechtsanwalts verfolgen. Voraussetzung dafür ist bei den meisten Privatklagedelikten ein erfolgloser Sühneversuch vor einer durch die Landesjustizverwaltung bestimmten Vergleichsbehörde (§ 380 StPO). Zur Erhebung der Privatklage muss der Privatkläger schriftlich oder zu Protokoll der Geschäftsstelle Klage zum zuständigen Amtsgericht erheben, die inhaltlich den Anforderungen des § 200 Abs. 1 StPO entsprechen muss (§ 381 StPO). Im folgenden Verfahren übernimmt der Privatkläger die **Rolle der Staatsanwaltschaft** (§ 385 Abs. 1 StPO), wobei er anders als diese nicht zur Objektivität verpflichtet ist und einige abweichende Verfahrensvorschriften bestehen (KK-StPO/ Walther § 385 Rn. 417).

> **Vertiefung:**
> In Deutschland wurden im Jahr 2019 insgesamt 79.318 staatsanwaltschaftliche Ermittlungsverfahren durch Verweisung auf den Privatklageweg abgeschlossen (Destatis Fachserie 10, Reihe 2.6, Tabelle 2.2.2), aber nur 383 amtsgerichtliche Verfahren durch Privatklage eingeleitet (Destatis Fachserie 10, Reihe 2.3, Tabelle 2.1). Gemessen an der Zahl der Ermittlungsverfahren, die wegen Privatklagedelikten geführt werden, zeigt dies deutlich, dass die Privatklage in der Praxis eine untergeordnete Rolle spielt.

3. Beschränkung der Verfolgung wegen absoluter Geringfügigkeit, § 153 Abs. 1   **206**
StPO. Als Ausfluss des **Opportunitätsprinzips** (Rn. 52) kann die Staatsanwaltschaft (nicht die Polizei) nach § 153 Abs. 1 StPO von der Verfolgung eines Ver-
gehens (§ 12 Abs. 2 StGB) absehen, wenn **die Schuld des Täters als gering an-**
zusehen wäre und **kein öffentliches Interesse** an der Strafverfolgung besteht.

> Sprachlich ist zwischen dem *Absehen von der Strafverfolgung* durch die Staats-
> anwaltschaft gemäß § 153 Abs. 1 StPO und der *Einstellung des Verfahrens*
> durch das Gericht gemäß § 153 Abs. 2 StPO (Rn. 406 ff.) zu unterscheiden.
> Dies wird freilich sowohl in Literatur als auch in der Praxis oft vermengt.

Aus der zunächst eigentümlich anmutenden Formulierung „als gering anzuse-   **207**
hen wäre" ergibt sich, dass die Schuld des Täters nicht festzustehen braucht,
sondern eine **hypothetische Schuldbeurteilung** durchgeführt werden muss
(Meyer-Goßner/Schmitt StPO § 153 Rn. 3). Die Ermittlungen müssen soweit
geführt werden, bis diese Beurteilung möglich ist. Dass nach weiteren Ermittlungen unter Umständen eine Einstellung nach § 170 Abs. 2 StPO möglich
wäre, verpflichtet die Staatsanwaltschaft nicht dazu, weitere Ermittlungen
durchzuführen. Der Beschuldigte hat darauf keinen Anspruch, da mit der Entscheidung nach § 153 StPO keine Schuldfeststellung verbunden ist und ihm
keine Nachteile entstehen (KK-StPO/Diemer § 153 Rn. 5). Es handelt sich um
eine **echte Ermessensentscheidung** der Staatsanwaltschaft (KK-StPO/Diemer
§ 153 Rn. 17). Fehlt es indes an der Schuld des Beschuldigten, etwa wegen fest-
stehender Schuldunfähigkeit, oder muss nach umfassenden Ermittlungen ein
hinreichender Tatverdacht (Rn. 89) verneint werden, ist eine Erledigung nach
§ 153 StPO ausgeschlossen und nach § 170 Abs. 2 StPO zu verfahren.

Bei der Prognoseentscheidung, ob die Schuld gering ist, sind alle **tat- und täter-**   **208**
bezogenen Umstände einzubeziehen (Begehungsweise der Tat, Folgen der Tat,
Vorstrafen des Beschuldigten etc.); insoweit können die Maßstäbe des § 46
StGB herangezogen werden (KK-StPO/Diemer § 153 Rn. 12). Die Schuld ist
dann gering, wenn sie unter der Schuld der „Durchschnittstat" zurückbleibt
(Meyer-Goßner/Schmitt StPO § 153 Rn. 4).

Ferner darf kein öffentliches Interesse an der Verfolgung bestehen. Bei diesem   **209**
unbestimmten Rechtsbegriff gilt, dass bei geringer Schuld i. d. R. auch das öffentliche Interesse an der Strafverfolgung fehlt. Dies kann aber aus spezial- und
generalpräventiven Gründen (z. B. Vorstrafen des Täters, gesellschaftsfeindli-
che Gesinnung) oder sofern ein Interesse der Allgemeinheit an einer Klärung
der Straftat besteht (z. B. Klärung des kriminogenen Hintergrunds der Tat oder

Verhütung weiterer Straftaten des Täters), anders zu beurteilen sein (Meyer-Goßner/Schmitt StPO § 153 Rn. 7).

210   Will die Staatsanwaltschaft gemäß § 153 Abs. 1 StPO von der Verfolgung absehen, handelt es sich dabei um eine **Ausnahme vom Legalitätsprinzip** (Rn. 51), welche grundsätzlich nur mit Zustimmung des für die Eröffnung zuständigen Gerichts möglich ist. Nach § 153 Abs. 1 Satz 2 StPO ist die Zustimmung jedoch nicht erforderlich bei Vergehen, die nicht mit einer erhöhten Mindeststrafe (z. B. § 244 StGB, nicht jedoch § 243 StGB, da es sich insoweit nur um ein Regelbeispiel handelt) bestraft werden und bei denen die durch die Tat verursachten Folgen gering sind. Ob dies der Fall ist, hat die Staatsanwaltschaft nach pflichtgemäßem Ermessen zu prüfen. Bei Vermögensschäden wird die Grenze der Geringfügigkeit meist bei 50 EUR verortet (Meyer-Goßner/Schmitt StPO § 153 Rn. 17).

211   Die Verfolgungsbeschränkung gemäß § 153 Abs. 1 Satz 1 StPO erwächst nicht in Rechtskraft und kann daher jederzeit wieder rückgängig gemacht werden, wenn ein guter Grund dafür vorliegt (h. M., dazu Meyer-Goßner/Schmitt StPO § 153 Rn. 37), etwa neue Erkenntnisse die Tat zum Verbrechen machen. Ein **Vertrauensschutz** des Beschuldigten besteht nicht.

212   Die Entscheidung der Staatsanwaltschaft enthält keine Kostenentscheidung. Der Beschuldigte trägt seine Auslagen selbst (KK-StPO/Diemer 153 Rn. 28). Das Vorgehen nach § 153 Abs. 1 StPO kann jedoch eine **Entschädigungspflicht** nach dem Gesetz über die Entschädigung für Strafverfolgungsmaßnahmen (StrEG) auslösen.

213   Der Beschuldigte kann sich gegen die Entscheidung nach § 153 Abs. 1 StPO nicht wehren. Der Verletzte kann Dienstaufsichtsbeschwerde einlegen oder eine Gegenvorstellung anbringen. Das Klageerzwingungsverfahren (Rn. 201) ist nicht statthaft.

Nr. 90 Abs. 1 RiStBV sieht vor, dass Behörden oder Anstalten des öffentlichen Rechts, die Strafanzeige erstattet haben oder sonst am Ausgang des Verfahrens interessiert sind, vor der Entscheidung nach § 153 Abs. 1, § 153a Abs. 1 und § 170 Abs. 2 StPO **Gelegenheit zur Stellungnahme** gegeben werden soll.

214   **4. Absehen von der Verfolgung wegen relativer Geringfügigkeit, § 153a Abs. 1 StPO.** In Fällen von Vergehen (§ 12 Abs. 1 StPO), bei denen die Schuld des Täters zwar nicht als gering anzusehen wäre, aber trotzdem **nicht entgegensteht,**

kann die Staatsanwaltschaft von der Verfolgung absehen, wenn das öffentliche Interesse an der Strafverfolgung durch **Auflagen und Weisungen** ausgeglichen werden kann. Die Vorschrift erlaubt eine zweckmäßige Erledigung von Fällen **einfacher und mittlerer Kriminalität** im Opportunitätswege.

Anders als bei § 153 StPO muss demnach ein öffentliches Interesse an der Strafverfolgung vorliegen, die Schuld darf einem Absehen von der Strafverfolgung nur nicht entgegenstehen. Schuld muss demnach mit hinreichender Wahrscheinlichkeit vorliegen, darf aber ein mittleres Maß nicht übersteigen. **215**

§ 153a Abs. 1 StPO setzt das Vorliegen eines **hinreichenden Tatverdachts** (Rn. 89) voraus, der sorgfältig geprüft und bejaht werden muss. Solange dieser nicht bejaht werden kann, darf nicht nach § 153a Abs. 1 StPO verfahren werden, denn sobald der Beschuldigte die auferlegten Auflagen nicht erfüllt oder den Weisungen nicht nachkommt, muss Anklage erhoben werden, was nicht möglich ist, wenn kein hinreichender Tatverdacht vorliegt und bei leichtfertiger Bejahung des hinreichenden Tatverdachts zu dem unbefriedigenden Ergebnis führen kann, dass nach Nichterfüllung der Auflagen trotzdem nach § 170 Abs. 2 StPO verfahren werden muss.

Die **Zustimmung des Gerichts** ist grundsätzlich erforderlich, es sei denn, es handelt sich um geringfügige Delikte (§ 153a Abs. 1 Satz 7 StPO i. V. m. § 153 Abs. 1 Satz 1 StPO). Ebenfalls ist die **Zustimmung des Beschuldigten** erforderlich, da dieser die Auflagen und Weisungen erfüllen muss. Es steht dem Beschuldigten gleichwohl frei, die Auflagen und Weisungen trotz Zustimmung nicht zu erfüllen, da es sich nicht um rechtskräftig festgesetzte Sanktionen mit Strafcharakter handelt. Er muss dann jedoch damit rechnen, dass Anklage gegen ihn erhoben wird. **216**

Grundsätzlich ist die Auswahl der Auflagen und Weisungen der Staatsanwaltschaft überlassen. Das Gesetz zählt in § 153a Abs. 1 Satz 2 StPO enumerativ einige Auflagen (Nr. 1 bis 3) und Weisungen (Nr. 4 bis 6) auf, die vorrangig in Betracht kommen. Es empfiehlt sich, die Auflagen und Weisungen an den Beschuldigten und die Art des Delikts anzupassen: Bei Delikten, durch die dem Geschädigten ein materieller oder immaterieller Schaden entstanden ist, kommt insb. die **Schadenswiedergutmachung** (Nr. 1), meist in Form einer Geldzahlung in Betracht. Die am häufigsten verhängte Auflage ist die **Zahlung eines Geldbetrags** an eine gemeinnützige Einrichtung oder die Staatskasse (Nr. 2). Zudem kann dem Beschuldigten auferlegt werden, sonstige gemeinnützige Leistungen zu erbringen (Nr. 3), Unterhaltspflichten in einer bestimm- **217** ten Höhe nachzukommen (Nr. 4), sich ernsthaft um einen Täter-Opfer-Ausgleich zu bemühen (Nr. 5), an einem sozialen Trainingskurs (Nr. 6) oder einem Straßenverkehrsseminar teilzunehmen (Nr. 7).

218   **Beispiel:**
Gegen den Beschuldigten B besteht ein hinreichender Tatverdacht (Rn. 89) wegen Verstoßes gegen die Unterhaltspflicht nach § 170 StGB, weil er für seine 7-jährige Tochter keinen Unterhalt gezahlt hat. B lebt in engen finanziellen Verhältnissen, ist aber gerade noch leistungsfähig. Würde der Beschuldigte nun zu einer Geldstrafe verurteilt werden, würden dadurch die zukünftigen Unterhaltszahlungen gefährdet werden. Die Einstellung gemäß § 153a Abs. 1 Satz 1, 2 Nr. 4 StPO bietet dagegen eine Alternative, bei der dem Beschuldigten auferlegt werden kann, ein Jahr (§ 153a Abs. 1 Satz 3 StPO) ordnungsgemäß Unterhalt zu bezahlen.

219   Das Absehen von der Strafverfolgung nach § 153a StPO vollzieht sich in **zwei Stufen.** Erwägt die Staatsanwaltschaft die Anwendung des § 153a StPO, schlägt sie Auflagen und Weisungen vor und holt die Zustimmung des Beschuldigten und sofern erforderlich die Zustimmung des Gerichts ein. Sodann hat der Beschuldigte in der gesetzten Frist die Auflagen und Weisungen zu erfüllen und dies der Staatsanwaltschaft nachzuweisen. Hat der Beschuldigte die Auflagen und Weisungen ordnungsgemäß erfüllt, kann die Tat nicht mehr als Vergehen verfolgt werden (§ 153a Abs. 1 Satz 5 StPO); es entsteht das endgültige Verfahrenshindernis des **beschränkten Strafklageverbrauchs** (Meyer-Goßner/Schmitt StPO § 153a Rn. 45). Innerhalb der betreffenden prozessualen Tat können damit nur noch Verbrechen (§ 12 Abs. 2 StGB) verfolgt werden. Erbringt der Beschuldigte die Auflagen und Weisungen nicht oder nicht vollständig, wird dem Verfahren Fortgang gewährt. Da § 153a Abs. 1 StPO nur bei Vorliegen eines hinreichenden Tatverdachts zur Anwendung kommt, erhebt die Staatsanwaltschaft im Regelfall Anklage oder beantragt den Erlass eines Strafbefehls.

 In Praxis und Literatur wird die erste Stufe der Verfolgungsbeschränkung nach § 153a Abs. 1 StPO auch „vorläufige Einstellung" und die zweite Stufe „endgültige Einstellung" genannt; allgemein zur „Einstellung" Rn. 206.

220   **5. Absehen von der Verfolgung bei mehreren Taten, § 154 Abs. 1 StPO.** Aus verfahrensökonomischen Gründen und zur Entlastung der Justiz kann die Staatsanwaltschaft von der Verfolgung einzelner Taten absehen, wenn die Strafe oder Maßregel der Besserung und Sicherung, zu der die Verfolgung führen kann, neben einer anderen Strafe oder Maßregel der Besserung und Sicherung, die gegen den Beschuldigten wegen einer anderen Tat rechtskräftig verhängt worden ist oder die er wegen einer anderen Tat zu erwarten hat, **nicht beträchtlich ins Gewicht** fällt (§ 154 Abs. 1 Nr. 1 StPO), oder wegen der Tat ein Urteil nicht in angemessener Frist zu erwarten ist und die Strafe oder Maßregel der Besserung und Sicherung, die gegen den Beschuldigten rechtskräftig verhängt worden ist oder die er wegen einer anderen Tat zu erwarten hat, zur Einwirkung auf den Täter und zur Verteidigung der Rechtsordnung ausreichend erscheint (§ 154 Abs. 1 Nr. 2 StPO). Von § 154 Abs. 1 StPO soll der Staatsanwalt in weitem Umfang und in einem möglichst frühen Verfahrensstadium Gebrauch machen (Nr. 101 RiStBV).

Wann eine Verurteilung für eine Tat i. S. d. § 264 StPO neben einer Verurteilung für eine andere Tat nicht beträchtlich ins Gewicht fällt, kann nur im Einzelfall unter Würdigung aller Umstände beurteilt werden (Meyer-Goßner/Schmitt StPO § 154 Rn. 7). Eine mathematische Formel zur Beantwortung dieser Frage gibt es nicht. **221**

Wird die andere Tat in einem gesonderten Verfahren verfolgt, nennt man dieses „**Bezugsverfahren**". Von der Verfolgung einer Tat wird also wegen der im Bezugsverfahren zu erwartenden oder bereits rechtskräftig erfolgten Verurteilung abgesehen.

Sofern die Sanktion im Bezugsverfahren noch nicht rechtskräftig ist, erfolgt die Verfolgungsbeschränkung vorläufig und kann jederzeit wieder rückgängig gemacht werden, etwa wenn die tatsächlich verhängte Strafe hinter der prognostizierten zurückbleibt. **222**

Obwohl dies teilweise in der Ausbildungsliteratur zu lesen ist, sieht die Systematik des § 154 Abs. 1 StPO – anders als bei §§ 153 f. StPO – keine „vorläufige" und „endgültige" Verfolgungsbeschränkung vor. Vielmehr erfolgt die Verfolgungsbeschränkung nach Absatz 1 ohne diese Attribute. Ist die Strafe in dem Bezugsverfahren bereits rechtskräftig, versteht sich dies von selbst. Sofern im Bezugsverfahren noch keine Verurteilung ergangen oder diese noch nicht rechtskräftig ist, erfolgt zunächst die Verfolgungsbeschränkung nach § 154 Abs. 1 StPO ohne das Attribut „vorläufig". In der entsprechenden Verfügung ist eine Frist zu setzen, nach deren Ablauf der Verfahrensgang des Bezugsverfahrens überprüft wird. Ist zwischenzeitlich eine rechtskräftige Verurteilung ergangen, ist nicht die „endgültige" Verfolgungsbeschränkung zu verfügen, sondern es bleibt schlicht bei der Verfolgungsbeschränkung nach § 154 Abs. 1 StPO und die Akten können weggelegt werden.

223   **Beispiel:**
Der nicht vorbestrafte Beschuldigte B hat am 11.1.2020 versucht, seine Ehefrau zu töten, indem er ihr mit einem Messer zwölfmal in den Oberkörper gestochen hat. Die Ehefrau konnte nur durch eine Notoperation gerettet werden. Am 10.1.2020 ist B in einem Linienbus ohne Fahrschein gefahren und hat einen Schaden von 3 EUR verursacht. Das Verfahren wegen des Erschleichens von Leistungen kann ohne weitere Ermittlungen nach § 154 Abs. 1 StPO behandelt werden, da die zu erwartende kleine Geldstrafe neben der wegen des versuchten Tötungsdelikts zu erwartenden mehrjährigen Freiheitsstrafe nicht beträchtlich ins Gewicht fällt.

224   6. **Beschränkung der Verfolgung innerhalb einer Tat, § 154a Abs. 1 StPO.** Das Pendant zu § 154 Abs. 1 StPO innerhalb derselben prozessualen Tat ist § 154a Abs. 1 StPO. Danach kann die Verfolgung auf einzelne abtrennbare Teile einer Tat oder einzelne von mehreren Gesetzesverletzungen, die durch dieselbe Tat begangen worden sind, beschränkt werden, wenn die zu erwartenden Rechtsfolgen dieser Teile insoweit nicht beträchtlich ins Gewicht fallen.

225   Einzelne Teile einer Tat sind in sich abgeschlossene oder zumindest trennbare Stücke der Tat im prozessualen Sinne, also z. B. Teile einer Dauerstraftat.

226   **Beispiel:**
Der Beschuldigte besitzt gleichzeitig 1 Kilogramm Kokain und 100 Gramm Haschisch. Bei Drogen ist die Qualität, also der Wirkstoffgehalt, für die Strafzumessung stets von Bedeutung. Wenn im vorliegenden Fall in Rede steht, die Qualität des Haschischs sei sehr schlecht gewesen, kann die Verfolgung auf den Besitz des Kokains beschränkt werden, um die Einholung eines zeit- und kostenaufwändiges Wirkstoffgutachtens zu vermeiden.

227   Einzelne von mehreren Gesetzesverletzungen sind solche Delikte, die in Tateinheit i. S. v. § 52 StGB stehen.

228   **Beispiel:**
Der Beschuldigte ist hinreichend verdächtig des Mordes in Tateinheit mit Sachbeschädigung, da er sein Opfer mit Messerstichen durch die Jacke in den Oberkörper getötet habe. Die gleichzeitig mitverwirklichte Sachbeschädigung wird sich im Ergebnis nicht auf die Strafhöhe auswirken.

7. Sonstige Erledigungsarten ohne Anklageerhebung. In den §§ 153b bis 153f **229**
und 154b bis 154f StPO sind weitere Fälle geregelt, in denen die Staatsanwaltschaft von der Verfolgung absehen kann, etwa wenn das Verfahren wegen **Abwesenheit des Beschuldigten** nicht fortgeführt werden kann (§ 154f StPO).

Auch in **strafrechtlichen Nebengesetzen** finden sich wichtige Vorschriften, die **230**
es der Staatsanwaltschaft ermöglichen, von der Verfolgung abzusehen. In der
Praxis spielt etwa § **31a Abs. 1 BtMG** eine wichtige Rolle. Danach kann von der
Verfolgung von Vergehen nach § 29 Abs. 1, 2 oder 4 BtMG abgesehen werden,
wenn die Schuld des Täters als gering anzusehen wäre, kein öffentliches Interesse an der Strafverfolgung besteht und der Täter die Betäubungsmittel lediglich zum Eigenverbrauch in geringer Menge anbaut, herstellt, einführt, aus-
führt, durchführt, erwirbt, sich in sonstiger Weise verschafft oder besitzt. Zur
Auslegung dieser Vorschrift hat jedes Bundesland **normenkonkretisierende
Verwaltungsvorschriften** erlassen, die u. a. für jede Drogenart bestimmen, bis
zu welcher Menge § 31a Abs. 1 BtMG angewendet werden kann.

> **Beispiel:** **231**
> In Nordrhein-Westfalen kann z. B. bei Cannabis bis 10 Gramm, bei Heroin,
> Kokain und Amphetamin bis 0,5 Gramm von der Verfolgung abgesehen wer-
> den (Richtlinien zur Anwendung des § 31a Abs. 1 des Betäubungsmittelge-
> setzes Gemeinsamer Runderlass des Justizministeriums [4630 – III. 7
> „IMA"] und des Ministeriums für Inneres und Kommunales [42 – 62.15.01]
> vom 19. Mai 2011 – JMBl. NRW S. 106).

8. Erhebung der öffentlichen Klage. Sofern die Staatsanwaltschaft nach Ab- **232**
schluss der Ermittlungen einen hinreichenden Tatverdacht (Rn. 89) bejaht und
das Verfahren nicht im Opportunitätswege (Rn. 206 ff.) erledigt, muss sie die
öffentliche Klage erheben. Dabei steht es abhängig von dem konkreten Einzelfall in ihrem Ermessen, auf welchem Wege sie dies tut: durch **Anklageerhebung**
(§§ 170, 199 ff. StPO), **Beantragung eines Strafbefehls** (§§ 407 ff. StPO), **Antrag
auf Aburteilung im beschleunigten Verfahren** (§§ 417 ff. StPO) oder **Antrag im
Sicherungsverfahren** (§§ 413 ff. StPO).

a) Anklageerhebung. Entscheidet sich die Staatsanwaltschaft für die Anklageer- **233**
hebung, fertigt sie eine **Anklageschrift**, die Voraussetzung für das weitere Verfahren ist (Meyer-Goßner/Schmitt StPO § 199 Rn. 1). Die Anklageschrift hat eine
Informationsfunktion, d. h. der Angeschuldigte wird über den gegen ihn erhobenen Vorwurf unterrichtet, und eine **Umgrenzungsfunktion**, d. h. in persönlicher und sachlicher Hinsicht wird der Umfang des durch das Gericht zu be-

wertenden Sachverhalts festgelegt (§ 155 StPO). Um ihre Funktionen zu erfüllen, muss die Anklageschrift klar, übersichtlich und vor allem für den Angeschuldigten verständlich sein (Nr. 110 Abs. 1 RiStBV; zur Umgrenzungsfunktion siehe BGH NJW 2010, 308).

234 § 200 StPO gibt den notwendigen Inhalt der Anklageschrift vor und wird durch Nr. 110 ff. RiStBV konkretisiert. Dies führt im Wesentlichen zu folgenden elementaren Bestandteilen:

- **Anklagebehörde und Adressat:** Um eine eindeutige Zuordnung des Verfahrens zu gewährleisten, sind die Anklagebehörde mit dem zugehörigen Aktenzeichen sowie das Datum der Anklageerhebung zu nennen. Ferner muss das adressierte Gericht mit dem richtigen Spruchkörper aufgeführt werden.
- **Angeschuldigter:** Es folgt die genaue Bezeichnung der Personalien des Angeschuldigten mit Familienname, Vorname (Rufname unterstrichen), Geburtsname, Beruf, Anschrift, Familienstand, Geburtstag und Geburtsort (Kreis, Bezirk) sowie Staatsangehörigkeit, bei Minderjährigen auch Namen und Anschriften der gesetzlichen Vertreter.
- **Verteidiger:** Hat der Angeschuldigte bereits einen oder mehrere Verteidiger, sind diese mindestens mit Namen und Kanzleisitz zu bezeichnen, um die Zustellung der Anklageschrift auch an den Verteidiger sicherzustellen.
- **Anklagesatz:** Das eigentliche Herzstück der Anklageschrift ist der Anklagesatz, der in einen abstrakten und einen konkreten Teil getrennt werden kann. In dem **abstrakten Anklagesatz** werden die gesetzlichen Merkmale der Tat wiedergegeben, was nichts anderes ist als der Wortlaut des gesetzlichen Tatbestands, der lediglich im Satzbau angepasst wird. Im **konkreten Anklagesatz** wird der eigentliche Sachverhalt dargestellt, also alle Tatsachen, die die Tat als historischen Vorgang kennzeichnen und die objektiven und subjektiven Tatbestandsmerkmale ausfüllen, aber kurz und präzise (keine unnötige Geschichtserzählung und keine Beweiswürdigung): Täter, Tatgeschehen, Tatort, Tatzeit, Geschädigte, Schaden/Verletzungen/Beute, Absichten, qualifizierende Merkmale.
- **Paragraphenkette:** Hier werden die anwendbaren Paragraphen aufgezählt, üblicherweise in der Reihenfolge: StGB BT, StGB AT, Nebengesetze (WaffG, AufenthG etc.), ggf. JGG-Normen, jeweils in aufsteigender Reihenfolge.
- **Beweismittel:** Es folgen die Beweismittel (Zeuginnen und Zeugen, Sachverständige, Augenscheinobjekte, Urkunden), die für die Aufklärung des Sachverhalts und für die Beurteilung der Persönlichkeit des Angeschuldigten wesentlich sind (Nr. 111 Abs. 1 RiStBV).

- **Wesentliches Ergebnis der Ermittlungen (§ 200 Abs. 2 StPO):** Nun stellt der Staatsanwalt die Grundzüge der Ermittlungen und des ermittelten Sachverhalts dar und macht dabei Ausführungen zu den **persönlichen Verhältnissen des Angeschuldigten**, den maßgeblichen **Tatsachen** und der **Beweislage.** Die exakten Anforderungen an die Darstellung des wesentlichen Ergebnisses der Ermittlungen richten sich nach den Umständen des Einzelfalls.
- **Anträge und Unterschrift:** Den Abschluss der Anklageschrift bilden die erforderlichen Anträge und die Unterschrift des Anklageverfassers. Unverzichtbar ist i. d. R. der **Antrag auf Eröffnung des Hauptverfahrens.**

Die Anordnung und Darstellung dieser Elemente variieren zwischen den **235** Anklagebehörden teilweise stark und richten sich nach regionalen Gepflogenheiten. Dabei kann keine Art und Weise der Darstellung alleinige Richtigkeit für sich in Anspruch nehmen.

Beispiel: **236**

Staatsanwaltschaft Bonn   Bonn, den 28.2.2020
900 Js 847/19

An das
Amtsgericht
– Strafrichter –
in Bonn

Anklageschrift

Der Maurer Franz Mörtel,
geb. am 30.1.1978 in Köln,
wohnhaft: Ziegelsteinweg 1, 53179 Bonn,
ledig, deutscher Staatsangehöriger,

wird angeklagt,

am 8.9.2019
in Bonn

mittels eines gefährlichen Werkzeuges eine andere Person körperlich misshandelt und an der Gesundheit geschädigt zu haben.

Dem Angeschuldigten wird Folgendes zur Last gelegt:

Am 8.9.2019 gegen 6:30 Uhr geriet der Angeschuldigte auf der Baustelle an der Beethovenhalle mit dem Vorarbeiter Peter Schmitz in Streit. Nach einer zunächst verbalen Auseinandersetzung schlug der Angeschuldigte den Zeugen Schmitz ohne rechtfertigenden Grund mit der flachen Seite einer in seinem Eigentum stehenden Maurerkelle einmal ins Gesicht und ließ dann freiwillig von ihm ab. Der Zeuge Schmitz erlitt eine Wangenprellung und hatte einige Tage Schmerzen.

Vergehen der gefährlichen Körperverletzung, strafbar gemäß §§ 223 Abs. 1, 224 Abs. 1 Nr. 2 StGB.

Beweismittel:

I.   Geständige Einlassung des Angeschuldigten
II.   Zeuge Peter Schmitz, 53111 Bonn
III.   Augenscheinobjekte
     1. Lichtbild der Verletzungen des Zeugen Schmitz, Bl. 5 d. A.
     2. Maurerkelle
IV.   Urkunden
     1. Ärztliches Attest des Zeugen Schmitz v. Tattag, Bl. 12 d. A.
     2. Entschuldigungsschreiben des Angeschuldigten, Bl. 15 d. A.

Wesentliches Ergebnis der Ermittlungen:

I. Zur Person
Der zur Tatzeit 41-jährige Angeschuldigte wurde in Köln geboren und hat nach Abschluss der mittleren Reife eine Maurerlehre absolviert. Seitdem arbeitet er durchgängig in seinem Beruf. Der Angeschuldigte ist ledig und hat eine 5-jährige Tochter, die bei ihrer Mutter lebt, zu der er aber regelmäßigen Kontakt hat und Unterhalt bezahlt.

Der Angeschuldigte ist nicht vorbestraft.

II. Zur Sache
Der Angeschuldigte und der Zeuge Schmitz arbeiteten am Tattag auf der Baustelle an der Beethovenhalle. Sie gerieten in Streit darüber, ob Beethovens fünfte oder neunte Symphonie die bedeutendere sei. Es kam zu einer lautstarken Auseinandersetzung, im Zuge derer es zu der im Anklagesatz näher beschriebenen Tat kam. Der Zeuge Schmitz war drei Tage krankgeschrieben.

Der Angeschuldigte hat sich geständig eingelassen. Sein Geständnis steht im Einklang mit dem übrigen Ermittlungsergebnis, insbesondere mit der Aussage des Zeugen Schmitz.

Es wird beantragt, das Hauptverfahren vor dem Amtsgericht – Strafrichter – in Bonn zu eröffnen.

Schumann
(Staatsanwältin)

b) Strafbefehlsverfahren. In geeigneten Fällen kann der Staatsanwalt statt Anklage zu erheben, den **Erlass eines Strafbefehls** bei dem zuständigen Gericht beantragen. Dies stellt einen prozessökonomischen und kostengünstigen Weg dar, eine rechtskräftige Entscheidung ohne Durchführung einer Hauptverhandlung und Erlass eines Urteils herbeizuführen. Es handelt sich um ein **summarisches Verfahren**, in dem ausschließlich der hinreichende Tatverdacht (Rn. 89) geprüft wird und die Schuld des Täters – anders als im Falle einer Verurteilung – nicht zur endgültigen Überzeugung des Gerichts festzustehen braucht (Meyer-Goßner/Schmitt StPO Vorb. zu § 407 Rn. 1). **237**

aa) Voraussetzungen. Ein Strafbefehl kommt i. d. R. in Betracht für Verfahren, die zur Zuständigkeit des Amtsgerichts – Strafrichter – gehören und in denen die Staatsanwaltschaft nach dem Ergebnis der Ermittlungen die Durchführung einer Hauptverhandlung nicht für erforderlich erachtet (§ 407 Abs. 1 StPO). Die Staatsanwaltschaft ist gehalten, umfangreichen Gebrauch von der Möglichkeit des Strafbefehlsverfahrens zu machen; Nr. 175 Abs. 3 RiStBV sieht vor, von dem Antrag auf Erlass eines Strafbefehls solle nur abgesehen werden, wenn die vollständige Aufklärung aller für die Rechtsfolgenbestimmung wesentlichen Umstände oder Gründe der Spezial- oder Generalprävention die Durchführung einer Hauptverhandlung geboten erscheinen lassen. Auf einen Strafbefehlsantrag ist nicht schon deswegen zu verzichten, weil ein Einspruch des Angeschuldigten zu erwarten ist. **238**

bb) Mögliche Rechtsfolgen. Im Strafbefehlswege können nur die in § 407 Abs. 2 StPO genannten Rechtsfolgen angeordnet werden. Neben der Geldstrafe sind dies insb. das Fahrverbot nach § 44 StGB und Nebenfolgen (Nr. 1), die Entziehung der Fahrerlaubnis nach §§ 69, 69a StGB (Nr. 2), Maßnahmen zum Tierschutz (Nr. 2a) sowie das Absehen von Strafe (Nr. 3). Sofern der Angeschuldigte einen Verteidiger hat, kann auch Freiheitsstrafe bis zu einem Jahr festgesetzt werden, wenn die Vollstreckung zur Bewährung ausgesetzt wird (§ 407 Abs. 2 Satz 2 StPO). **239**

240   **cc) Inhalt des Strafbefehls.** Den Inhalt eines Strafbefehls bestimmt § 409 StPO. Er deckt sich weitgehend mit dem einer Anklageschrift, wobei ein wesentliches Ergebnis der Ermittlungen nie erforderlich ist. Anders als in einer Anklageschrift muss der Strafbefehl eine genau bestimmte Rechtsfolge enthalten.

241   **dd) Verfahren.** Die Staatsanwaltschaft entwirft den Strafbefehl und sendet die Akten mit diesem Entwurf an das erkennende Gericht. Nach Erhalt der Akten mit dem Antrag auf Erlass eines Strafbefehls prüft das Gericht den hinreichenden Tatverdacht (Rn. 89). Kommt es zu dem Ergebnis, dass hinreichender Tatverdacht nicht vorliegt, lehnt der Richter den Erlass des Strafbefehls ab (§ 408 Abs. 2 StPO). Bejaht auch das Gericht den hinreichenden Tatverdacht, hat der Richter dem Antrag zu entsprechen und den Strafbefehl zu erlassen, es sei denn, er hat Bedenken, ohne Hauptverhandlung zu entscheiden oder will von der rechtlichen Beurteilung im Strafbefehl oder der dort festgesetzten Rechtsfolge abweichen. In diesem Fall beraumt er eine Hauptverhandlung an. Der Strafbefehlsentwurf ersetzt in diesem Fall die Anklageschrift.

242   Sofern das Gericht den Strafbefehl antragsgemäß erlassen hat, stellt es ihn dem Angeklagten zu. Der Angeklagte kann die festgesetzte Sanktion akzeptieren oder innerhalb von zwei Wochen nach Zustellung **Einspruch** einlegen (§ 410 StPO). Akzeptiert der Angeklagte den Strafbefehl oder erhebt er nicht rechtskräftig Einspruch, erwächst der Strafbefehl in Rechtskraft und steht einem rechtskräftigen Urteil gleich (§ 410 Abs. 3 StPO). Wird hingegen form- und fristgemäß Einspruch erhoben, bestimmt das Gericht einen Hauptverhandlungstermin (§ 411 Abs. 1 Satz 2 StPO).

    ⚖ → Muster 2: Strafbefehl

243   **c) Antrag auf Aburteilung im beschleunigten Verfahren.** In Fällen, die aufgrund eines **einfachen Sachverhalts** oder **klarer Beweislage** zur sofortigen Verhandlung geeignet sind, sieht § 417 StPO die besondere Verfahrensart des beschleunigten Verfahrens vor. Hierbei kann von der Einreichung einer Anklageschrift gänzlich abgesehen und die Anklage mündlich erhoben werden (§ 418 Abs. 3 StPO). Diese Verfahrensart sieht eine Reihe erheblicher **Vereinfachungen** gegenüber dem Normalverfahren vor, u. a. ist kein Eröffnungsbeschluss erforderlich (§ 418 Abs. 1 StPO), eine Ladung ist nur im Ausnahmefall notwendig und die Ladungsfristen sind verkürzt (§ 418 Abs. 2 StPO), das Beweisantragsrecht ist eingeschränkt und die Beweisaufnahme durch weitgehende Unterbrechungen des Unmittelbarkeitsgrundsatzes erleichtert (§ 420 StPO). Gleichzeitig ist die Rechtsfolgenkompetenz in diesem Verfahren beschränkt (§ 419 StPO).

d) Antrag im Sicherungsverfahren. Steht der Durchführung des Strafverfahrens die **Schuldunfähigkeit** (§ 20 StGB) oder **Verhandlungsunfähigkeit** des Täters entgegen, sieht § 413 StPO die besondere Verfahrensart des Sicherungsverfahrens vor. Ziel dieses Verfahrens ist die **selbstständige Anordnung von Maßregeln der Besserung und Sicherung** nach §§ 61 ff. StGB (vgl. § 71 StGB). Das Ermittlungsverfahren wird in diesem Fall mit einer **Antragsschrift** abgeschlossen, die der öffentlichen Klage gleichsteht und den Erfordernissen einer Anklageschrift entsprechen muss (§ 414 Abs. 2 StPO). **244**

VII. Dokumentation der Ermittlungen und Aktenführung

1. Grundsätze der Aktenführung. Von entscheidender Bedeutung für ein rechtsstaatliches und effektives Strafverfahren ist dessen **Dokumentation**. Die schönsten Ermittlungsergebnisse nützen nichts, wenn sie nicht korrekt dokumentiert und auch für Dritte jederzeit nachvollziehbar sind. Die Akten sind das **Herzstück des Ermittlungsverfahrens.** Wie sie zu führen sind, regeln Verwaltungsvorschriften der Länder, etwa die AktO. Für sämtliche Akten und Aktenbestandteile gelten die Grundsätze der **Aktenvollständigkeit**, der **Aktenklarheit** und der **Aktenwahrheit**. **245**

a) Aktenvollständigkeit. Die Sachakte stellt den Gang des Verfahrens dar. Sie enthält **sämtliche Erkenntnisse** aus dem Ermittlungsverfahren, Prozesshandlungen der Verfahrensbeteiligten, Entscheidungen, Protokolle etc. Die Schriftstücke sind nach dem Tag des Eingangs zu ordnen und durchgängig mit einer Blattzahl zu versehen (zu foliieren). Eine nachträgliche Neuanordnung ist nicht zulässig, da der prozessuale Verlauf des Verfahrens aus den Akten zu entnehmen sein muss. **246**

> **Beispiel:** **247**
> Die Akten müssen einen Hinweis auf sämtliche Spuren enthalten, auch wenn sie unwichtig erscheinen und nicht verfolgt werden. Es ist nicht auszuschließen, dass sich eine Spur erst später als wichtig erweist. Deshalb hat die Polizei der Staatsanwaltschaft sämtliche Spurenakten vorzulegen, die Sachbezug haben (Meyer-Goßner/Schmitt StPO § 163 Rn. 24).

Für rein innerdienstliche Schriftstücke werden zu den Sachakten begleitende **Handakten** geführt.

248 **b) Aktenklarheit.** Die Akten müssen so angelegt sein, dass sie von einem sachkundigen Dritten nachvollzogen werden können; sie müssen zu durchdringen und zu verstehen sein. Je nach Umfang der Sache bietet es sich daher z. B. an, bestimmte Aktenbestandteile in Sonderheften zusammenzufassen, z. B. Lichtbilder, Gutachten etc. Dies empfiehlt sich insb. bei Aktenbestandteilen mit sensiblen Inhalten, die einem beschränktem Akteneinsichtsrecht unterliegen oder gesondert verwahrt werden müssen, z. B. Lichtbilder einer Obduktion, Psychiatrische Sachverständigengutachten, Protokolle aus TKÜ, akustischer Innen- oder Wohnraumüberwachung etc.

249 **c) Aktenwahrheit.** Es versteht sich von selbst, dass der Inhalt der Akten wahr sein muss, was nicht heißt, dass alles, was in Akten steht, wahr ist. In Strafakten kommt es vor, dass Verfahrensbeteiligte lügen oder unbewusst die Unwahrheit sagen. Entscheidend ist, dass alles wahrheitsgemäß dokumentiert wird.

250 **2. Verfügungstechnik.** Der Staatsanwalt arbeitet in den Akten mittels Verfügungen, er *verfügt*. Dabei handelt es sich im Wesentlichen um Arbeitsanweisungen für behördeninterne (Geschäftsstellen, Rechtspfleger, Kostenbeamte etc.) oder behördenexterne (Polizei, Sachverständige etc.) Adressaten. Der Adressat der Verfügung oder des jeweiligen Verfügungspunkts kann in der Verfügung explizit genannt, oder – bei klarer Zuständigkeit – weggelassen werden.

251 **Beispiel:**

Vfg.

1. Schreiben an Rechtsanwältin Klug, Bl. [...] d. A.:

Sehr geehrte Frau Rechtsanwältin,
[...]

2. Vorlage der Fahndung mit der Bitte um Niederlegung eines Suchvermerks zum BZR.

In dem genannten Beispiel ist klar, dass das Schreiben aus Ziffer 1 von der Kanzleikraft gefertigt wird, weshalb dies nicht erwähnt zu werden braucht. Bei Ziffer 2 werden die Akten der Fahndungsstelle vorgelegt.

252 Neben Anweisungen für Dritte gibt es auch konstitutive Verfügungspunkte, durch die unmittelbar etwas bewirkt wird.

Beispiel: 253

Vfg.

1. Die Ermittlungen sind abgeschlossen, § 169a StPO.

Durch diesen Verfügungspunkt werden die Ermittlungen abgeschlossen, sobald die Staatsanwaltschaft erwägt, Anklage zu erheben. Dem Verteidiger kann nunmehr die Akteneinsicht nicht mehr verweigert werden (§ 147 Abs. 2 Satz 1 StPO).

Beispiel: 254

Vfg.

1. Einstellung des Verfahrens gemäß § 170 Abs. 2 StPO.

Durch diesen Verfügungspunkt wird das Verfahren mangels hinreichenden Tatverdachts (Rn. 89) eingestellt.

Verfügungen werden grundsätzlich der Reihe nach abgearbeitet. Dies ist bei 255 ihrer Abfassung zu beachten. Zudem müssen sie inhaltlich klar und sprachlich präzise sein. Ungenau oder unlogisch abgefasste Verfügungen können den Ermittlungserfolg gefährden und das Verfahren unnötig verlangsamen.

4. Kapitel   Gerichtszuständigkeit 1. Instanz

256 Die StPO und insb. das GVG enthalten zahlreiche Regelungen zu der Frage, welches Gericht zur Aburteilung einer bestimmten Straftat berufen ist. Daneben existieren bei den Gerichten und deren Spruchkörpern Geschäftsverteilungspläne, welche die Zuständigkeit für die an dem Gericht anhängigen Verfahren konkreten Richtern zuweisen (z. B. nach Turnussystem oder Spezialzuständigkeit). Diese Bestimmungen sind Ausdruck des in Art. 101 Abs. 1 Satz 2 GG und § 16 Satz 2 GVG normierten Grundsatzes des gesetzlichen Richters, wonach Regeln existieren müssen, die im Vorhinein auf generelle und abstrakte Weise bestimmen, welches Gericht und welche Richter über zukünftige Strafrechtsfälle zu entscheiden haben. Hierdurch soll die **Unabhängigkeit der Gerichte** gewährleistet und das Vertrauen in die **Unparteilichkeit der Richter** gestärkt werden (Kissel/Mayer GVG § 16 Rn. 2).

257 Nach Auffassung des BVerfG begründet nicht jede Missachtung der gesetzlichen Zuständigkeitsbestimmungen einen Verfassungsverstoß; insb. reiche für die Annahme einer Verletzung von Art. 101 Abs. 1 Satz 2 GG eine nur irrtümliche Überschreitung der Zuständigkeitsregeln nicht aus. Vielmehr sei ein Verfassungsverstoß nur anzunehmen, wenn die Vorschriften bezüglich der Zuständigkeit der Strafgerichte objektiv willkürlich, d. h. auf schlechthin unvertretbare Art und Weise ausgelegt und angewandt wurden (sog. **Willkürformel**; hierzu BVerfG NJW 1993, 381).

🔖 → Fall 2: „Zuständigkeit des Strafrichters oder des Schöffengerichts"

I.   Arten gerichtlicher Zuständigkeit

258 Hinsichtlich der Frage, welches Gericht zur Entscheidung in einem bestimmten Verfahren berufen ist (und vor dem die Staatsanwaltschaft dementsprechend die Anklage zu erheben hat), ist zwischen mehreren Zuständigkeitsarten zu differenzieren:

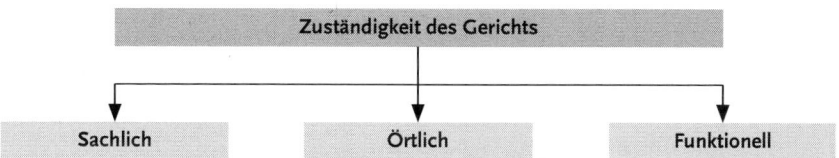

Abb. 6: Arten gerichtlicher Zuständigkeit

Gegenstand der **sachlichen Zuständigkeit** ist die Bestimmung des erstinstanz- **259** lich zuständigen Gerichts bzw. des „Eingangsgerichts". Regelungen hierzu finden sich nach § 1 StPO im GVG. Die **örtliche Zuständigkeit** betrifft die Auswahl unter mehreren sachlich gleichermaßen zuständigen Gerichten. Ist etwa die sachliche Zuständigkeit des Landgerichts begründet, bemisst sich nach den Bestimmungen zur örtlichen Zuständigkeit, welches konkrete Landgericht den Fall zu entscheiden hat, also z. B. das Landgericht Aachen, Bonn, Köln usw. Maßgeblich sind insoweit die §§ 7 ff. StPO i. V. m. den Bestimmungen der einzelnen Bundesländer zur Gerichtsorganisation. Bei der **funktionellen Zuständigkeit** handelt es sich nicht um einen gesetzlichen Terminus; vielmehr fungiert sie als Auffangbegriff für alle Zuständigkeitsfragen, die nicht der sachlichen oder örtlichen Zuständigkeit unterfallen. Hierzu zählen vor allem:

- die Zuständigkeit der **Rechtsmittelgerichte** im Instanzenzug,
- die Zuständigkeitsverteilung zwischen mehreren Spruchkörpern der gleichen Strafgewalt, also z. B. die Frage, ob beim Landgericht eine **allgemeine oder spezielle Strafkammer** in Gestalt des Schwurgerichts oder der Wirtschaftsstrafkammer zur Entscheidung berufen ist,
- die **Aufgabenverteilung innerhalb eines Spruchkörpers**, also insb. die Frage, welche Aufgaben in einer Strafkammer durch den Vorsitzenden der Kammer allein wahrgenommen werden und über welche Fragen die gesamte Kammer zu entscheiden hat,
- die Zuständigkeit des **Strafvollstreckungsgerichts** und
- die Zuständigkeit des **Ermittlungsrichters**.

II. Sachliche Zuständigkeit in erster Instanz

In Strafsachen können erstinstanzlich das Amtsgericht, das Landgericht oder **260** (selten) das Oberlandesgericht zur Entscheidung berufen sein. Ausgangspunkt der Zuständigkeitsbestimmung ist insoweit § 24 GVG, der eine Regelzuständigkeit des Amtsgerichts begründet, wenn nicht eine Zuständigkeit des Landgerichts oder Oberlandesgerichts gegeben ist.

261   1. **Sachliche Zuständigkeit des Amtsgerichts.** Das Amtsgericht ist nach § 24 Abs. 1 GVG zuständig, wenn keiner der in Satz 1 Nr. 1 bis 3 der Vorschrift normierten Ausnahmetatbestände vorliegt (sog. **Subtraktionsmethode**). Hiernach entfällt die Zuständigkeit des Amtsgerichts, wenn nach einer speziellen Regel eine – strafmaßunabhängige – zwingende Zuständigkeit des Landgerichts oder Oberlandesgerichts besteht (Nr. 1), eine Strafe von mehr als vier Jahren Freiheitsstrafe oder die Unterbringung in einem psychiatrischen Krankenhaus oder in der Sicherungsverwahrung zu erwarten ist (Nr. 2) oder die Staatsanwaltschaft wegen der besonderen Schutzbedürftigkeit von Verletzten der Straftat, die als Zeugen in Betracht kommen, des besonderen Umfangs oder der besonderen Bedeutung des Falles Anklage beim Landgericht erhebt (Nr. 3).

262   Ist eine Zuständigkeit des Amtsgerichts begründet, darf dieses nach § 24 Abs. 2 GVG nicht auf eine höhere Strafe als vier Jahre Freiheitsstrafe und auch nicht auf die Unterbringung in einem psychiatrischen Krankenhaus, allein oder neben einer Strafe, oder auf Sicherungsverwahrung erkennen. Zulässig bleibt die Anordnung der Unterbringung in einer Entziehungsanstalt nach § 64 StGB. Bei einer Zuständigkeit des Amtsgerichts ist i. Ü. nach Maßgabe der § 25 und § 28 GVG zu entscheiden, ob der Strafrichter oder das Schöffengericht zur Entscheidung berufen ist.

263   a) **Strafrichter.** Der Strafrichter verhandelt und entscheidet als **Einzelrichter.** Er ist nach § 25 GVG zuständig zur Aburteilung von Vergehen, wenn sie im Wege der Privatklage verfolgt werden (Nr. 1) oder eine höhere Strafe als zwei Jahre Freiheitsstrafe nicht zu erwarten ist (Nr. 2). Ist hiernach eine Zuständigkeit des Strafrichters begründet, hindert ihn die Regelung in § 25 Nr. 2 GVG aber nicht daran, von der sich aus § 24 Abs. 2 GVG ergebenden vollen Strafgewalt des Amtsgerichts Gebrauch zu machen.

264   **Beispiel:**
Gegen A wird wegen des Vorwurfs der gefährlichen Körperverletzung (§ 224 StGB) Anklage vor dem Strafrichter erhoben, da die Staatsanwaltschaft von einer Straferwartung von einem Jahr und sechs Monaten Freiheitsstrafe aus geht. Der zuständige Richter teilt diese Bewertung und eröffnet das Hauptverfahren. Am Schluss der Hauptverhandlung gelangt der Richter zu der Einschätzung, dass eine Freiheitsstrafe von drei Jahren zu verhängen ist, da die Tat weit schwerwiegendere Verletzungen bei dem Tatopfer verursacht hat, als ursprünglich angenommen.

Trotz der Regelung in § 25 Nr. 2 GVG bleibt der Strafrichter in dieser Konstellation nach Maßgabe von § 24 Abs. 2 GVG befugt, eine Freiheitsstrafe von bis zu 4 Jahren Dauer zu verhängen. Er kann also selbst entscheiden und braucht das Verfahren nicht nach § 270 StPO zu verweisen.

b) Schöffengericht. Das Schöffengericht entscheidet nach § 28 GVG über die in die Zuständigkeit des Amtsgerichts fallenden Strafsachen, wenn nicht die Zuständigkeit des Strafrichters begründet ist. Das Schöffengericht ist grundsätzlich aus einem Berufsrichter und zwei **Schöffen** zu bilden. **265**

Bei den Schöffen handelt es sich nach § 31 GVG um ehrenamtliche Richter, die grundsätzlich für die Dauer von fünf Jahren gewählt und innerhalb dieses Zeitraums mehreren Sitzungen (jeweils nach Maßgabe des ersten Sitzungstages in einem Verfahren) zugelost werden, an denen sie nach § 30 Abs. 1 GVG grundsätzlich gleichberechtigt und insb. mit gleichem Stimmrecht neben dem Berufsrichter teilnehmen. Lediglich die außerhalb der Hauptverhandlung erforderlichen Entscheidungen werden nach § 30 Abs. 2 GVG von dem Berufsrichter ohne Mitwirkung der Schöffen getroffen. **266**

Gemäß § 263 Abs. 1 StPO können alle für den Angeklagten nachteiligen Entscheidungen nur mit zwei Dritteln der Stimmen getroffen werden. Im Konfliktfall gilt der „kleinste gemeinsame Nenner".

Schöffen sind in gleichem Umfang in den Schutzbereich des Art. 101 Abs. 1 Satz 2 GVG einbezogen wie Berufsrichter. Eine willkürliche Handhabung der Vorschriften zur Schöffenwahl oder zur Streichung (§§ 52, 53 GVG) bzw. Entbindung von Schöffen (§ 54 GVG) kann daher zu einer verfassungswidrigen Besetzung des Gerichts führen.

c) Erweitertes Schöffengericht. Handelt es sich im konkreten Fall um eine besonders umfangreiche Sache, kann auf Antrag der Staatsanwaltschaft nach § 29 Abs. 2 GVG unter Heranziehung eines zweiten Berufsrichters vor dem **erweiterten Schöffengericht** verhandelt werden. **267**

2. Sachliche Zuständigkeit des Landgerichts. Die sachliche Zuständigkeit des Landgerichts ergibt sich aus § 74 GVG. Hiernach entscheidet das Landgericht über die in § 74 Abs. 2 GVG aufgezählten Verbrechen und über sämtliche Verbrechen und Vergehen, die nicht in die Zuständigkeit des Amtsgerichts und des Oberlandesgerichts fallen (§ 74 Abs. 1 GVG). **268**

269   Erstinstanzlich zuständiger Spruchkörper am Landgericht ist die **große Straf-kammer**, die mit drei Berufsrichtern und zwei Schöffen besetzt ist (§§ 60, 76 Abs. 1 Satz 1 GVG). Allerdings bestimmt § 76 Abs. 2 GVG, dass die große Straf-kammer bei der Eröffnung des Hauptverfahrens zu beschließen hat, ob sie im konkreten Fall in der Hauptverhandlung mit drei oder mit zwei Berufsrichtern verhandelt. Dabei ist nach § 76 Abs. 2 Satz 3 GVG eine Besetzung mit drei Be-rufsrichtern zu beschließen, wenn die große Strafkammer als Schwurgericht zuständig ist (Nr. 1), die Anordnung der Unterbringung in der Sicherungsver-wahrung, deren Vorbehalt oder die Anordnung der Unterbringung in einem psychiatrischen Krankenhaus zu erwarten ist (Nr. 2) oder nach dem Umfang oder der Schwierigkeit der Sache die Mitwirkung eines dritten Richters notwen-dig erscheint (Nr. 3). Die Voraussetzungen der Nr. 3 sollen i. d. R. anzunehmen sein, wenn die Hauptverhandlung voraussichtlich länger als zehn Tage dauern wird oder die große Strafkammer als Wirtschaftsstrafkammer zuständig ist (§ 74 Abs. 3 GVG). Liegt ein Fall des § 76 Abs. 2 Satz 3 GVG nicht vor, beschließt das Gericht die Besetzung mit zwei Richtern und zwei Schöffen.

 Schöffen haben am Landgericht grundsätzlich die gleiche Stellung inne wie am Amtsgericht, insb. folgt aus § 76 Abs. 1 Satz 2 GVG, dass Schöffen auch hier lediglich von der Mitwirkung an den außerhalb der Hauptverhandlung zu treffenden Entscheidungen ausgeschlossen sind.

270   Neben der allgemeinen Strafkammer existieren beim Landgericht sog. **beson-dere Strafkammern**, die zur Aburteilung bestimmter Straftaten berufen sind, sich in Besetzung und Strafgewalt aber grundsätzlich nicht von der allgemei-nen Strafkammer unterscheiden. Hierbei handelt es sich um:

- das **Schwurgericht**, das für die in § 74 Abs. 2 GVG genannten Kapitaldelikte zur Entscheidung berufen ist und zwingend in der Besetzung mit drei Be-rufsrichtern entscheidet (§ 74 Abs. 2 Satz 3 Nr. 1 GVG),
- die **Wirtschaftsstrafkammer**, die über Wirtschaftsstrafsachen i. S. d. § 74c Abs. 1 GVG entscheidet,
- die **Staatsschutzkammer**, die für Staatsschutzdelikte i. S. d. § 74a GVG zu-ständig ist, wenn im Bezirk des Landgerichts ein Oberlandesgericht seinen Sitz hat; die Zuständigkeit erstreckt sich dann auf den gesamten OLG-Bezirk und
- die **Jugendschutzkammer**, die nach § 74b GVG gebildet werden kann.

271   **3. Sachliche Zuständigkeit des Oberlandesgerichts.** Das Oberlandesgericht ist in Strafsachen erstinstanzlich vorrangig für die in § 120 Abs. 1 GVG genannten

Staatsschutzdelikte sowie die in § 120 Abs. 2 GVG aufgeführten Straftaten zuständig, wobei im zuletzt genannten Fall darüber hinaus erforderlich ist, dass der Generalbundesanwalt wegen der besonderen Bedeutung des Falles die Verfolgung aufnimmt. Daneben besteht eine erstinstanzliche Zuständigkeit des Oberlandesgerichts nach § 120b Satz 1 GVG für Verfahren wegen Bestechlichkeit und Bestechung von Mandatsträgern (§ 108e StGB).

272 Spruchkörper beim Oberlandesgericht ist der Strafsenat, der nach § 122 Abs. 2 Satz 2 GVG bei Eröffnung des Hauptverfahrens grundsätzlich eine Besetzung mit drei Berufsrichtern beschließt. Hiervon abweichend beschließt er die Besetzung mit fünf Berufsrichtern, wenn die Mitwirkung zwei weiterer Richter nach dem Umfang oder der Schwierigkeit der Sache notwendig erscheint. Eine Beteiligung von Schöffen ist in Verfahren vor dem Oberlandesgericht nicht vorgesehen.

III. Örtliche Zuständigkeit in erster Instanz

273 Welches Gericht in örtlicher Hinsicht zur Entscheidung berufen ist, bemisst sich nach §§ 7 ff. StPO. Dabei ist eine örtliche Zuständigkeit für sämtliche (sachlich zuständigen) Gerichte begründet, die einen oder mehrere der in §§ 7 bis 11a StPO normierten Tatbestände (sog. **Gerichtsstände**) erfüllen. Am bedeutsamsten sind insoweit die Zuständigkeit des Tatort-Gerichts (§ 7 StPO), des Gerichts des Wohnsitzes oder Aufenthaltsortes des Angeschuldigten (§ 8 StPO) sowie des Ergreifungsortes (§ 9 StPO).

274
Beispiel:
Der in Bonn wohnhafte A wird verdächtigt, seinen Bekannten B in Aachen vorsätzlich getötet zu haben. Die Staatsanwaltschaft kann nach pflichtgemäßem Ermessen entscheiden, ob sie Anklage vor dem Schwurgericht des Landgerichts Aachen (§ 7 StPO) oder des Landgerichts Bonn erhebt (§ 8 StPO). Zu beachten ist in diesem Zusammenhang allein das in § 12 Abs. 1 StPO normierte Prioritätsprinzip, wonach das örtlich zuständige Gericht, das die Untersuchung als erstes eröffnet hat, grundsätzlich Vorrang vor allen anderen sachlich und örtlich zuständigen Gerichten hat.

275 Ein an sich nicht nach Maßgabe der §§ 7 bis 11a StPO zur Aburteilung einer bestimmten Tat örtlich zuständiges Gericht kann nach § 13 Abs. 1 StPO auch für diese Strafsache zuständig werden, wenn sie gemeinsam mit einer zusammenhängenden Strafsache (§ 3 StPO) angeklagt wird, für die eine örtliche Zuständigkeit des angerufenen Gerichts begründet ist.

276 **Beispiel:**
Der in Berlin wohnhafte A wird beschuldigt, zwei Tankstellen in Köln und eine Tankstelle in Bonn überfallen und sich hierbei jeweils nach § 255 i. V. m. § 250 Abs. 2 Nr. 1 StGB strafbar gemacht zu haben. Es besteht eine örtliche Zuständigkeit des Landgerichts Berlin zur Aburteilung sämtlicher Taten nach § 8 StPO. Daneben ist das Landgericht Köln zuständig nach § 7 StPO hinsichtlich der zwei Überfälle in Köln, das Landgericht Bonn hinsichtlich des Überfalls in Bonn. Entscheidet sich die Staatsanwaltschaft, Anklage in Köln zu erheben, ist dieses gemäß § 13 Abs. 1 StPO auch zur Entscheidung über den Überfall in Bonn berufen.

→ Entscheidung Nr. 16

277 Hält sich das Gericht für **örtlich unzuständig**, hat es keine Möglichkeit, die Sache zu verweisen. Um das Wahlrecht der Staatsanwaltschaft zwischen mehreren in Betracht kommenden Gerichtsständen zu wahren, muss es die Eröffnung des Hauptverfahrens ablehnen, wogegen die Staatsanwaltschaft gemäß § 210 Abs. 2 StPO sofortige Beschwerde einlegen kann.

→ Entscheidung Nr. 17

 Meist empfiehlt sich eine formlose Anfrage des Gerichts an die Staatsanwaltschaft, ob sie die Anklage zurücknimmt. Eine Rücknahme ist als *actus contrarius* der Anklageerhebung möglich (§ 156 StPO) und auch bei drohender Verjährung prozessual meist folgenlos.

→ Entscheidung Nr. 18

IV. Zur Entscheidung berufene Richter

Welche Richter eines sachlich und örtlich zuständigen Gerichts zur Entscheidung des konkreten Falles berufen sind, richtet sich nach den **Geschäftsverteilungsplänen** (§ 21e GVG) des betroffenen Gerichts und der bei diesem gebildeten Spruchkörper. Ausnahmsweise kann ein hiernach an sich zuständiger Richter von der Mitwirkung an der Entscheidung ausgeschlossen sein, wenn einer der in §§ 22, 23 StPO normierten Tatbestände vorliegt oder er wegen Besorgnis der Befangenheit nach § 24 StPO erfolgreich abgelehnt wird. Die Vorschriften gelten gemäß § 31 Abs. 1 StPO für Schöffen entsprechend. **278**

1. Ausschluss eines Richters. Die §§ 22, 23 StPO zählen Fälle auf, in denen ein Richter an der Mitwirkung an einem Strafverfahren kraft Gesetzes ausgeschlossen ist. Die erfassten Konstellationen sind dadurch gekennzeichnet, dass im Hinblick auf eine persönliche Betroffenheit oder besondere Nähe des Richters zu dem betroffenen Verfahren seine **Unparteilichkeit und Unvoreingenommenheit** nicht gewährleistet erscheint. Ein Ausschluss besteht nach § 22 StPO hiernach, wenn der Richter selbst durch die Straftat verletzt ist (Nr. 1), ein verwandtschaftliches oder vergleichbares Näheverhältnis zu dem Verletzten der Straftat oder dem Beschuldigten aufweist (Nr. 2 und 3) oder wenn er als Staatsanwalt, Polizeibeamter, Anwalt des Verletzten, Verteidiger, Zeuge oder Sachverständiger in dem Verfahren tätig geworden ist (Nr. 4 und 5). Daneben bestimmt § 23 StPO, dass ein Richter, der bei einer durch ein Rechtsmittel angefochtenen Entscheidung mitgewirkt hat, von der Mitwirkung bei der Entscheidung in einem höheren Rechtszug ausgeschlossen ist. Für zurückverwiesene Verfahren gilt dies hingegen nicht; hier kommt es nur auf die abstrakt zu bestimmende Kammer bzw. Abteilung oder den Senat an (§ 354 Abs. 2 StPO). **279**

Die in §§ 22, 23 StPO normierten Tatbestände sind durch das Gericht von Amts wegen zu berücksichtigen. Geschieht dies nicht, kann der betroffene Richter durch die Staatsanwaltschaft, den Beschuldigten sowie einen etwaigen Privatkläger **abgelehnt** werden (§ 24 Abs. 1, 3 StPO). **280**

Wirkt ein Richter oder Schöffe an einem Urteil mit, obwohl er nach § 22 oder § 23 StPO von Gesetzes wegen von der Ausübung des Richteramtes ausgeschlossen ist, begründet dies nach § 338 Nr. 2 StPO einen absoluten Revisionsgrund.

→ Entscheidung Nr. 19

281 **2. Ablehnung wegen Besorgnis der Befangenheit.** Nach § 24 Abs. 1 Fall 2, Abs. 3 StPO können Staatsanwaltschaft, Beschuldigter und Privatkläger einen Richter wegen Besorgnis der Befangenheit ablehnen. Dabei findet die Ablehnung nach § 24 Abs. 2 StPO statt, wenn ein Grund vorliegt, der geeignet ist, Misstrauen gegen die Unparteilichkeit eines Richters zu rechtfertigen. Entscheidend ist nicht, ob der Richter tatsächlich befangen ist, vielmehr besteht eine Besorgnis der Befangenheit bereits dann, wenn ein am Verfahren Beteiligter bei vernünftiger Würdigung aller Umstände Anlass hat, an der **Unvoreingenommenheit des Richters zu zweifeln**. Eine Besorgnis der Befangenheit kann sich insb. aus persönlichen Beziehungen zu Verfahrensbeteiligten, die nicht bereits unter § 22 StPO fallen, aus einem unmittelbaren Eigeninteresse am Verfahrensausgang sowie aus Äußerungen in oder außerhalb der Hauptverhandlung ergeben, die befürchten lassen, der betroffene Richter habe sich bereits auf ein bestimmtes Ergebnis festgelegt (KK-StPO/Scheuten § 24 Rn. 5 ff.).

282 **Beispiel:**

R ist Vorsitzender einer Strafkammer am Landgericht X. Im öffentlich zugänglichen Bereich seines Facebook-Profils ist ein Lichtbild von R zu sehen, auf dem er mit einem Bierglas in der Hand auf einer Terrasse sitzt und ein T-Shirt trägt mit der Aufschrift: „Wir geben Ihrer Zukunft ein Zuhause: JVA". Auf derselben Seite ist vermerkt: „2. Große Strafkammer am LG X. 1996 bis heute". Im Kommentarbereich befindet sich ein Eintrag des R, mit dem Inhalt: „Das ist mein ‚Wenn du raus kommst, bin ich in Rente'-Blick". Hinsichtlich R ist die Besorgnis der Befangenheit nach Maßgabe von § 24 Abs. 2 StPO begründet. Der Inhalt der öffentlich und somit für jeden Verfahrensbeteiligten zugänglichen Facebook-Seite dokumentiert eine Haltung des R, die bei verständiger Betrachtung besorgen lässt, dieser beurteile die von ihm zu bearbeitenden Strafverfahren nicht objektiv, sondern habe Spaß an der Verhängung hoher Strafen und mache sich über die Angeklagten lustig. Die Facebook-Seite enthält auch einen eindeutigen Hinweis auf die berufliche Tätigkeit des R und betrifft deshalb nicht lediglich private Verhältnisse.

⚖ → Entscheidung Nr. 20

283 Grundsätzlich verpflichtet § 30 StPO jeden Richter, von sich aus mögliche Ablehnungsgründe anzuzeigen. Staatsanwalt, Beschuldigter und Privatkläger müssen die Ablehnung bis zum Beginn der Vernehmung des Angeklagten bei dem Gericht aussprechen, dem der abgelehnte Richter angehört (§§ 25 Abs. 1 Satz 1, 26 Abs. 1 StPO). Ist die Besetzung des Gerichts nach § 222a Abs. 1 Satz 2

StPO schon vor Beginn der Hauptverhandlung mitgeteilt worden, muss das **Ablehnungsgesuch** gemäß § 25 Abs. 1 Satz 2 StPO unverzüglich angebracht werden. Sollte der Ablehnungsgrund erst später entstehen oder bekannt werden, muss die Ablehnung ebenfalls unverzüglich geltend gemacht werden (§ 25 Abs. 2 Satz 1 Nr. 2 StPO). Der Ablehnungsgrund ist nach § 26 Abs. 2 StPO glaubhaft zu machen. Anschließend erfolgt eine dienstliche Stellungnahme des abgelehnten Richters (§ 26 Abs. 3 StPO). Über den Ablehnungsantrag entscheidet das Gericht, dem der Abgelehnte angehört, nach § 27 StPO grundsätzlich ohne dessen Mitwirkung. Abweichend hiervon entscheidet das Gericht unter Mitwirkung des abgelehnten Richters, wenn es den Ablehnungsantrag bereits als unzulässig verwirft (§ 26a Abs. 2 Satz 1 StPO). Die Entscheidung über das Ablehnungsgesuch muss spätestens bis zu dem in § 29 Abs. 3 StPO benannten Zeitpunkt ergehen. Zuvor ist die Hauptverhandlung unter Beteiligung des abgelehnten Richters fortzusetzen (§ 29 Abs. 1 und 2 StPO).

Wirkt ein Richter oder Schöffe bei einem Urteil mit, nachdem er wegen Besorgnis der Befangenheit abgelehnt und das Ablehnungsgesuch entweder für begründet erklärt oder zu Unrecht verworfen worden ist, folgt daraus ein absoluter Revisionsgrund nach § 338 Nr. 3 StPO. Ist das Ablehnungsgesuch verworfen worden, ist auf entsprechende Rüge im Revisionsverfahren durch das Revisionsgericht also die Zulässigkeit und Begründetheit des Ablehnungsgesuchs zu prüfen. Dabei kommt auch an dieser Stelle die zu Art. 101 Abs. 1 Satz 2 GG entwickelte **Willkürrechtsprechung** zum Tragen. Hiernach ist allein die fehlerhafte Zurückweisung des Ablehnungsgesuchs als unzulässig i. d. R. nicht geeignet, die Revision zu begründen, wenn ein Ablehnungsgrund im Ergebnis nicht vorlag, das Gesuch also jedenfalls unbegründet war. Abweichend hiervon begründet ausnahmsweise auch die fehlerhafte Zurückweisung des Ablehnungsgesuchs als unzulässig die Revision, wenn die Zulässigkeitsvorschriften und insb. § 26a StPO insgesamt willkürlich gehandhabt wurden (BGH NJW 2005, 3436).

5. Kapitel   Das gerichtliche Verfahren in erster Instanz

284   Erhebt die Staatsanwaltschaft gemäß § 170 Abs. 1 StPO Anklage gegen den Beschuldigten, schließt sich das gerichtliche Verfahren durch Übersendung der Akten (§ 199 Abs. 2 Satz 2 StPO) unmittelbar an das Ermittlungsverfahren an. Der folgende Teil des Strafverfahrens gliedert sich in ein sog. Zwischenverfahren und das nachfolgende Hauptverfahren (§§ 199 Abs. 1, 203, 213 ff. StPO).

> Wichtig ist, während des gesamten gerichtlichen Verfahrens auf die gemäß § 157 StPO **korrekte Bezeichnung des Beschuldigten** zu achten: Im Zwischenverfahren wird er als *„Angeschuldigter"* und erst im Hauptverfahren als *„Angeklagter"* bezeichnet. Im Fall einer Verurteilung schließt sich die Bezeichnung als *„Verurteilter"* an (vgl. §§ 465, 467 StPO).

I.   Grundlagen gerichtlicher Handlungsformen: Beschluss, Verfügung, Anordnung und Urteil

285   Zur Leitung des Verfahrens durch das Gericht sieht die StPO unterschiedliche Handlungsformen vor, von denen das Urteil den Abschluss bildet.

286   **1. Arten gerichtlicher Handlungsformen.** Die StPO unterscheidet zwischen den folgenden verfahrensleitenden Maßnahmen:
- **Beschlüsse,**
- **Verfügungen,**
- **Anordnungen** und
- **sonstige (faktische) Handlungen**, z. B. Verlesung einer Urkunde.

287   Während der Strafrichter am Amtsgericht in seiner Eigenschaft als Einzelrichter (§§ 24 f., 22 Abs. 1, 4 GVG) sowohl Beschlüsse fassen als auch Verfügungen und Anordnungen treffen kann, ist bei Verfahren vor Kollegialgerichten, d. h. vor dem Schöffengericht und der Strafkammer, stets darauf zu achten, ob nach der maßgeblichen Vorschrift allein der „Vorsitzende" (außerhalb der Hauptverhandlung: *Verfügung*; innerhalb der Hauptverhandlung: *Anordnung*) oder das „Gericht" (*Entscheidung = Beschluss*) zur konkreten Handlung befugt ist:

Vorsitzender		Gericht	
außerhalb der Haupt- verhandlung	innerhalb der Haupt- verhandlung	außerhalb der Haupt- verhandlung	innerhalb der Haupt- verhandlung
„Verfügung"	„Anordnung"	„Beschluss"	„Beschluss"
Beispiele:			
Übermittlung der Anklage, § 201 StPO	Maßnahmen der Verhandlungs- leitung, § 238 Abs. 1 StPO	Eröffnungs- beschluss, §§ 203, 207 StPO	Bestätigung von Anordnungen des Vorsitzenden, § 238 Abs. 2 StPO
	Unterbrechung für bis zu drei Wochen, § 228 Abs. 1 Satz 2 StPO	↔	längere Unter- brechung und Aussetzung, § 228 Abs. 1 Satz 1 StPO

Abb. 7: Arten gerichtlicher Handlungsformen

2. Formelle Anforderungen. In Bezug auf **Verfügungen und Anordnungen** gel- **288** ten keine bestimmten formellen Anforderungen; es handelt sich um schlichte Maßnahmen der Verfahrensförderung.

In Bezug auf **Beschlüsse** ist zu unterscheiden, ob diese innerhalb oder außer- **289** halb der Hauptverhandlung zu treffen sind. Bei Beschlüssen, die außerhalb der Hauptverhandlung zu treffen sind, wirken nur die Berufsrichter und nicht die Schöffen mit (§§ 30, 76 Abs. 1 Satz 2 GVG); diese sind nur bei Beschlüssen im Rahmen der Hauptverhandlung zu beteiligen. Zu den innerhalb der Hauptver- handlung zu treffenden Beschlüssen zählen etwa solche, mit denen das Gericht gemäß § 238 Abs. 2 StPO eine Anordnung des Vorsitzenden bestätigt (Rn. 298).

Zu den Beschlüssen, die **außerhalb der Hauptverhandlung** zu treffen sind, ge- **290** hören in erster Linie alle Beschlüsse, die einen Verfahrensabschnitt vor oder nach dem Hauptverfahren betreffen; dies sind:
• alle Beschlüsse des Zwischenverfahrens und
• alle Beschlüsse des Bewährungs- und Vollstreckungsverfahrens.

Gemäß § 33 StPO hat das Gericht vor dem Erlass eines Beschlusses stets der **291** Staatsanwaltschaft rechtliches Gehör zu gewähren. Bezüglich des Beschuldig- ten und seiner Verteidigung ist zu differenzieren: Bei Beschlüssen innerhalb der Hauptverhandlung ist immer rechtliches Gehör zu gewähren, bei Beschlüssen außerhalb der Hauptverhandlung nur, wenn sie belastend sind. Ausnahmen können sich ergeben, wenn eine Anhörung den Zweck der Maßnahme gefährden könnte (§ 33 Abs. 4 StPO).

292   Zur Wahrung der Anforderungen eines fairen Verfahrens (Art. 6 EMRK) und des Grundsatzes rechtlichen Gehörs (Art. 103 Abs. 1 GG) bietet sich bei gerichtlichen Handlungen **in der Hauptverhandlung** folgende Vorgehensweise und Protokollierung an:

293   **Beispiel:**

Die Vorsitzende regt an, [...]

Der Sitzungsvertreter der Staatsanwaltschaft
– beantragt daraufhin, [... z. B. § 154 Abs. 2 StPO ...]
– erklärt Zustimmung [... z. B. § 153 Abs. 2 StPO ...]
– erklärt, [... vgl. § 33 Abs. 1 StPO ...]

Der Angeklagte und seine Verteidigerin erhalten Gelegenheit zur Stellungnahme.

» Beratung

» Beschluss oder Anordnung des Vorsitzenden

Der Beschluss wird ausgeführt.

 Komplexe Beschlüsse oder Beschlüsse, die sich auf einen umfangreichen Sachverhalt beziehen, sollten nicht „nach Beratung am Richtertisch", sondern nach Beratung außerhalb des Saales ergehen. Es sollte der Eindruck vermieden werden, der Vorsitzende habe die Angelegenheit nur oberflächlich gewürdigt oder wolle die Beisitzer und Schöffen bevormunden. Zeichnet sich vor einer Verhandlungspause ab, dass alsbald ein bestimmter Beschluss zu treffen sein könnte, kann dieser „nach Vorberatung" ergehen.

294   Beschlüsse sind den Verfahrensbeteiligten gemäß § 35 StPO **bekanntzumachen.** Innerhalb der Hauptverhandlung erfolgt dies durch (mündlich) Verkündung und Aufnahme in das Protokoll; außerhalb der Hauptverhandlung sind Beschlüsse nach §§ 37 ff., 41 StPO zuzustellen.

Ist dem Beschuldigten außerhalb der Hauptverhandlung rechtliches Gehör zu gewähren, ist aber sein Aufenthaltsort nicht zu ermitteln, kann die in Frage stehende Maßnahme vorläufig getroffen und die Anhörung in analoger Anwendung des § 33a StPO bei Ergreifung nachgeholt werden (z. B. bei einem Bewährungswiderruf).

Eine **Begründung** ist gemäß § 34 StPO erforderlich, wenn ein Beschluss mit **295** einem Rechtsmittel angefochten werden kann oder mit ihm ein Antrag abgelehnt wird. Allerdings sehen einige Vorschriften ausdrücklich eine Begründung vor; i. Ü. ist der Begriff des Rechtsmittels weit auszulegen und bei gerichtlichen Ermessensentscheidungen sollten ohnehin stets die tragenden Gründe dokumentiert werden (BVerfG StV 2002, 578).

Zwar existiert darüber hinaus **kein generelles Schriftlichkeitsgebot.** Allerdings **296** führt die Protokollierungspflicht nach § 273 Abs. 1 StPO für Beschlüsse, die innerhalb der Hauptverhandlung erlassen werden, mittelbar zu einem solchen Formzwang. Zum Anspruch auf Erteilung einer **Leseabschrift**, z. B. aus dem Protokoll heraus siehe § 35 Abs. 1 Satz 2 StPO.

Entscheidungen, die durch ein befristetes Rechtsmittel (d. h. sofortige Beschwerde, Berufung oder Revision) angefochten werden können, sind zudem **297** nach § 35a StPO mit einer **Rechtsmittelbelehrung** zu versehen.

Die Belehrung über das statthafte Rechtsmittel gemäß § 35a StPO muss nach dem Wortlaut der Norm „bei Bekanntmachung" (§ 35 StPO) erfolgen und ist daher kein Bestandteil der Entscheidung. Bei Urteilen genügt eine mündliche Belehrung im Rahmen der Urteilsverkündung (§ 35 Abs. 1 StPO); bei Beschlüssen außerhalb der mündlichen Verhandlung kann die Belehrung durch Mitteilung in einem Beiblatt erfolgen (§ 35 Abs. 2 StPO).

3. Unterscheidung und Rechtsschutz. Die Unterscheidung der einzelnen ge- **298** richtlichen Handlungsformen ist u. a. für die Frage ihrer Anfechtbarkeit gemäß §§ 304 ff. StPO relevant (Rn. 449 ff.). Gegen „Verfügungen" des Vorsitzenden und „Entscheidungen" des Gerichts ist die (einfache) Beschwerde statthaft (§ 304 StPO); eine sofortige Beschwerde (§ 311 StPO) ist hingegen nur statthaft, wenn es das Gesetz ausdrücklich bestimmt. „Anordnungen" des Vorsitzenden können gemäß § 238 Abs. 2 StPO nur „beanstandet" werden. Bestätigt das Gericht eine Anordnung des Vorsitzenden gemäß § 238 Abs. 2 StPO durch „Beschluss", ist dagegen die Beschwerde gemäß § 305 StPO ausgeschlossen.

II. Zwischenverfahren

299 Im Zwischenverfahren prüft das Gericht, ob dem in der Anklageschrift enthaltenen **Antrag auf Eröffnung des Hauptverfahrens** (§ 199 Abs. 2 Satz 1 StPO) zu entsprechen ist. Die Entscheidung hängt davon ab, ob das Gericht aufgrund der übersendeten Akten ebenfalls einen hinreichenden Tatverdacht annimmt (§§ 203 f. StPO). Hierdurch soll der Angeschuldigte vor der stigmatisierenden Wirkung einer ungerechtfertigten Hauptverhandlung bewahrt werden.

300 Zu Beginn des Zwischenverfahrens übersendet der Vorsitzende dem Angeschuldigten die Anklageschrift und gewährt ihm Gelegenheit, innerhalb einer bestimmten Frist sowohl Einwendungen vorzubringen als auch Beweiserhebungen zu beantragen (§ 201 Abs. 1 Satz 1 StPO). Handelt es sich um einen Fall der notwendigen Verteidigung (§ 140 StPO) und hat der Angeschuldigte noch keinen Verteidiger, ist er zeitgleich auf sein Bezeichnungsrecht gemäß § 142 Abs. 5 Satz 1 StPO hinzuweisen; ein sog. **Pflichtverteidiger** ist dann umgehend zu bestellen (§§ 141 Abs. 2 Satz 1 Nr. 4, 142 Abs. 3 Nr. 3 StPO).

Nach dem „Gesetz zur Neuregelung der notwendigen Verteidigung" vom 10.12.2019 (BGBl. 2019 I, 2128) wurde die Pflicht zur Bestellung eines Pflichtverteidigers in das Ermittlungsverfahren vorverlagert und gilt nun auch für Verfahren, die perspektivisch vor dem Schöffengericht zu führen sind (§§ 140 Abs. 1 Nr. 1, 141 Abs. 1 StPO). Indes enthalten die §§ 141 Abs. 2 Satz 1 Nr. 4, 142 Abs. 5, 201 Abs. 1 Satz 1 StPO keine stringente Fristenregel für die Verteidigerbestellung im Zwischenverfahren. Entsprechend der bisherigen Praxis sollte deshalb die **Erklärungsfrist des § 201 Abs. 1 Satz 1 StPO** die **Bezeichnungsfrist des § 142 Abs. 5 Satz 1 StPO** übersteigen.

301 Häufig verzichten der Angeschuldigte und seine Verteidigung auf Äußerung im Zwischenverfahren. Dies kann taktische Gründe haben, indem sich die Verteidigung z. B. Einwendungen für das Hauptverfahren vorbehalten möchte. Zu beachten ist nämlich, dass es im Zwischenverfahren gemäß § 203 StPO lediglich um die Prüfung eines hinreichenden Tatverdachts geht und der Grundsatz *in dubio pro reo* noch nicht unmittelbar zur Anwendung gelangt.

302 In der Praxis folgen die Gerichte meist dem Antrag auf Eröffnung des Hauptverfahrens und erlassen gemäß §§ 203, 207 StPO einen **Eröffnungsbeschluss**; so wurden im Jahr 2019 nur 0,31 % aller erledigten amts- und 1,89 % aller erstinstanzlich erledigten landgerichtlichen Strafverfahren durch Ablehnung der Eröffnung beendet (Destatis Fachserie 10, Reihe 2.3 Tabellen 2.2 und 4.2).

Ein sog. **Nichteröffnungsbeschluss** ergeht gemäß § 204 StPO, wenn das Gericht einen hinreichenden Tatverdacht verneint. Bei vorübergehenden Hindernissen (z. B. bei Unauffindbarkeit des Angeschuldigten) beschließt das Gericht die vorläufige Einstellung des Verfahrens (§ 205 StPO). Sieht das Gericht vor dem Erlass einer Entscheidung noch weiteren Aufklärungsbedarf, kann es diesem gemäß § 202 StPO von Amts wegen nachgehen.

Für Prüfungsarbeiten ist das Zwischenverfahren von geringer Bedeutung, da Eröffnungsbeschlüsse als unanfechtbare Entscheidungen (§ 210 Abs. 1 StPO) gemäß § 34 StPO nicht mit Gründen zu versehen sind. Allerdings setzen sich inhaltliche Mängel der Anklageschrift bzgl. der **Informations- und Umgrenzungsfunktion** im Eröffnungsbeschluss fort, was bisweilen in Revisionsklausuren zu thematisieren sein kann.

III. Hauptverfahren und Hauptverhandlung

303 Mit dem Eröffnungsbeschluss beginnt das Hauptverfahren, in dessen Mittelpunkt die Hauptverhandlung steht.

304 **1. Vorbereitung der Hauptverhandlung.** Der Vorsitzende bestimmt den Termin zur Hauptverhandlung, macht die Beweispersonen (Zeugen und Sachverständige) namhaft (§ 222 StPO) und lädt die Verfahrensbeteiligten (§§ 213 ff. StPO). Findet das Verfahren vor einem Spruchkörper statt, teilt er gemäß § 222a StPO dessen Besetzung mit.

Im Regelfall hat das Gericht zwischen dem Eingang der Akten und dem Beginn der Hauptverhandlung folgende Maßnahmen zu treffen:
- **Verfügung**: Übermittlung der Anklageschrift (§ 201 StPO),
- ggf. **Verfügung**: Hinweis auf Bezeichnungsrecht (§ 142 Abs. 5 Satz 1 StPO) und **Beschluss**: Pflichtverteidigerbestellung (§§ 141 Abs. 2 Satz 1 Nr. 4, 142 Abs. 3 Nr. 3 StPO),
- **Eröffnungsbeschluss** (§§ 203, 207 StPO),
- **Verfügung(en)**:
  – Terminbestimmung (§ 213 StPO),
  – Namhaftmachung (sog. Ladungsliste, § 222 StPO),
  – Ladungen (§§ 214 ff. StPO) und

- **Verfügung**: Besetzungsmitteilung und ggf. Änderungsmitteilung (§ 222a StPO).

Einzelne **Muster** finden sich z. B. bei Graf Mustertexte; eine Musterakte etwa bei Haller/Conzen Strafverfahren.

305   Weitere Befugnisse des Gerichts zur Vorbereitung der Hauptverhandlung und zur Aufklärung der Sache ergeben sich u. a. aus §§ 221, 222, 223, 225 StPO. Darüber hinaus empfiehlt es sich, die einzelnen Termine mit der Verteidigung und ggf. der Staatsanwaltschaft abzusprechen.

Auch der Verfahrensabschnitt bis zur Hauptverhandlung ist für Prüfungsarbeiten i. d. R. nur aus revisionsrechtlicher Perspektive relevant.

306   **2. Grundlagen und Rahmen der Hauptverhandlung.** Um die wichtigsten Anforderungen an die Hauptverhandlung zu erfassen, lohnt sich ein frühzeitiger Blick in die **absoluten Revisionsgründe** des § 338 StPO. Alle anderen prozessualen Vorgaben – d. h. alle *„Rechtsnorm[en]"* der StPO, des GVG und des DRiG – sind als **relative Revisionsgründe** von § 337 Abs. 1, 2 StPO erfasst. Dies sollte aber nur eine Kontrollüberlegung sein. Soweit eine Vorschrift mehrere Handlungsmöglichkeiten eröffnet, sollte immer das Ziel einer bestmöglichen Sachaufklärung im Mittelpunkt stehen.

Unter Berücksichtigung von §§ 271 ff. StPO kommt es übergreifend nicht nur darauf an, die einzelnen prozessualen Vorgänge (d. h. *„den Gang und die Ergebnisse"* sowie *„alle[r] wesentlichen Förmlichkeiten"*, § 273 Abs. 1 Satz 1 StPO) in rechtlich korrekter Weise zu bewältigen. Ebenso wichtig ist es, dies in der richtigen Weise zu **protokollieren**; denn *„die Beobachtung der für die Hauptverhandlung vorgeschriebenen Förmlichkeiten kann nur durch das Protokoll bewiesen werden"* (§ 274 Satz 1 StPO). Neben den ausdrücklich in §§ 271 ff. StPO genannten Aspekten sollten daher stets die **einzelnen Verfahrensschritte**, die **Förmlichkeiten der Beweisaufnahme** sowie alle prozessualen Handlungen des Gerichts und der Verfahrensbeteiligten (z. B. **Anordnungen und Beschlüsse, Anträge und Erklärungen, Rechtsbehelfe und das verkündete Urteil**) protokolliert werden (ausführlich hierzu unter Rn. 443). In ihrem eigenen Interesse sollten alle Verfahrensbeteiligten auf eine vollständige Protokollierung achten. Sonstige Ereignisse mit Bedeutung für das laufende Verfahren (z. B. Beleidigungen von Verfahrensbeteiligten im Saal) können in die tatsächlichen Feststellungen des Urteils aufgenommen werden.

In Klausuren des zweiten juristischen Staatsexamens ist ein im Aktenauszug abgedrucktes Protokoll stets auf etwaige Rechtsfehler zu prüfen.

a) Zuständigkeit und Besetzung des Gerichts. Unbeschadet der Regeln sachlicher und örtlicher Zuständigkeit, wird in der Hauptverhandlung gelegentlich die Zuständigkeit des konkreten Spruchkörpers nach dem Geschäftsverteilungsplan bemängelt. Wichtig ist, dass Zuständigkeiten immer nur **formell – und nicht materiell –** zu bestimmen sind; hiernach ist es i. d. R. unbedenklich, wenn die Staatsanwaltschaft einen Tatkomplex nach §§ 2 f. StPO in mehrere Verfahren unterteilt und getrennt voneinander anklagt oder mehrere Tatkomplexe zusammenfasst. Insbesondere folgt aus Art. 101 Abs. 1 Satz 2 GG keine Pflicht, etwaige Sachzusammenhänge zu wahren. Ausnahmen können sich nur in Fällen willkürlicher – d. h. völlig sachfremder – Verfahrenstrennung ergeben. **307**

⚖ → Entscheidung Nr. 16

Mit der Frage der sachlichen Zuständigkeit ist die Frage nach der **Besetzung des Gerichts** eng verbunden. Zur Rüge fehlender Zuständigkeit sowie zur Besetzungsrüge siehe ferner unter Rn. 329. **308**

b) Beteiligte Personen und Öffentlichkeit. Während der Hauptverhandlung müssen folgende Personen ununterbrochen anwesend sein: **309**
*   **Richter** (*„zur Urteilsfindung berufene Personen"*, § 226 Abs. 1 StPO),
*   **Staatsanwalt** (§ 226 Abs. 1 StPO),
*   **Angeklagter** (§ 230 Abs. 1 StPO, ggf. Ausnahme: §§ 231 ff. StPO),
*   **Verteidiger** (nur bei notwendiger Verteidigung, § 145 Abs. 1 StPO),
*   **Urkundsbeamter der Geschäftsstelle** (als Protokollführer, § 226 Abs. 1 StGB); bei Strafrichter entbehrlich (§ 226 Abs. 2 Satz 1 StPO) und
*   ggf. **Dolmetscher** (§ 185 GVG).

Um die Anwesenheit des Angeklagten sicherzustellen, können nötigenfalls seine Vorführung oder Hauptverhandlungshaft angeordnet werden (§ 230 Abs. 2 StPO); unter den Voraussetzungen des § 408a StPO ist bei unentschuldigtem Fernbleiben des Angeklagten auch der Erlass eines Strafbefehls (sog. Sitzungsstrafbefehl) möglich. **310**

Anwesenheit bzw. *„Gegenwart"* i. S. d. Gesetzes bedeutet Anwesenheit in der genannten Funktion. Probleme können sich ergeben, wenn z. B. ein **Sitzungsstaatsanwalt** als Zeuge vernommen wird. Er ist dann zwingend während seiner **311**

91

Vernehmung zu vertreten, sollte aber auch darüber hinaus ersetzt werden, um nicht im Plädoyer seine eigene Aussage würdigen zu müssen.

⚖ → Entscheidung Nr. 21

312 Bei **Richtern und Schöffen** ist entscheidend, dass sie weder kraft Gesetzes von der Ausübung des Amtes ausgeschlossen noch wegen Besorgnis der Befangenheit in berechtigter Weise abgelehnt worden sind (vgl. Rn. 278 ff.).

313 Nicht zwingend erforderlich, aber ggf. hilfreich ist die Anwesenheit z. B. des **Nebenklägers** (§ 397 StPO), der auch Zeuge sein kann.

314 Das „Anwesenheitsrecht" der **Öffentlichkeit** ist durch § 169 Abs. 1 GVG geschützt; nur unter strengen Voraussetzungen darf sie für einzelne Teile der Verhandlung ausgeschlossen werden (§§ 171a ff. GVG; hierzu BGH NStZ 1999, 372).

315 **Beispiel:**

Rechtsanwältin [...] teilt als Beistand des Zeugen [...] mit, dass die Vernehmung unter Ausschluss der Öffentlichkeit erfolgen soll und beantragte, die Öffentlichkeit für die Verhandlung über den Antrag auszuschließen.

Anordnung der Vorsitzenden

Für die Verhandlung über den Antrag auf Ausschluss der Öffentlichkeit für die Dauer der Vernehmung des Zeugen [...] wird die Öffentlichkeit gemäß § 174 Abs. 1 Satz 1 GVG ausgeschlossen, nachdem der Zeuge dies beantragt hat.

Der Beschluss wird ausgeführt und die Öffentlichkeit ausgeschlossen.

[...]

Die Öffentlichkeit wird wiederhergestellt.

Beschluss

Für die Dauer der Vernehmung des Zeugen [...] wird die Öffentlichkeit gemäß §§ 171b Abs. 1, 3 Satz 1 GVG ausgeschlossen.

Der Beschluss wird ausgeführt und die Öffentlichkeit ausgeschlossen.

[...]

Die Öffentlichkeit wird wiederhergestellt.

Soweit während des Ausschlusses der Öffentlichkeit weitere Beweismittel (z. B. **316** Lichtbilder als Objekte des Augenscheins) eingeführt werden, ist dies zwingend im Anschluss in öffentlicher Sitzung zu wiederholen.

Wurde die Öffentlichkeit zu irgendeinem Zeitpunkt wegen eines Delikts nach **317** § 171b Abs. 2 GVG ausgeschlossen, muss die Öffentlichkeit gemäß § 171b Abs. 3 Satz 2 GVG während der Schlussanträge (§ 258 StPO) ebenfalls ausgeschlossen werden; in sonstigen Fällen kann dies durch erneuten Beschluss nach den allgemeinen Voraussetzungen erfolgen.

> Zu den Schlussanträgen zählt auch das letzte Wort des Angeklagten (§ 258 Abs. 2, HS 2 StPO); erst danach ist die Öffentlichkeit wiederherzustellen.

c) Gewährleistung effektiver Verteidigung und „Konfliktverteidigung". Nach **318** Art. 6 Abs. 1 EMRK i. V. m. dem Rechtsstaatsprinzip (Art. 28 Abs. 1 Satz 1, 20 Abs. 3 GG) und den Freiheitsgrundrechten hat jeder Mensch das Recht auf ein faires Verfahren *(fair trial)*, wobei Art. 6 Abs. 3 EMRK für das Strafverfahren konkrete Einzelverbürgungen enthält. Das BVerfG hat die Stellung des Beschuldigten im Strafverfahren wie folgt beschrieben (BVerfG NJW 2003, 882):

„Das Rechtsstaatsprinzip gewährleistet in Verbindung mit dem allgemeinen Freiheitsrecht (Art. 2 I GG) dem Beschuldigten das Recht auf ein faires, rechtsstaatliches Strafverfahren. Der Beschuldigte darf nicht nur Objekt des Verfahrens sein; ihm muss die Möglichkeit gegeben werden, zur Wahrung seiner Rechte auf den Gang und das Ergebnis des Verfahrens Einfluss zu nehmen; er ist berechtigt, sich von einem gewählten Verteidiger seines Vertrauens verteidigen zu lassen."

Einige wichtige Rechte des Beschuldigten in der Hauptverhandlung sind: **319**
- Anspruch auf **Belehrung** (§ 243 Abs. 5 StPO),
- **Schweigerecht** *(nemo tenetur*-Grundsatz),
- Recht auf **rechtliches Gehör** (Art. 103 Abs. 1 GG),
- **Beweisantragsrecht** (§ 244 Abs. 3 Satz 1 StPO) und
- **Fragerecht** (§ 240 Abs. 2 StPO).

Als Ausfluss der Grundrechte und des Rechtsstaatsprinzips gelten diese Rechte **320** bereits im Ermittlungsverfahren. Einschränkungen können sich ergeben, wenn dies nach dem „Zweck der Untersuchung" geboten ist. Nach dem rechtsstaatlichen Prinzip der **Chancen- und Waffengleichheit** steht es dem Beschuldigten außerdem zu, sich in jeder Lage des Verfahrens der Unterstützung durch einen oder mehrere Verteidiger zu bedienen, wobei sich die nähere Ausgestaltung aus §§ 137 ff., 227 StPO ergibt. Der Verteidiger ist als Rechtsanwalt (zu Ausnahmen siehe §§ 138 Abs. 1, 2, 139 StPO) „Organ der Rechtspflege" und den Pflichten durch die BRAO und den weiteren standesrechtlichen Regeln unterworfen (BVerfG NJW 2004, 1305).

321   Die besondere Stellung des **Verteidigers als Organ der Rechtspflege** (§ 1 BRAO) zeigt sich u. a. daran, dass er einzelne Rechte des Beschuldigten entweder ausschließlich oder in weiterem Umfang als der Beschuldigte selbst geltend machen kann; deutlich wird dies beispielsweise anhand des Rechts auf Akteneinsicht gemäß § 147 StPO i. V. m. § 32f StPO.

> **Vertiefung:**
> In § 147 ist das Akteneinsichtsrecht des Beschuldigten, in § 406e das Einsichtsrecht des Verletzten und ggf. Nebenklägers und in § 475 StPO das Recht sonstiger Stellen geregelt. Für Privatkläger siehe § 385 Abs. 3 StPO.

322   Das Vertrauensverhältnis zwischen Beschuldigtem und Verteidiger wird in besonderer Weise geschützt, was u. a. die folgenden Regeln zeigen:
- Recht auf **freie Kommunikation** (§ 148 Abs. 1 StPO),
- **Zeugnisverweigerungsrecht** (§ 53 Abs. 1 Satz 1 Nr. 2 StPO),
- **Beschlagnahmeverbot** (§ 97 Abs. 1 StPO) und
- **Beschränkung** akustischer Wohnraumüberwachung (§ 100d Abs. 5 StPO).

 Die Überwachung des Schriftverkehrs zwischen dem in Untersuchungshaft befindlichen Beschuldigten und seinem Verteidiger richtet sich neben §§ 148 f. StPO nach den landesrechtlichen Gesetzen über den Vollzug der Untersuchungshaft. So ergibt sich z. B. aus § 22 UVollzG NRW i. V. m. § 26 Abs. 3 Satz 1 StVollzG NRW: *„Schriftwechsel der Gefangenen mit ihren Verteidigerinnen und Verteidigern wird nicht überwacht."*

323   Sämtliche Rechte der Verteidigung werden schließlich in § 338 Nr. 8 StPO gebündelt (siehe Rn. 441), wonach ein Urteil auf einer Gesetzesverletzung beruht, wenn:

„[...] die Verteidigung in einem für die Entscheidung wesentlichen Punkt durch einen Beschluß des Gerichts unzulässig beschränkt worden ist."

324   Aus dem Begriff *„unzulässig"* ergibt sich, dass nicht jede Beschränkung der Verteidigung rechtswidrig ist; vielmehr müssen sich Rechtsverletzungen stets aus einer **konkreten Norm der StPO** oder einem anderen für das Strafverfahren maßgeblichem Gesetz ergeben (Meyer-Goßner/Schmitt StPO § 338 Rn. 59).

Die Frage, inwieweit das Gericht einzelnen Anliegen der Verteidigung stattge- **325** ben muss, führt in der gerichtlichen Praxis – und bisweilen in Prüfungsarbeiten – häufig zu Konflikten zwischen Verteidiger und Gericht. Wichtig ist insoweit, sich zu vergegenwärtigen, dass den weitreichenden Befugnissen der Verteidigung die **Befugnis des Gerichts zur Verhandlungsleitung gemäß § 238 Abs. 1 StPO** gegenübersteht. Hiernach trägt der Vorsitzende die Verantwortung für einen konstruktiven und in der Sache offenen Verhandlungsverlauf.

In der Praxis hat sich der Begriff „**Konfliktverteidigung**" für Verhaltensweisen **326** der Verteidigung eingebürgert, die bewusst darauf abzielen, die Verhandlung zu verzögern, oder inhaltlich zu torpedieren, Verfahrensfehler zu provozieren oder anderweitig zu stören (Föhrig Brevier S. 52 ff.).

> Wichtig: Das Recht, sich zu verteidigen und hierbei professionelle Hilfe in Anspruch zu nehmen, ist eine rechtsstaatliche Errungenschaft, die nicht hoch genug geschätzt werden kann. Zu einer effektiven Verteidigung gehört es auch, sich aktiv am Verhandlungsgang zu beteiligen. Das Gericht sollte dem aufgeschlossen gegenüberstehen, jedoch nicht seine Verantwortung für den Verhandlungsverlauf aus der Hand geben; denn die Neutralität des Gerichts in der Sache ist seine Legitimation für die Leitung des Verfahrens.

Konfliktverteidigung kann unterschiedliche Formen annehmen, wobei sich **327** eine Unterscheidung zwischen „informellen" und „rechtförmigen" Störungen anbietet: Während „informellen", d. h. ungebührlichen Verhaltensweisen auf kommunikativer Ebene und notfalls mit den sitzungspolizeilichen Maßnahmen der §§ 175 ff. GVG begegnet werden sollten, bedürfen „rechtsförmige" Verhaltensweisen einer Reaktion nach Maßgabe der StPO. Typische Mittel der Verteidigung in diesem Zusammenhang sind: **Erklärungen, Anträge und Gegenvorstellungen.**

In der gerichtlichen Praxis hat sich mittlerweile ein gewisser „**Kanon**" typischer **328** **Anträge** herausgebildet, die gelegentlich unter den Vorzeichen der Konfliktverteidigung gestellt werden (vgl. Stollenwerk DRiZ 2012, 225 und DRiZ 2015, 138); dies sind z. B.:

- Antrag auf Nichtverlesung der Anklageschrift,
- Anträge zur Sitzordnung,
- Antrag auf Ablösung des Sitzungsstaatsanwaltes,
- Antrag auf Ausschluss einzelner Personen aus dem Saal,
- Protokollierungsanträge und
- Haftprüfungsanträge.

329   Dessen ungeachtet gibt es Anträge, die **zu Beginn der Hauptverhandlung** zu stellen sind, um eine andernfalls drohende Präklusion zu vermeiden. Die StPO nennt insoweit den *„Beginn der Vernehmung des (ersten) Angeklagten"* als maßgeblichen Zeitpunkt, z. B.:

- Einwände gegen die örtliche Zuständigkeit (§ 16 Satz 2 StPO),
- Ablehnung eines Richters wegen (bereits bestehender) Besorgnis der Befangenheit (§ 25 Abs. 1 Satz 1 StPO) und
- Rüge fehlerhafter Besetzung (§§ 222a Abs. 2, 222b Abs. 1 StPO).

330   Auch im **weiteren Verlauf der Verhandlung** kann die Verteidigung diverse Anträge stellen. Lassen sich diese der Konfliktverteidigung zuordnen, kann das Gericht in den folgenden drei Schritten vorgehen:

- **Betonung der Verhandlungsleitung**
  Da die Verhandlungsleitung gemäß § 238 Abs. 1 StPO dem Vorsitzenden obliegt, haben der Angeklagte und sein Verteidiger kein Recht darauf, *jederzeit* das Wort erteilt zu bekommen oder es gar selbst zu ergreifen. Es ist nach der StPO nicht nur zulässig, sondern geboten, wenn der Vorsitzende Erklärungs- und Fragerechte unter Berücksichtigung der konkreten Verfahrenslage zweckgebunden erteilt oder die Verteidigung auf einen späteren Zeitpunkt verweist. Um die Rechte der Verteidigung nicht in unzulässiger Weise zu beschränken, darf der Vorsitzende durchaus nachfragen, ob ein sich beabsichtigter Antrag auf den bevorstehenden Verfahrensabschnitt (z. B. Vernehmung eines bestimmten Zeugen) bezieht oder aus anderen Gründen vorab gestellt werden müsse. Allerdings muss die Verteidigung ihre Strategie nicht offenlegen und wird die Dringlichkeit i. d. R. zu begründen wissen. Zeichnet sich ab, dass ein geplanter Verfahrensabschnitt (z. B. Vernehmung eines bestimmten Zeugen) verzögert werden soll, kann das Gericht einen „Vorratsbeschluss" erlassen, um weitere (wirksame) Äußerungen vorerst zu unterbinden (Stollenwerk DRiZ 2012, 225 [226]; ferner BGH NJW 2004, 239 und BGH NStZ 2006, 463):

> **Beispiel:**
>
> **Beschluss**
>
> Vor der Vernehmung der Zeugin [...] sollen keine weiteren Anträge und Erklärungen mehr entgegengenommen werden. Solche können nach der Vernehmung angebracht werden.

- **Abgrenzung: Antrag oder Anregung**
  Nicht jedes Begehren, das als „Antrag" bezeichnet wird, ist auch als Antrag i. S. d. StPO zu qualifizieren. Nur Anträge im Rechtssinne bedürfen im Fall ihrer Ablehnung eines begründeten Beschlusses gemäß §§ 34, 35 StPO. Sonstigen Anregungen kann durch Anordnung des Vorsitzenden, dass die Verhandlung fortgesetzt werde (§ 238 Abs. 1 StPO), begegnet werden (BGH NJW 1961, 327; zu § 238 Abs. 2 StPO). Die Abgrenzung, ob im konkreten Fall ein Antrag oder lediglich eine Anregung vorliegt, mag nicht immer leicht zu treffen sein. Als Faustregel sollte zumindest immer dann von einem Antrag ausgegangen werden, wenn das Gesetz ein Antragsrecht gewährt (z. B. § 217 Abs. 2 StPO) oder spiegelbildlich eine Entscheidung des Gerichts oder eine Anordnung des Vorsitzenden fordert (z. B. § 228 Abs. 1 StPO).

- **Mögliche Vorgehensweise bei „echten" Anträgen**
  Die StPO kennt kein allgemeines Gebot, wonach das Gericht umgehend über jegliche Anträge entscheiden muss. Eine Entscheidung muss lediglich so rechtzeitig erfolgen, dass dem Antragsteller eine hinreichende Reaktionsmöglichkeit verbleibt und die Verteidigung nicht erheblich erschwert oder gar vereitelt wird. Unter diesen Voraussetzungen spricht nichts dagegen, eine Entscheidung durch Anordnung des Vorsitzenden zurückzustellen. Wichtig: Eine bedeutende Zäsur kann z. B. der Schluss der Beweisaufnahme begründen (§ 258 Abs. 1 StPO). Bei der Entscheidung über Anträge ist es oftmals nicht erforderlich, den Antrag spiegelbildlich im Beschluss abzudecken; der Strafprozess unterscheidet sich insofern vom Zivilprozess. Nur soweit einem Antrag nicht entsprochen wird, bedarf es einer Entscheidung. So hindert ein Antrag das Gericht beispielsweise nicht daran, die beantragte Maßnahme „von Amts wegen" zu treffen.

> **Beispiel:** **331**
> Der Verteidiger beantragt wegen veränderter Sachlage unter Hinweis auf § 265 Abs. 4 StPO die sofortige Aussetzung der Hauptverhandlung, hilfsweise eine Unterbrechung für drei Wochen. Das Gericht kann diesem Antrag beispielsweise begegnen, indem es die Hauptverhandlung zunächst für drei Wochen unterbricht und derweil die nach Sachlage erforderlichen Maßnahmen trifft (z. B. Beiziehung von Akten). Sind die Bedenken nach Ablauf der Unterbrechung ausgeräumt, kann die Hauptverhandlung fortgesetzt werden, ohne dass es einer förmlichen Entscheidung über die Anträge bedarf; diese sind nun prozessual überholt.

332 Vor der Entscheidung über einen Antrag sollte als Kontrollüberlegung stets erwogen werden, ob die zu treffende Entscheidung einen absoluten Revisionsgrund (§ 338 StPO) begründen kann. Bezüglich relativer Revisionsgründe (§ 337 StPO) ist Folgendes zu beachten:

- Zu den sonstigen Rechtsnormen (§ 337 Abs. 2 StPO) zählt auch die allgemeine Aufklärungspflicht des Gerichts gemäß § 244 Abs. 2 StPO.
- Wichtig ist, dass das Strafprozessrecht im Unterschied zum Zivilprozessrecht bis auf wenige Ausnahmen in der laufenden Hauptverhandlung keine Präklusion kennt und Anträge deshalb nicht als verspätet zurückgewiesen werden dürfen (für Beweisanträge folgt dies unmittelbar aus § 246 Abs. 1 StPO, siehe aber § 244 Abs. 6 Satz 3, 4 StPO).
- Bei der Auslegung und der Anwendung verfahrensrechtlicher Normen sowie beim Fehlen einer konkreten Norm sind der Grundsatz des fairen Verfahrens gemäß Art. 6 EMRK und das Recht auf rechtliches Gehör gemäß Art. 103 Abs. 1 GG zu beachten. Nicht jede der Verteidigung missliebige Entscheidung stellt jedoch einen Verstoß gegen diese wichtigen Grundsätze dar; vielmehr eröffnet die Definition des BVerfG einen gewissen Gestaltungsspielraum (BVerfG NJW 2012, 907):

„Das Recht auf ein faires Verfahren enthält keine in allen Einzelheiten bestimmten Ge- oder Verbote; vielmehr bedarf es der Konkretisierung je nach den sachlichen Gegebenheiten. Eine Verletzung des Rechts auf ein faires Verfahren liegt erst vor, wenn eine Gesamtschau auf das Verfahrensrecht auch in seiner Auslegung und Anwendung durch die Fachgerichte ergibt, dass rechtsstaatlich zwingende Folgerungen nicht gezogen worden sind oder rechtsstaatlich Unverzichtbares preisgegeben worden ist. Im Rahmen dieser Gesamtschau sind nicht nur die Rechte des Beschuldigten, [...] sondern auch die Erfordernisse einer funktionstüchtigen Strafrechtspflege in den Blick zu nehmen. Das Rechtsstaatsprinzip gestattet und verlangt die Berücksichtigung der Belange einer funktionstüchtigen Strafrechtspflege, ohne die der Gerechtigkeit nicht zum Durchbruch verholfen werden kann."

333 **Beispiel:**
In der Hauptverhandlung wird die Verteidigung auf Akten eines anderen Strafverfahrens mit womöglich relevantem Inhalt aufmerksam. Sie beantragt die Beiziehung der Akten zur Einsichtnahme sowie eine für den Sitzungstag anberaumte Zeugenvernehmung zu verschieben. Zur Begründung führt die Verteidigung aus, dass sie ohne die Akten keinen Fragenkatalog habe ausarbeiten können und auch nicht beurteilen könne, ob einzelne Fragen an den Zeugen unzulässig seien.

Hier ist aus Sicht des Gerichts Folgendes zu beachten: Einerseits sollen Zeugen gemäß § 69 Abs. 1 StPO zunächst veranlasst werden, eigenständig im Zusammenhang zu berichten, wozu es i. d. R. keines ergänzenden Aktenmaterials bedarf. Andererseits hat die Verteidigung gemäß § 241 Abs. 2 StPO kein sofortiges Fragerecht. Die Gewährung des Fragerechts liegt vielmehr im pflichtgemäßen Ermessen des Vorsitzenden, was auch sachlich begründete Unterbrechungen der Vernehmung rechtfertigen kann. Ebenso obliegt die Prüfung der Zulässigkeit einzelner Fragen (§§ 241 f. StPO) und die Belehrung von Zeugen über Zeugnis- und Auskunftsverweigerungsrechte (§§ 57, 52, 55 StPO) ebenfalls allein dem Gericht.

Eine Lösung könnte demnach so aussehen, dass das Gericht die Beiziehung der Akten anordnet, zugleich mit der Vernehmung des Zeugen beginnt und der Verteidigung zusichert, ihn bei Bedarf erneut zu laden (vgl. BGH NJW 1969, 437 und BGH NStZ 1995, 143).

Eine besondere Behandlung erfordern **Beweisanträge**, die nunmehr in § 244 **334** Abs. 3 Satz 1 StPO legaldefiniert sind. In Abgrenzung zu bloßen **Beweisermittlungsanträgen**, die an der allgemeinen Aufklärungspflicht gemäß § 244 Abs. 2 StPO zu messen sind, setzt ein Beweisantrag immer ein *Beweisthema* (konkrete Tatsachenbehauptung) und ein darauf bezogenes (Konnexität) zulässiges *Beweismittel* voraus. Ein solcher Antrag kann nur unter den strengen Voraussetzungen des § 244 Abs. 3 bis 6 StPO wirksam abgelehnt werden (hierzu Schuster/Weitner StPO Rn. I-152 ff.).

Außer bei drohendem Rechtsverlust muss auch über Beweisanträge **nicht** **sofort entschieden** werden. Die Entscheidung darf unter Einhaltung des *fair trial*-Grundsatzes bis zu einem geeigneten Zeitpunkt „zurückgestellt" werden (Meyer-Goßner/Meyer-Goßner StPO § 244 Rn. 90); sie sollte daher außerhalb der Hauptverhandlung sorgfältig beraten werden. Letztlich dürfte es in einigen Fällen jedoch sicherer sein, den Antrag zu befolgen, als ihn unter Beachtung aller prozessualen Risiken abzulehnen.

Hat das Gericht einen Beweisantrag abgelehnt und dabei einen rechtlich unzutreffenden Ablehnungsgrund gewählt, darf dieser durch das Revisionsgericht nur ausgetauscht werden, wenn hierdurch die Verteidigungsrechte des Angeklagten nicht beschränkt werden. Allerdings dürfte regelmäßig eine Beeinträchtigung des Rechts auf rechtliches Gehör vorliegen, da der Antragsteller seinen Antrag bei rechtzeitiger Kenntnis des zutreffenden Ablehnungsgrundes möglicherweise modifiziert hätte.

 → Entscheidung Nr. 22

335   Gegen Beschlüsse, die während der Hauptverhandlung ergehen, ist i. d. R. kein Rechtsmittel statthaft (§ 305 Satz 1 StPO, siehe Rn. 451). Der Verteidiger kann jedoch eine **Gegenvorstellung** anbringen. Das Gericht muss diese zur Kenntnis nehmen und bei seinen weiteren Erwägungen berücksichtigen (Haller/Conzen Strafverfahren Rn. 1124 ff.).

> Das Verhältnis von gerichtlicher Verhandlungsleitung und engagierter Wahrnehmung der Verteidigungsrechte ist ein wahrhafter „Dauerbrenner" in der prozessualen Praxis und veranlasst auch den Gesetzgeber im wieder zum Einschreiten (vgl. „Gesetz zur Modernisierung des Strafverfahrens" vom 10.12.2019, BGBl. 2019 I, 2121), was gerade im Vorfeld mündlicher Prüfungen nicht aus dem Auge verloren werden sollte.

336   Kommt das Gericht dem Ansinnen der Verteidigung nicht in der gewünschten Weise nach, mündet dies häufig in der Ablehnung des Vorsitzenden oder gar des Gerichts wegen Besorgnis der Befangenheit (sog. **Befangenheitsantrag oder Ablehnungsgesuch**, siehe Rn. 281 ff.).

337   Während der Hauptverhandlung können Befangenheitsanträge nur unter den Voraussetzungen des § 25 Abs. 2 StPO gestellt werden. Wichtig ist, dass auch die in § 25 Abs. 2 Nr. 2 StPO genannte Voraussetzung, etwaige Ersuchen „unverzüglich" geltend zu machen, nicht zur sofortigen Ergreifung des Wortes berechtigt.

> Kündigt die Verteidigung einen „unaufschiebbaren Antrag" an und würde die Entgegennahme in der konkreten Situation zu einer erheblichen Verzögerung führen, genügt es, die Ankündigung ins Protokoll aufzunehmen und die Entgegennahme des Antrags durch Anordnung des Vorsitzenden auf den nächstmöglichen Zeitpunkt zurückzustellen. Auch die Zurückstellung und ggf. die Zusicherung, dass hierdurch keine prozessualen Nachteile erwachsen werden, sollten in das Protokoll aufgenommen werden (Formulierungsvorschlag bei Stollenwerk DRiZ 2012, 225 [227]).

338   **3. Gang der Hauptverhandlung.** Die Hauptverhandlung ist in den §§ 226 bis 275 StPO geregelt. Allerdings sind auch die übrigen Teile der StPO zu beachten.

339   **a) Ablauf einer Hauptverhandlung und Protokoll.** Die wesentlichen Schritte der Hauptverhandlung ergeben sich aus den folgenden Vorschriften:
- § 243 StPO („Gang der Hauptverhandlung")
  - vom Aufruf der Sache bis zur Einlassung des Angeklagten,

- **§ 244 Abs. 1 StPO („Beweisaufnahme; [...]")**
  - Erhebung der Beweise, d. h. Einführung der Beweismittel,
- **§ 258 StPO (Schlussvorträge; Recht des letzten Wortes)**
  - Beendigung der Beweisaufnahme,
  - Plädoyers: Staatsanwalt und Verteidiger, Nebenkläger (§ 397 Abs. 1 StPO),
  - letztes Wort,
- **§ 268 StPO („Urteilsverkündung")**
  - Beratung und Verkündung des Urteils.

Eine plastische Darstellung der **Grundzüge des Verhandlungsverlaufs** findet sich u. a. bei Haller/Conzen Strafverfahren Rn. 383 ff.

♟ → Schema 1: Ablaufplan für die Hauptverhandlung (1. Instanz)

♟ → Muster 3: Hauptverhandlungsprotokoll (1. Instanz)

Für die gesamte Dauer der Hauptverhandlung sind die folgenden **Fristen** zu beachten: **340**

Gegenstand	Vorschrift	maximale Dauer
allgemeine Unterbrechung zwischen einzelnen Verhandlungstagen	§ 229 Abs. 1 StPO	3 Wochen *(beachte § 229 Abs. 5 StPO)*
Unterbrechung nach *jeweils* mindestens 10 Verhandlungstagen	§ 229 Abs. 2 StPO	1 Monat *(beachte § 229 Abs. 3 bis 5 StPO)*
Dauer zwischen letztem Wort und Urteilsverkündung	§ 268 Abs. 3 Satz 2 StPO	11 Tage *(beachte § 268 Abs. 3 Satz 3 StPO)*
Verteidiger: Einlegung eines Rechtsmittels ab Urteilsverkündung *(Rechtsmittelfrist)*	Berufung, § 314 Abs. 1 StPO	1 Woche
	Revision, § 341 Abs. 1 StPO	1 Woche
	Kostenbeschwerde, §§ 464 Abs. 3, 310 Abs. 2 StPO	1 Woche *(sofortige Beschwerde)*
Urteilsabsetzungsfrist	§ 275 Abs. 1 Satz 2 StPO	i. d. R. 5 Wochen *(beachte § 275 Abs. 1 StPO)*
Verteidiger: Begründung eines Rechtsmittels *(Rechtsmittelbegründungsfrist)*	Berufung, § 317 StPO *(fakultativ)*	1 Woche
	Revision, § 345 Abs. 1 StPO	1 Monat

Abb. 8: Fristen ab dem Beginn der Hauptverhandlung

341   Zu Besonderheiten infolge der **COVID-19-Pandemie** siehe Rn. 57.

342   Um die Unterbrechungsfristen auch in schwierigen Verfahrenssituationen nicht zu überschreiten, wird unter der Bezeichnung „**Schiebetermin**" diskutiert, welche prozessualen Handlungen unternommen werden müssen, damit ein Sitzungstag als solcher anzuerkennen ist (BGH NStZ 2008, 115).

343   **b) Tätigkeit und Plädoyer der Staatsanwaltschaft.** Obwohl die StPO kein kontradiktorisches Parteiverfahren regelt, können Strafprozesse durchaus kontradiktorische Züge aufweisen. Allerdings bleibt die Staatsanwaltschaft stets der objektiven Wahrheit verpflichtet (§ 160 Abs. 2 StPO). Vor dem Hintergrund einer rechtsstaatlichen und funktionstüchtigen Strafrechtspflege besteht der gesetzliche Auftrag des Sitzungsvertreters bzw. der Sitzungsvertreter der Staatsanwaltschaft (vgl. § 227 StPO) darin, auf ein ordnungsgemäßes Verfahren mit sachlich und rechtlich zutreffendem Ergebnis hinzuwirken. **Kernaufgaben** der Staatsanwaltschaft sind:

- Verlesung des Anklagesatzes (§ 243 Abs. 3 Satz 1 StPO),
- Unterstützung der Sachaufklärung (§§ 241 Abs. 2 Satz 1, 257 Abs. 2 StPO),
- Recht zur Stellungnahme vor Entscheidungen (§ 33 Abs. 1 StPO) und
- Plädoyer und ggf. Erwiderung (§ 258 Abs. 1, 2 StPO).

> Der Anklagesatz wird *ver*lesen, nicht *vor*gelesen. Man beginnt mit dem Namen des Angeklagten und endet mit der Paragraphenkette, wobei die näheren Personalien weggelassen werden können. Insbesondere das wesentliche Ergebnis der Ermittlungen wird nicht verlesen. Das Wort „Angeschuldigter" ist durch „Angeklagter" zu ersetzen.

🎂 → Schema 2: Plädoyer der Staatsanwaltschaft (1. Instanz)

🎂 → Muster 4: Plädoyer der Staatsanwaltschaft (1. Instanz)

344   Auch darüber hinaus steht es dem Sitzungsstaatsanwalt selbstverständlich frei, um die Erteilung des Wortes zu bitten und die Verhandlung durch sachdienliche Anträge und Erklärungen zu fördern.

345   Als **befangen** kann ein Sitzungsstaatsanwalt lediglich gelten, wenn er entweder persönlich von dem Verfahrensgegenstand betroffen ist oder im Widerspruch zu seinem gesetzlichen Auftrag handelt. Eine ausdrückliche Regel besteht insoweit nicht und die Hürden sind hoch angelegt (BGH NJW 1980, 845).

c) Einige besondere prozessuale Situationen. In jeder Hauptverhandlung kön- **346** nen sich Situationen ergeben, die über die dargestellten Grundzüge hinausgehen. Es sollen hier einige typische Beispiele erläutert werden.

aa) Gerichtlicher Hinweis. Gelegentlich kommt es vor, dass sich die (vorläufige) **347** rechtliche Bewertung einer Tat im Verlauf der Hauptverhandlung wandelt und die noch in der Anklage und im Eröffnungsbeschluss zugrunde gelegte Wertung nicht mehr zutrifft. Um einerseits dem Akkusationsprinzip zu genügen, andererseits aber keine völlig neue Anklage zu fordern, können in den Grenzen der angeklagten prozessualen Tat (Rn. 53) einzelne Korrekturen durch einen **Hinweis des Gerichts gemäß § 265 StPO** vorgenommen werden. Nach dem Zweck des § 265 StPO i. V. m. Art. 103 Abs. 1 GG muss ein solcher Hinweis auf eine „Veränderung des rechtlichen Gesichtspunkts oder der Sachlage" nicht vergleichbar einem Urteilstenor formuliert werden. Entscheidend ist, dass er so präzise und verständlich ist, dass der Angeklagte seine Verteidigung danach ausrichten kann (Meyer-Goßner/Schmitt StPO § 265 Rn. 15b). Tritt eine neue Tat zutage, auf welche sich die Anklage nicht erstreckt, bedarf es einer Nachtragsanklage (§ 266 StPO) oder eines gänzlich neuen Verfahrens.

Die Hinweispflicht gilt insb. auch bei „Herabstufungen" der Tat (z. B. Teilnahme statt Täterschaft, Fahrlässigkeit statt Vorsatz oder einfache statt qualifizierte Tatbestandsverwirklichung).

bb) Verfahrenstrennung und -verbindung. Gemäß §§ 4, 3 StPO kann das Ge- **348** richt **rechtshängige Verfahren trennen oder verbinden** (siehe auch § 237 StPO), wenn dies nach pflichtgemäßem Ermessen zweckmäßig ist. Das Gericht kann sich hierbei von prozessökonomischen Erwägungen einschließlich des Beschleunigungsgebots leiten lassen. Eine Verfahrenstrennung kann beispielsweise bei besonders umfangreichen Verfahren in Betracht kommen, damit diese praktisch handhabbar bleiben (BVerfG StV 2002, 578).

Zu Trennung und Verbindung im Ermittlungsverfahren siehe Rn. 348.

cc) Verzichtserklärungen. Auch nach dem „Gesetz zur Reform der strafrechtli- **349** chen Vermögensabschöpfung" vom 13.4.2017 (BGBl. 2017 I, 872) ist es zulässig, den Angeklagten zu fragen, ob er freiwillig auf die Herausgabe von Tatmitteln oder Tatprodukten (§ 74 Abs. 1 StGB) verzichtet. Ein solcher **Verzicht** ist strafmildern zu berücksichtigen und erspart eine zwingende, förmliche Einziehung gemäß §§ 73 ff. StGB i. V. m. §§ 421 ff. StPO. Der BGH qualifiziert sog. **außergerichtliche Einziehungen**, soweit sie das Eigentum des Angeklagten betreffen, als privatrechtliche Übereignung gemäß § 929 Satz 2 BGB, wobei der Sitzungsstaatsanwalt als Vertreter des Justizfiskus auftritt.

⚖ → Entscheidung Nr. 23

350   **dd) Deal.** Schließlich ist die seit dem Jahr 2009 in § 257c StPO kodifizierte Möglichkeit des Gerichts und der Verfahrensbeteiligten zu erwähnen, eine **Verständigung** über den Fortgang und das Ergebnis des Verfahrens zu treffen. Rechtspolitisch sind derartige „Deals" oder „Rechtsgespräche" umstritten, betreffen sie doch gerade in sog. Umfangsverfahren unmittelbar das Spannungsverhältnis von rechtsstaatlichen Verfahrensanforderungen und praktischer Leistungsfähigkeit der Justiz. Gleiches gilt für die bisweilen noch immer anzutreffenden informellen Absprachen, wobei diese oftmals einen Verstoß gegen die in § 257c StPO sowie in §§ 35a Satz 3, 243 Abs. 4, 267 Abs. 3 Satz 5, 273 Abs. 1a, 302 Abs. 1 Satz 2 StPO enthaltenen Förmlichkeiten begründen dürften.

⚖ → Entscheidung Nr. 24

351   Indes eröffnen nicht nur sog. Deals die Möglichkeit zur Kommunikation der Verfahrensbeteiligten; denn das Gericht kann sich auch im Rahmen von Erörterungen nach §§ 257b, 273 Abs. 1 Satz 2 StPO äußern (siehe auch § 160b StPO und §§ 202a, 212 StPO i. V. m. § 243 Abs. 4 StPO).

352   **4. Vertiefung: Beweisaufnahme und Beweiswürdigung.** Wesentlicher Teil der Hauptverhandlung ist die Beweisaufnahme. Alle von der Staatsanwaltschaft und ggf. dem Gericht sowie dem Angeklagten zusammengetragenen Beweismittel sind in die Hauptverhandlung einzuführen. Zu unterscheiden ist zwischen Tatsachen, die im Freibeweisverfahren festgestellt werden können, und Tatsachen, deren Feststellung im Strengbeweisverfahren erfolgen muss.

353   **a) Freibeweis: Verfahrensfragen.** Im sog. Freibeweisverfahren sind alle Tatsachen aufzuklären, die nicht unmittelbar das Tatgeschehen und die Schuld des Angeklagten betreffen; dies sind z. B.:

- Voraussetzungen eines Beweisverwertungsverbots,
- Verhandlungsfähigkeit des Angeklagten und
- Familienstand von Angeklagtem und Zeugen (z. B. Verlöbnis).

354   Das Gericht kann die Beweismittel und die Verfahrensweise hierbei frei wählen und unterliegt allein den Anforderungen, die sich aus der Amtsaufklärungspflicht (§ 244 Abs. 2 StPO), dem Rechtsstaatsprinzip, dem Grundsatz des fairen Verfahrens und dem Anspruch auf rechtliches Gehör ergeben. Insbesondere finden folgende Grundsätze im Freibeweisverfahren keine Anwendung (vgl.

Meyer-Goßner/Schmitt StPO § 244 Rn. 9): Öffentlichkeitsgrundsatz, Unmittelbarkeitsgrundsatz und Mündlichkeitsgrundsatz.

Das Gericht kann demnach z. B. dienstliche Stellungnahme der Ermittlungsbehörden einholen oder telefonischen Erkundigungen tätigen. Unter Berücksichtigung von §§ 261, 264 Abs. 1 StPO müssen die Ergebnisse des Freibeweisverfahrens allerdings in die öffentliche Hauptverhandlung eingeführt werden, was etwa durch Bericht des Vorsitzenden geschehen kann. Führt das Freibeweisverfahren zu Erkenntnissen, die auch für die Tat- oder Schuldfrage relevant sind, muss das Ergebnis mit den Mitteln des Strengbeweisverfahrens überprüft werden (Roxin/Schünemann Strafverfahrensrecht § 24 Rn. 4 – „**doppelrelevante Tatsachen**"). **355**

b) Strengbeweis: Tat- und Schuldfragen. Zur Ermittlung von Tat und Schuld **356** sieht die StPO den **Personalbeweis** (Zeugen und Sachverständige) und den **Sachbeweis** (Gegenstände richterlichen Augenscheins und Urkunden) vor. Das Gesetz stellt sowohl Anforderungen an die Gewinnung von Beweisen – was zumeist im Ermittlungsverfahren geschieht – als auch an ihre Einführung in die Hauptverhandlung. Wichtig ist, dass alle Beweismittel, die in die Beweiswürdigung des Urteils einfließen, aus dem Protokoll hervorgehen müssen. Andernfalls gelten sie als nicht in die Hauptverhandlung eingeführt und dürfen im Urteil nicht berücksichtigt werden (§§ 261, 264 Abs. 1 StPO i. V. m. §§ 173 f. StPO; vgl. BGH NStZ 1993, 51).

> Eine kriminalistisch orientierte Darstellung einzelner Sachbeweise („Spuren") findet sich bei de Vries Kriminalistik Rn. 72 ff.

Ein rechtlich komplexes Zusammenspiel der einzelnen Beweismittel kann sich **357** ergeben, wenn der Beschuldigte oder ein Zeuge noch im Ermittlungsverfahren im Rahmen einer **polizeilichen, staatsanwaltschaftlichen oder richterlichen Vernehmung** eine Einlassung bzw. Aussage getätigt hat, sich in der Hauptverhandlung aber entschließt, zu schweigen bzw. von einem bestehenden Aussageverweigerungsrecht Gebrauch zu machen. Für einen solchen Fall existieren unterschiedliche Möglichkeiten, um die frühere Einlassung bzw. Aussage in die Hauptverhandlung einzuführen (BGH NJW 1960, 1582 und BGH NJW 1980, 1533; vgl. die grafische Darstellung bei Schuster/Weitner StPO Rn. I-179):

- **Angeklagter** schweigt erstmals in der Hauptverhandlung:
    - Einführung durch **Zeugen** *(sog. Zeuge vom Hörensagen)*
        - Vernehmung der Verhörsperson (richterliche und nicht richterliche)
    - Einführung durch **Urkunden**

- keine Verlesung von Vernehmungsprotokollen
- Ausnahme 1: *richterliche Vernehmungsprotokolle* (§ 254 Abs. 1 StPO)
- Ausnahme 2: *private Notizen* (Grenze: Art. 2 Abs. 1, 1 Abs. 1 GG)
- Einführung durch **Objekte des Augenscheins**
  - Vorführung *Bild-/Ton-Aufzeichnung mit Originalton* (§ 254 Abs. 1 StPO)
- **Zeuge** verweigert erstmals in der Hauptverhandlung berechtigt die Aussage:
  - Einführung durch (andere) **Zeugen** *(sog. Zeuge vom Hörensagen)*
    - keine Vernehmung der Verhörsperson (§ 252 StPO analog)
    - Ausnahme: Vernehmung der richterlichen Verhörsperson
  - Einführung durch **Urkunden**
    - keine Verlesung von Vernehmungsprotokollen (§§ 250, 252 StPO)
    - Ausnahme: *Fälle des § 251 StPO und Zustimmung des Zeugen*
  - Einführung durch **Objekte des Augenscheins**
    - keine Vorführung einer *Bild-/Ton-Aufzeichnung* (§ 255a Abs. 1 StPO)

> Die Einführung von Einlassungen oder Aussagen in die Hauptverhandlung ist ein äußerst komplexes Problem. Bei der Falllösung kann man sich jedoch an folgenden Prinzipien orientieren:
> - Der **Angeklagte** soll vor der Einführung einer ungenauen oder gar falschen Protokollierung geschützt werden (Art. 6 EMRK);
> - der **Zeuge** soll vor persönlichen oder rechtlichen Konflikten angesichts seiner familiären oder beruflichen Bindung bewahrt werden (Art. 6 Abs. 1 GG und Art. 12 Abs. 1 GG).
> Der Schutz von Zeugen ist demnach inhaltsbezogen und erfolgt in weiterem Umfang.

358   aa) Zeugen. Aufgabe des Zeugen ist es, über seine **eigene Wahrnehmung von Tatsachen** zu berichten (Rn. 107). Zeugen sind verpflichtet, zu einer richterlichen Vernehmung zu erscheinen *und* auszusagen, sofern für sie kein **Zeugnisverweigerungsrecht** (§§ 52 ff. StPO) oder **Auskunftsverweigerungsrecht** (§ 55 StPO) gilt (§§ 48, 51, 70 StPO).

> In Verfahren mit komplexem Rahmengeschehen oder umfangreichen Ermittlungsmaßnahmen kann es sinnvoll sein, neben unmittelbaren Tatzeugen auch den **ermittlungsleitenden Polizeibeamten** zu vernehmen.

> Auch Polizeibeamte sind im Hinblick auf dienstliche Handlungen und Wahrnehmungen „normale" Zeugen i. S. d. §§ 48 ff. StPO.

Zu Beginn der Vernehmung ist jeder Zeuge zur Wahrheit zu ermahnen und **359** über möglicherweise bestehende Zeugnis- oder Auskunftsverweigerungsrechte zu belehren (§§ 57, 52 ff. StPO). Sodann ist er mit dem Gegenstand der Untersuchung und der Person des Beschuldigten vertraut zu machen (§ 69 Abs. 1 Satz 2 StPO). Es folgen die Vernehmung zu seinen persönlichen Verhältnissen (§ 68 Abs. 1 StPO), woran sich ggf. eine erneute Belehrung anschließen kann, und im Anschluss die Vernehmung zur Sache. Die Schilderung soll zunächst im Zusammenhang (§ 69 Abs. 1 Satz 1 StPO) und erst später auf konkrete Nachfrage erfolgen (§§ 69 Abs. 2, 239 ff. StPO). Abschließend folgen die Entscheidung über die Vereidigung (§§ 59 ff. StPO) und die Entlassung (§ 248 StPO). Die Nichtvereidigung ist der gesetzliche Regelfall und muss ebenso wenig begründet werden wie die Zurückweisung eines Vereidigungsantrags (BGH NStZ 2005, 340).

Ein inhaltliches Protokoll in Bezug auf Einlassungen, Aussagen und Gutachten ist gemäß § 273 Abs. 2 StPO nur im amtsgerichtlichen Verfahren zu fertigen; hiervon sollte man sich im Aktenauszug nicht irritieren lassen.

Sollen während der Vernehmung eines Zeugen Urkunden verlesen oder Ge- **360** genstände (z. B. Lichtbilder) in Augenschein genommen werden, ist dies in der üblichen Weise zu protokollieren. Frühere Vernehmungsprotokolle eines aussagebereiten Zeugen können nur unter den strengen Voraussetzungen der §§ 251 und 253 StPO verlesen werden, wobei in letztem Fall die Verlesung nur auf Antrag zu protokollieren ist (§ 255 StPO). Wird einem Zeugen ein **Vorhalt** aus einem früheren Vernehmungsprotokoll oder einer Urkunde gemacht, ist dies – entgegen einer verbreiteten Praxis – *a maiore ad minus* allenfalls auf Antrag ins Protokoll aufzunehmen (vgl. KK-StPO/Diemer § 255). Es handelt sich um einen bloßen Vernehmungsbehelf, bei dem allein die darauffolgende Erklärung und nicht der Wortlaut der Urkunde zur Beweisgrundlage wird (BGH NJW 1958, 559).

bb) Augenschein. Der richterliche Augenschein erfolgt nach § 86 StPO. Objekte **361** des Augenscheins sind alle Gegenstände, die **sinnlich wahrgenommen** werden können, z. B. Lichtbilder, Video- und Tonaufnahmen und physische Gegenstände wie z. B. Werkzeuge.

In den Entscheidungsgründen des Urteils ist hinsichtlich der Beschaffenheit bestimmter Gegenstände gemäß § 267 Abs. 1 Satz 3 StPO eine Bezugnahme auf Lichtbilder, die sich bei den Akten befinden, möglich. Diese sollten daher zusätzlich in Augenschein genommen werden.

362   Wenn es die Aufklärungspflicht nach § 244 Abs. 2 StPO im Einzelfall zulässt, kann der richterliche Augenschein durch Zeugen- oder Urkundenbeweis ersetzt werden (siehe aber Rn. 381). Das Ergebnis einer TKÜ kann somit z. B. durch Abspielen der Aufnahmen, Verlesen der Protokollierung oder Vernehmung von Zeugen in die Hauptverhandlung eingeführt werden (BGH NJW 1977, 1545).

363   **cc) Sachverständige.** Die Funktion des Sachverständigen besteht darin, dem Gericht mittels seiner fachlichen Qualifikation das zur Tatsachenfeststellung erforderliche „wissenschaftliche Rüstzeug" zu vermitteln; die anschließende Tatsachenfeststellung und Subsumtion sind jedoch stets durch das Gericht in eigener Verantwortung zu leisten (BGH NJW 1955, 840).

364   Die Auswahl eines Sachverständigen obliegt gemäß § 73 StPO dem Gericht. Neben privat handelnden Personen können auch Fachbehörden wie z. B. das BKA oder Fachbereiche staatlicher Universitäten (z. B. Rechtsmedizin) mit der Gutachtenerstattung beauftragt werden (vgl. § 83 Abs. 3 StPO). Nähere Anforderungen an die Person des Gutachters bestehen lediglich im Zusammenhang mit körperlichen und molekulargenetischen Untersuchungen (§§ 81a ff. StPO), Tötungsdelikten (§§ 87 ff. StPO) sowie beim Verdacht der Geld- und Wertzeichenfälschung (§ 92 StPO).

☞   Zuständige Behörde beim Verdacht der Geldfälschung im Euroraum ist die **EZB**, wobei eine abgeleitete Zuständigkeit nationaler Behörden wie der **Deutschen Bundesbank** kraft EU-Verordnungen besteht.

365   Vor allem wenn der Sachverständige den Angeklagten zur Frage der Schuldfähigkeit vorab exploriert und ein Gespräch mit ihm geführt hat, empfiehlt es sich, ihn doppelt, d. h. sowohl als Sachverständigen als auch als Zeugen im Hinblick auf sog. **Zusatztatsachen** (im Unterschied zu **Befundtatsachen**) zu belehren (§ 76 StPO i. V. m. §§ 57, 52 ff. StPO); zur Vereidigung des Sachverständigen siehe § 79 StPO. Gegenstand der Urteilsfindung wird ungeachtet etwaiger vorbereitender Unterlagen allein das in der Hauptverhandlung erstattete mündliche Gutachten des Sachverständigen.

366   **dd) Urkunden.** Im strafprozessualen Sinn der §§ 249 ff. StPO sind Urkunden alle schriftlich fixierten, aus sich heraus durch Lesen (= Abgrenzung zum Objekt des Augenscheins) verständlichen Gedankenerklärungen. Unbeachtlich ist, ob das zu verlesende Dokument im Rahmen von Ermittlungsmaßnahmen geschaffen wurde (z. B. TKÜ-Protokoll) oder unabhängig hiervon entstanden ist (z. B. Kontoauszug).

Auch Beschlüsse des Ermittlungsverfahrens sind Urkunden. Diese sollten aber nur verlesen werden, wenn sich Zweifel an der Rechtmäßigkeit einer darauf gestützten Ermittlungsmaßnahme ergeben. Haftbefehle und alle darauf bezogenen Dokumente (z. B. Freiheitsentziehungsanzeige, Protokoll der Verkündung und Mitteilungen der JVA) sollten zur Feststellung der Dauer der verbüßten Untersuchungshaft stets verlesen werden.

367 Infolge des „Gesetzes zur Einführung der elektronischen Akte in der Justiz und zur weiteren Förderung des elektronischen Rechtsverkehrs" vom 5.7.2017 (BGBl. 2017 I, 2208) gelten auch **elektronische Dokumente** als Urkunden, soweit sie verlesen werden können (§ 249 Abs. 1 Satz 2 StPO). Derartige Dokumente – wie z. B. SMS-Nachrichten – müssen nicht ausgedruckt werden, jedoch zweifelsfrei authentisch sein (zum Freibeweis siehe Rn. 353 ff.).

„Verlesen" meint nicht „vorlesen". Im Protokoll wird lediglich vermerkt, *dass* eine Urkunde verlesen wurde. Der Vorsitzende sollte daher eine Art der Verlesung wählen, die den Eigenschaften der konkreten Urkunde im Interesse allgemeiner Verständlichkeit entspricht. Auf die häufig anzutreffende Protokollierung, eine Urkunde sei „auszugsweise" verlesen worden, sollte verzichtet werden. Gerade bei Urkunden, deren einzelne Abschnitte nach Maßgabe der §§ 251, 256 StPO unterschiedlich zu qualifizieren sind, empfiehlt sich eine präzise Protokollierung mittels Klammern (<...>).

368 Besonders umfangreiche Urkunden können gemäß § 249 Abs. 2 StPO im Wege des Selbstleseverfahrens in die Hauptverhandlung eingeführt werden.

369 Eingeschränkt wird der Urkundenbeweis gemäß § 250 StPO und § 252 StPO, wenn die zu verlesende Urkunde, hier meist ein Protokoll, an die Stelle einer Zeugenaussage treten soll. Das Gesetz statuiert einen **Vorrang des Personalbeweises** als Ausprägung des Unmittelbarkeitsgrundsatzes und sichert damit zugleich bestehende Zeugnis- und Auskunftsverweigerungsrechte. Durchbrechungen dieses Grundsatzes sind einerseits in den Sonderfällen des § 253 StPO und des § 254 StPO möglich (Gedächtnisunterstützung des Zeugen oder richterliches Geständnis des Angeklagten sowie anderweitig nicht aufzuklärender Widerspruch), andererseits in den praktisch äußerst relevanten Fällen des § 251 **StPO (Zeugen)** und § 256 **StPO (Sachverständige und Behörden).**

Man sollte nicht dem Denkfehler unterliegen, nur die in §§ 251, 256 StPO genannten Urkunden dürften verlesen werden. Es dürfen alle Urkunden i. S. d. § 249 Abs. 1 StPO verlesen werden, sofern nicht der Unmittelbarkeitsgrundsatz (§ 250 StPO) oder ein Verwertungsverbot (§ 252 StPO) entgegenstehen. Bei den §§ 251, 256 StPO handelt es sich insoweit um Rückausnahmen, die jedoch besonderen Voraussetzungen unterliegen.

370 Im Unterschied zu § 256 StPO erfordert eine Protokollverlesung nach § 251 StPO einen begründeten Beschluss (§ 251 Abs. 4 StPO). Allerdings genügt bei allseitigem Einverständnis gemäß § 251 Abs. 1 Nr. 1, Abs. 2 Nr. 3 StPO eine Bezugnahme auf die zitierte Vorschrift (BGH NStZ-RR 2008, 48).

371 Faktische Hindernisse unterhalb der Schwelle des § 251 StPO wie z. B. das bloße Ausbleiben eines Zeugen oder seine unberechtigte Weigerung, auszusagen, rechtfertigen keine Protokollverlesung (BGH NStZ 1984, 375).

 Zur Entlastung polizeilicher Zeugen dürfen nach § 256 Abs. 1 Nr. 5 StPO auch Protokolle über Ermittlungshandlungen verlesen werden, soweit sie keine Vernehmung zum Gegenstand haben. Der Anwendungsbereich wird häufig mit **„Routinevorgängen"** beschrieben, was jedoch nicht eindeutig zu definieren ist (vgl. KK-StPO/Diemer § 256 Rn. 9a).

372 Stützen sich die Tatfeststellungen maßgeblich auf die Aussage eines einzigen Zeugen oder treten Widersprüche zwischen mehreren Aussagen desselben Zeugen zutage, müssen alle im Verlauf des Verfahrens getätigten Aussagen dieses Zeugen in die Hauptverhandlung eingeführt werden, um später in der Beweiswürdigung eine **Konstanzanalyse** durchführen zu können. Auch in solchen Fällen kommt eine Verlesung der Vernehmungsprotokolle nicht in Betracht. Vielmehr sind die einzelnen Protokolle per Vorhalt gegenüber dem Zeugen und ggf. der Verhörspersonen in die Hauptverhandlung einzuführen, wodurch die betroffene Person – soweit sie sich erinnert – zum Zeugen über die vorgehaltenen Aussagen wird.

📖 → Entscheidung Nr. 25

373 c) **Beweiswürdigung.** Während sich die Hauptverhandlung auf die Beweisaufnahme konzentriert, ist die Beweiswürdigung ein Bestandteil des Urteils. Entsprechend den im Urteil zu treffenden tatsächlichen Feststellungen wird auch im Rahmen der Beweiswürdigung üblicherweise zwischen Umständen „zur Person" und „zur Sache" unterschieden.

Die Feststellungen zur Person beruhen häufig auf der Einlassung des Angeklagten. In einzelnen Fällen können jedoch im Hauptverfahren weitere Ermittlungen gemäß § 244 Abs. 2 StPO wie z. B. eine Wohnungsdurchsuchung zur Auffindung persönlicher Dokumente notwendig werden.

Sowohl für die sachliche Durchdringung als auch für die schriftliche Darstellung der Beweiswürdigung empfiehlt es sich, zunächst die **Einlassung des Angeklagten** in den Blick zu nehmen. Zwar kennt der Strafprozess im Unterschied zum Zivilprozess (vgl. § 138 ZPO) keinen Beibringungsgrundsatz; die Einlassung stellt jedoch regelmäßig die Weichen für den Inhalt der erforderlichen Beweiswürdigung. Liest der Verteidiger in der Hauptverhandlung eine Einlassung des Angeklagten vor, gilt dies nur dann als Einlassung bzw. Geständnis im Rechtssinne, wenn sie der Angeklagte – ggf. auf Nachfrage – ausdrücklich bestätigt und für sich gelten lassen möchte.

374

Der Begriff „Einlassung" kommt in der StPO an keiner Stelle vor; das Gesetz verwendet allein den Begriff „Geständnis" für sämtliche Äußerungen des Beschuldigten (vgl. § 254 StPO und § 257c Abs. 2 StPO). Diese sind keine Beweismittel i. S. d. StPO und sollten deshalb auch nicht so bezeichnet werden.

Je nach **Inhalt der Einlassung** können sich folgende Ausgangssituationen ergeben (Darstellung nach de Vries Kriminalistik Rn. 252 ff.):

375

- **Szenario 1: Der Angeklagte gesteht die Tat („Geständnis")**
  Es genügt, wenn sich die Beweisaufnahme auf diejenigen Umstände beschränkt, die der persönlichen Wahrnehmung des Angeklagten naturgemäß (z. B. BAK) oder im konkreten Fall entzogen sind; allerdings muss ausgeschlossen werden, dass das Geständnis auf einer – bewussten oder unbewussten – falschen Selbstbelastung beruht oder es sich um ein **bloßes Formalgeständnis** ohne wahren Kern handelt (BGH NStZ-RR 2006, 187).
- **Szenario 2: Der Angeklagte schweigt („Schweigen")**
  Es ist eine vollständige Beweisaufnahme über alle be- und entlastenden Umstände erforderlich; keinesfalls darf ein vollständiges Schweigen zulasten des Angeklagten gewertet werden (EGMR NJW 2002, 499).
- **Szenario 3: Der Angeklagte bestreitet die Tat („Einlassung")**
  Ein bloß pauschales Bestreiten („Das war ich nicht; mehr sage ich dazu nicht.") ist als Schweigen zu werten; substanziierte Einlassungen (sog. Alibi-Einlassungen) müssen aus sich heraus auf ihre Plausibilität und mit den Mitteln der Beweisaufnahme überprüft werden. Auch ein widerrufenes Geständnis und eine protokollierte Äußerung, von der sich der Angeklagte spä

ter distanziert, dürfen verwertet werden, wenn das Gericht die Umstände des Widerrufs aufklärt (BGH NStZ-RR 2004, 238).

- **Szenario 4: Der Angeklagte lässt sich teilweise geständig oder bestreitend ein, i. Ü. schweigt er („Teilschweigen")**
  Soweit der Angeklagte die Tat gesteht oder bestreitet ist nach obigen Grundsätzen zu verfahren; darüber hinaus darf ein Teilschweigen – anders als ein vollständiges Schweigen – zulasten des Angeklagten gewertet werden, wenn nach der Prozesslage eine umfassende Einlassung einschließlich der Beantwortung von Nachfragen zu erwarten wäre und keine legitimen Gründe für das Teilschweigen (z. B. Schutz einer nahestehenden Person) ersichtlich sind. Nicht als Teilschweigen ist es zu werten, wenn sich der Angeklagte nur zu seiner Person oder nur zu einzelnen abgrenzbaren Taten einlässt (BGH NStZ 2000, 494).

376   Für die Darstellung der Beweiswürdigung empfiehlt es sich, mit denjenigen Beweismitteln zu beginnen, welche die Überzeugung des Gerichts i. S. d. Feststellungen tragen. Soweit einzelne Beweismittel ein hiervon abweichendes Ergebnis nahelegen, ist anschließend zu erläutern, weshalb das Gericht dem nicht gefolgt ist. Eine weitergehende Darstellung der Würdigung einzelner Beweismittel und ihres Zusammenspiels sowie der Bedeutung von Indizienbeweisen kann hier nicht erfolgen (hierzu de Vries Kriminalistik und Bender/Nack/Treuer Tatsachenfeststellung).

377   Wenn das Gericht nach dem Ergebnis der Beweisaufnahme nicht vollends von der Schuld des Angeklagten überzeugt ist (vgl. §§ 244 Abs. 2, 264 StPO), ist nach der Entscheidungsregel *in dubio pro reo* zu verfahren (Rn. 67). Die Anwendung der Regel kann sich auch auf einzelne Aspekte wie z. B. die tatsächlichen Voraussetzungen der verminderten Schuldfähigkeit gemäß § 21 StGB beziehen.

378   **5. Bedeutung von Verfahrensfehlern und Heilung.** In jedem Strafprozess können Fehler passieren. Zu unterscheiden ist zwischen folgenden Fehlerarten (näher unter Rn. 434 ff.):
- fehlende Verfahrensvoraussetzungen,
- verfahrensrechtliche, d. h. prozesstechnische Fehler und
- Mängel betreffend das materielle Strafrecht (Sachrecht).

379   Hier soll auf den Umgang mit **verfahrensrechtlichen, d.h. prozesstechnischen Fehlern** während des noch laufenden Verfahrens eingegangen werden. Diese sind perspektivisch an den absoluten (§ 338 StPO) oder relativen (§ 337 StPO) Revisionsgründe zu messen. Schwierigkeiten kann die Abgrenzung zu **sachrechtlichen Fehlern** bereiten, wenn der konkrete Mangel zwischen Beweiserhebung, Beweisverwertung und Beweiswürdigung angesiedelt ist: Verstöße gegen Beweiserhebungs- und Beweisverwertungsverbote können als verfahrensrechtliche Mängel zu einem relativen Revisionsgrund führen, während Mängel der Beweiswürdigung als Fehler im materiellen Recht zu werten sind.

Beispiel: **380**

Das Gericht vernimmt eine Zeugin zu einer mit ihr im Ermittlungsverfahren durchgeführten **Wahllichtbildvorlage** (vgl. Haller/Conzen Strafverfahren Rn. 528 f.). Es stellt sich heraus, dass bei der Wahllichtbildvorlage noch eine weitere Zeugin anwesend war und beide den Angeklagten gemeinsam „identifiziert" haben.

Zweifelsohne ist hier die Polizei nicht *lege artis* vorgegangen, da nicht auszuschließen ist, dass sich die beiden Zeuginnen in ihren Reaktionen gegenseitig beeinflusst haben. Allerdings ist die Art und Weise einer Wahllichtbildvorlage nicht gesetzlich festgeschrieben (vgl. § 58 Abs. 2 StPO). Das Vorgehen der Polizei begründet daher keinen Verfahrensfehler im rechtstechnischen Sinn, da es an einer „Rechtsnorm" (vgl. § 337 Abs. 2 StPO) fehlt (Nr. 18 RiStBV ist kein Gesetz). Die Vorgehensweise ist daher bei der Beweiswürdigung (Sachrecht) zu berücksichtigen (§ 261 StPO).

📖 → Entscheidung Nr. 26

Beispiel: **381**

Die Staatsanwaltschaft hat gegen einen Angeklagten den Vorwurf des Verwendens von Kennzeichen verfassungswidriger Organisationen erhoben (§ 86a Abs. 1 Nr. 1 StGB). Nachdem das Gericht die ermittlungsleitende Beamtin vernommen hat, verzichtet es darauf, die sichergestellten Fahnen, Abzeichen und Uniformstücke in Augenschein zu nehmen, und verurteilt den Angeklagten auf Grundlage der Zeugenaussage.

Hier könnte das Gericht gegen seine Pflicht zur bestmöglichen Sachaufklärung gemäß § 244 Abs. 2 StPO verstoßen haben. Danach sollten alle Beweisthemen nach Möglichkeit mithilfe des **Originalbeweises** ergründet werden, da dieser naturgemäß den größtmöglichen Erkenntnisgewinn bietet und etwaige Fehler bei der Reproduktion von Beweismitteln reduziert werden können. Zwar besteht kein Zwang, in allen Fällen das **sachnächste Beweismittel** zu nutzen; denn das Gesetz erlaubt an mehreren Stellen, auf abgeleitete Beweismittel zurückzugreifen (z. B. §§ 251, 256 StPO oder „Zeuge vom Hörensagen"). Nichtsdestoweniger verlangt das BVerfG, *„dass*

> *das Gericht sich um den bestmöglichen Beweis zu bemühen hat"* (BVerfG NJW 1981, 1719). Wo jedoch die Grenze des erforderlichen Bemühens liegt, ist eine Frage des Einzelfalls.

382 **a) Lokalisierung und Evaluierung von Fehlern.** Besonders häufig ergeben sich Fehler im Umgang mit Beweiserhebungs- und Beweisverwertungsverboten, was sich auch in den folgenden Ausführungen widerspiegelt.

383 Als **Beweiserhebungsverbote** werden alle Vorschriften bezeichnet, die den Ermittlungsbehörden oder dem Gericht untersagen,
- über bestimmte Beweisthemen (z. B. § 51 BZRG),
- unter Nutzung bestimmter Beweismittel (z. B. § 52 StPO) oder
- in bestimmter Weise (z. B. § 136a Abs. 3 Satz 2 StPO/Richtervorbehalt)

Beweis zu erheben (Haller/Conzen Strafverfahren Rn. 581 f.).

384 Als **Beweisverwertungsverbot** wird das – nicht gesondert normierte – Verbot bezeichnet, rechtswidrig gewonnene Beweise zu verwerten (sog. unselbständiges Beweisverwertungsverbot); darüber hinaus können sich sog. selbständige Beweisverwertungsverbote unmittelbar aus den Grundrechten ergeben (z. B. Art. 2 Abs. 1, 1 Abs. 1 GG – Tagebuchaufzeichnungen; hierzu BGH NStZ 1994, 350).

> Rechtstechnisch beziehen sich Beweisverwertungsverbote i. d. R. nur auf die in die Hauptverhandlung eingeführten Beweismittel. Wurde z. B. im Ermittlungsverfahren eine Durchsuchung in rechtswidriger Weise durchgeführt, gilt ein daraus folgendes Beweisverwertungsverbot im Hinblick auf Zeugen, Urkunden oder Augenscheinsobjekte, mit denen die aus der Durchsuchung gewonnen Erkenntnisse in die Hauptverhandlung eingeführt werden sollen. Nachfolgend wird erläutert, was in einer bestimmten prozessualen Situation unternommen werden kann, um Fehler ggf. zu korrigieren. In einer Klausur kann jedoch auch umgekehrt zu prüfen sein, ob bestimmte Maßnahmen ergriffen wurden. Wichtig: Die folgenden Aspekte sind zum Teil sehr umstritten und können hier nur in Grundzügen dargestellt werden.

385 **b) Beweisverwertungsverbote: Beachtlichkeit und Möglichkeiten der Heilung.** Während bei selbständigen Verwertungsverboten per se keine Heilungsmöglichkeit besteht, ist bei unselbständigen Verwertungsverboten zu prüfen, ob sich der aus dem Erhebungsverbot folgende Bann durchbrechen lässt.

Soweit Rechtsverstöße nachfolgend als unbeachtlich oder geheilt bezeichnet werden, fehlt es i. d. R. an einem „Beruhen" i. S. d. § 337 Abs. 1 StPO (Rn. 439). Dies schließt aber nicht aus, dass der prozessuale Fehler zugleich auch einen Verstoß gegen andere Regeln wie z. B. die Pflicht zu bestmöglicher Sachaufklärung gemäß § 244 Abs. 2 StPO begründen kann.

aa) Fernwirkungsverbot. Kein Verwertungsverbot gilt i. d. R. für Beweise, die in **386** rechtmäßiger Weise gewonnen wurden, auf deren Spur die Ermittlungsbehörden jedoch unter Verstoß gegen ein Beweiserhebungsverbot gelangt sind. Bis auf wenige Ausnahmen gilt im deutschen Recht nämlich keine **Fernwirkung** (auch *fruit of the poisonous tree doctrine*).

Beispiel: **387**
Eine Finanzbehörde erwirbt bei einem Whistleblower eine „Steuer-CD" mit Daten über Personen, die der Steuerhinterziehung (§ 370 Abs. 1 AO) verdächtig sind. Auf Grundlage dieser Daten führt sie weitere Ermittlungen durch, die letztlich die zur Verurteilung führenden Beweise liefern. Unbeschadet der Frage, ob der Erwerb der CD hier rechtswidrig war und die darauf enthaltenen Daten unmittelbar als Beweismittel benutzt werden dürfen, begründet dieser Umstand zumindest keine Fernwirkung.

⏏ → Entscheidung Nr. 27

Auch rechtswidrig erlangte Beweismittel, aus denen sich ein Anfangsverdacht **388** (Rn. 89) gegen bis dato Unbeteiligte ergibt, dürfen nicht als Beweismittel wohl aber als **Spurenansatz** genutzt werden (§§ 161 Abs. 3, 479 Abs. 2 Satz 1 StPO). Nicht um einen Fall unbeachtlicher Fernwirkung handelt es sich hingegen bei einem bloß äußerlichen **Wechsel des Beweismittels.**

Beispiel: **389**
Wurden TKÜ-Maßnahmen unter Verstoß gegen § 100a StPO geführt und folgt daraus ein Beweisverwertungsgebot, kann der Mangel nicht dadurch überwunden werden, dass die Ergebnisse der TKÜ anstelle des eigentlich vorgesehenen Augenscheins nunmehr durch Zeugen in die Hauptverhandlung eingeführt werden.

bb) Rechtskreis- und Abwägungslehre sowie hypothetischer Ersatzeingriff. **390** Ebenfalls zumeist unbeachtlich sind verfahrensrechtliche Verstöße, wenn die verletzte Vorschrift nicht zum Schutz des **Rechtskreises** des Angeklagten bestimmt ist (BGH NJW 1958, 557). Dies kann sowohl für Vorschriften gelten, die sich auf die Art und Weise der Beweisaufnahme beziehen (z. B. § 55 Abs. 2 StPO) als auch für sonstige Verfahrensregeln, sofern es sich um bloße Ordnung- bzw. Sollvorschriften handelt (z. B. § 243 Abs. 2 Satz 1 StPO).

391   Nach der mit der Rechtskreislehre sachverwandten **Abwägungslehre** führen Beweiserhebungsverbote auch dann nicht zu einem Beweisverwertungsverbot, wenn die Schwere der Tat und das daraus resultierende Aufklärungsinteresse im konkreten Einzelfall schwerer wiegen. Es handelt sich hierbei um eine Abwägung zwischen dem Grundsatz des fairen Verfahrens und dem Grundsatz effektiver Strafverfolgung (BGH NJW 2002, 975). Eine solche Abwägung ist immer durchzuführen – und überhaupt nur möglich –, wenn das Gesetz **kein ausdrückliches Verwertungsverbot** normiert, vgl. § 160a Abs. 1 Satz 2 StPO. Es kommt auf den Wert der durch eine Verfahrensvorschrift geschützten Position und die Schwere der Verletzung an. Allerdings führen Verstöße gegen einige besonders wichtige Vorschriften – wie z. B. § 252 StPO – immer zu einem Verwertungsverbot.

> Einer Abwägung zwischen den (Grund-)Rechten des Angeklagten und dem allgemeinen Interesse an einer effektiven Strafrechtspflege bedarf es auch im Hinblick auf Beweismittel, die in rechtswidriger Weise durch **Privatpersonen** gewonnen wurden; die Regeln der StPO richten sich unmittelbar nämlich nur an staatliche Stellen.

392   Eine Zusatzüberlegung im Rahmen der Abwägungslehre ist die Frage nach einem **hypothetischen rechtmäßigen Ersatzeingriff**. Hiernach führt ein Beweiserhebungsverbot dann nicht zu einem Verwertungsverbot, wenn die Maßnahme höchstwahrscheinlich auch rechtmäßig hätte durchgeführt werden können. Dies kann z. B. bei versehentlichen – nicht bei willkürlichen – Verstößen gegen den Richtervorbehalt nach § 105 Abs. 1 Satz 1 StPO gelten.

⚱ → Entscheidung Nr. 28

393   **cc) Einwilligung und Genehmigung sowie Widerspruchslösung.** Liegt ein Beweiserhebungsverbot vor, schlägt es auch dann nicht in ein Beweisverwertungsverbot um, wenn der Angeklagte die Verwertung positiv gestattet. Im Umkehrschluss zu § 136a Abs. 3 Satz 1 StPO ergibt sich nämlich, dass der Angeklagte als Subjekt des Verfahrens einer Verwertung fehlerhaft gewonnener Beweise zustimmen kann. Voraussetzung ist, dass sich die Einwilligung auf eine disponible (Grund-)Rechtsposition bezieht, sie nicht ausdrücklich ausgeschlossen ist und sich i. Ü. aus dem Protokoll ergibt (§§ 273 f. StPO).

In erweiterter Form dieses Gedankens führen Beweiserhebungsverbote nach **394**
der Rspr. des BGH auch dann nicht zu einem Verwertungsverbot, wenn ihr der
verteidigte oder über sein Dispositionsrecht ausdrücklich belehrte Angeklagte
nicht widerspricht. Normativer Anknüpfungspunkt dieser **Widerspruchslö-**
sung sind das Erklärungsrecht gemäß § 257 Abs. 1 StPO und das Rügerecht
gemäß § 238 Abs. 2 StPO. Auch bedarf der Widerspruch, um rechtlich wirksam
zu sein, einer Begründung. Diese *„muss die Angriffsrichtung erkennen lassen, die*
den Prüfungsumfang durch das Tatgericht begrenzt" (BGH NStZ 2008, 55).

Die rechtstechnischen Grundlagen der Widerspruchslösung werden deutlich, **395**
wenn man sich die übliche Art der Prüfung von Verfahrensfehlern durch das
Tatgericht vergegenwärtigt:

- **Szenario 1: Das Tatgericht erkennt ein Beweisverwertungsverbot.**
  In diesem Fall sieht das Gericht von der Aufnahme des entsprechenden Be-
  weises ab. Bestehen jedoch Verfahrensbeteiligte auf der Erhebung des Be-
  weises, müssen sie einen Beweisantrag stellen. Das Gericht entscheidet
  dann über den Antrag und bezieht Stellung zu der Frage des Beweisverbotes.
- **Szenario 2: Das Tatgericht verneint ein Beweisverwertungsverbot und ordnet**
  die Beweisaufnahme an.
  In dem Fall müssen die Verfahrensbeteiligten die Anordnung beanstanden
  und nötigenfalls einen Beschluss nach § 238 Abs. 2 StPO herbeiführen, in
  dessen Rahmen das Gericht Stellung bezieht.
- **Szenario 3: Ein Beweisverwertungsverbot wird erst während der Beweisauf-**
  nahme ersichtlich oder erstmalig thematisiert.
  In diesem Fall müssen die Verfahrensbeteiligten der Beweisverwertung
  gemäß § 257 StPO widersprechen. Das Gericht hat dann die Möglichkeit,
  sich mit den Einwendungen zu befassen; ein „Zwischenbescheid" ist nicht
  erforderlich (BGH NStZ 2007, 719).

In den Entscheidungsgründen des Urteils bedarf es i. d. R. keiner Ausführungen zu etwaigen Beweisverwertungsverboten, da dies nach § 257 Abs. 1
StPO bereits in der Hauptverhandlung und i. Ü. im Rechtsmittelverfahren
zu klären ist (BGH NJW 2006, 1361).

dd) Fortwirkung und Durchbrechung. Widerspricht der Angeklagte der Verwer- **396**
tung eines rechtswidrig gewonnen Beweismittels, darf dieses nicht verwertet
werden. Eine Besonderheit gilt bei Verstößen gegen die Belehrungspflicht des
§ 136 Abs. 1 StPO: Wurde der Beschuldigte nicht oder fehlerhaft belehrt, darf
eine im Anschluss daran getätigte Einlassung nicht verwertet werden. Spätere

Einlassungen dürfen auch nach dann erfolgter *einfacher* Belehrung nicht verwertet werden; denn der Beschuldigte könnte irrtümlich davon ausgehen, nun nicht mehr von seiner vorangegangenen Einlassung abrücken zu können. Eine Ausnahme besteht allein, wenn dem Beschuldigten eine **qualifizierte Belehrung** über die Unverwertbarkeit der ersten Einlassung erteilt wurde (BGH NJW 2009, 1427).

In der Hauptverhandlung können Verstöße gegen § 136 Abs. 1 StPO und eine qualifizierte Belehrung in zwei Konstellationen relevant werden:
- das Gericht vernimmt eine frühere Verhörspersonen, die es unterlassen hatte, den Beschuldigten qualifiziert zu belehren (hier kann eine Heilung mithilfe der **Widerspruchslösung** erfolgen);
- das Gericht vernimmt den Angeklagten und müsste diesen ggf. selbst qualifiziert belehren (hier kann eine Heilung allenfalls mithilfe der **Abwägungslehre** erfolgen).

397 **c) Wiederholung eines Verfahrensabschnittes oder Verzicht auf die Verwertung.** Werden erst nachträglich Verfahrensfehler bemerkt, für die keine Heilung eingetreten ist, können die betroffenen Abschnitte u. U. wiederholt bzw. nachgeholt werden. Als letzte Möglichkeit bleibt nur, auf ein fehlerhaft gewonnenes Beweismittel im Rahmen der Beweiswürdigung zu verzichten. Dies dürfte regelmäßig bei selbständigen Verwertungsverboten erforderlich sein. Ein solcher **Verzicht auf die Verwertung** setzt jedoch voraus, dass die übrigen Beweise die Feststellungen tragen (§§ 244 Abs. 2, 261, 264 Abs. 1 StPO).

Dogmatisch lässt sich trefflich darüber streiten, ob Beweise, für die ein Verwertungsverbot gilt, schon nicht zum „Inbegriff der Verhandlung" zählen, oder von der „richterlichen Beweiswürdigung" auszuschließen sind (vgl. § 261 StPO). Von praktischer Bedeutung ist dies jedoch nicht.

398 Gelegentlich kann es vorkommen, dass das Gericht nach dem Schluss der Beweisaufnahme (§ 258 Abs. 1 StPO) oder gar nach den Plädoyers einschließlich dem letzten Wort bemerkt, dass noch Beweismittel einzuführen oder Erklärungen einzuholen sind. In diesem Fall hilft ein **Wiedereintritt in die Beweisaufnahme**. Die Anforderungen an ein solches Vorgehen sind gesetzlich nicht ausdrücklich geregelt. Entscheidend ist, dass alle Verfahrensschritte in der richtigen Reihenfolge wiederholt werden.

Beispiel: **399**

Anordnung der Vorsitzenden

Es wird erneut in die Beweisaufnahme eingetreten.

» *Nachholung der Maßnahme*

Anordnung der Vorsitzenden

Die Beweisaufnahme wird geschlossen.

» *Plädoyer der Staatsanwaltschaft*
» *Plädoyer der Verteidigung*
» *letztes Wort des Angeklagten*

IV. Urteil und andere Arten der Verfahrensbeendigung

Die Hauptverhandlung endet im Regelfall mit *„der auf die Beratung folgenden* **400** *Verkündung des Urteils"* (§§ 260 Abs. 1, 268 Abs. 3 StPO), das auf Verurteilung, Freispruch oder Einstellung wegen eines Verfahrenshindernisses lautet (§ 260 Abs. 3 StPO); zu § 206a StPO siehe Rn. 449.

1. Urteilsverkündung und weiterer Verfahrensgang. Die Verkündung des Ur- **401** teils i. S. d. § 260 Abs. 1 StPO beschränkt sich auf die Urteilsformel (sog. Tenor bzw. Rechtsfolgenausspruch), worauf eine mündliche Begründung (§ 268 Abs. 2 StPO) nebst Rechtsmittelbelehrung (§ 35a StPO) und ggf. weitere Beschlüsse folgen (§§ 268a f. StPO und §§ 120, 126 f. StPO: begleitende Maßnahmen der Strafaussetzung zur Bewährung sowie Entscheidungen zu Untersuchungshaft bzw. Unterbringung).

Vertiefung:
Die Anrechnung von Untersuchungshaft auf die Strafe erfolgt nach § 51 StPO (ferner § 451 StPO) erst im Rahmen der Vollstreckung; im Urteil ist Untersuchungshaft jedoch als Strafzumessungsgrund zu beachten.

Wurde dem Angeklagten ein Sicherungsverteidiger bestellt (§ 144 Abs. 1 StPO), empfiehlt es sich, diesen unmittelbar nach der Urteilsverkündung gemäß § 144 Abs. 2 StPO zu entpflichten, um eine rein gebührenrechtlich motivierte doppelte Beratung und Revisionseinlegung zu vermeiden (vgl. Verfahrensgebühr nach Nr. 4130, 4131 VV RVG).

402   **Beispiel:**

Anordnung des Vorsitzenden

Die zur Sicherung des Verfahrens bestellte weitere Verteidigerin, Rechtsanwältin [...], wird entpflichtet, da der Sicherungszweck mit der Verkündung des Urteils entfallen ist.

Ist das Urteil nebst Gründen noch nicht zu den Akten gelangt, muss es in der Frist des § 275 Abs. 1 StPO abgesetzt werden.

403   Nach **Eintritt der Rechtskraft** – durch allseitigen schriftlichen oder zu protokollierenden Rechtsmittelverzicht, Ablauf der Rechtsmittel- oder Rechtsmittelbegründungsfrist oder abschließender Rechtsmittelentscheidung – wird das Urteil der Staatsanwaltschaft „zum Zwecke der Strafvollstreckung" zugeleitet (§§ 449, 451 StPO); bei einer Strafaussetzung zur Bewährung leitet das Gericht gemäß § 453b StPO die Bewährungsaufsicht ein.

404   **2. Inhalt und Aufbau von Strafurteilen.** Die StPO stellt folgende Mindestanforderungen an Strafurteile:
- Rubrum (§ 275 Abs. 3 StPO),
- Tenor (§ 260 Abs. 2 bis 4 StPO),
- Liste der angewendeten Vorschriften (§ 260 Abs. 5 StPO),
- Feststellungen zur Person und zur Sache (§ 267 Abs. 1, 5 StPO),
- Beweiswürdigung (§ 267 Abs. 1, 5 StPO),
- Strafzumessung, soweit kein Freispruch (§ 267 Abs. 2, 3 StPO),
  - ggf. Maßregeln der Besserung und Sicherung
  - ggf. Nebenstrafe und Nebenfolgen
  - ggf. Einziehungsentscheidung
- Kostenentscheidung (§§ 465, 467 StPO) und
- Unterschrift/en bzw. qualifizierte elektronische Signatur/en (§§ 275 Abs. 2, 32a Abs. 3 StPO).

Bei der Abfassung eines Urteils empfiehlt sich stets ein Abgleich mit dem Protokoll, um eine Berücksichtigung fehlerbehafteter oder nicht eingeführter Beweismittel zu vermeiden; i. Ü. muss ein Urteil aus sich heraus verständlich sein (zu Einzelheiten Meyer-Goßner/Appl Urteile). Rechtskräftige Urteile können abgekürzt werden (§ 267 Abs. 4 StPO). **405**

♟ → Muster 5: Amtsgerichtliches Strafurteil (1. Instanz)

♟ → Schema 3: Landgerichtliches Strafurteil mit Rubrum (1. Instanz)

3. Andere Arten der Verfahrensbeendigung. Gegen den säumigen Angeklagten kann auch in der Hauptverhandlung ein Strafbefehl ergehen (§ 408a StPO, Rn. 237 und 310). Darüber hinaus sind verschiedene Konstellationen denkbar, die zu einer Beendigung des Verfahrens durch Beschluss führen (im Einzelnen Meyer-Goßner/Appl Urteile Rn. 821 ff.); insb. kann auch in der Hauptverhandlung eine vollständige oder teilweise Einstellung (§§ 153 ff. StPO) oder Beschränkung (§ 154a StPO) des Verfahrens aus Opportunitätsgründen erfolgen. Der hierzu notwendige Beschluss, der in das Sitzungsprotokoll aufzunehmen ist, wird zumeist in Absatz 2 der genannten Vorschriften geregelt; siehe i. Ü. bereits Rn. 206. **406**

> **Beispiel:** **407**
>
> ### Beschluss
>
> Hinsichtlich der Tat gemäß Ziffer [...] der Anklage vom [...] wird das Verfahren gemäß § 154a Abs. 2 StPO auf den Vorwurf der [...] gemäß § [...] beschränkt, da eine Ahndung dieser Tat nach der weiteren angeklagten Gesetzesverletzung des § [...] für die zu erwartende Strafe nicht beträchtlich ins Gewicht fällt.

> Wurde das Hauptverfahren wegen eines Verbrechens eröffnet, kann eine Einstellung gemäß § 153 Abs. 2 StPO bzw. § 153a Abs. 2 StPO nur erfolgen, wenn nach dem Ergebnis der Hauptverhandlung ein Verbrechen sicher auszuschließen ist und das Gericht gemäß § 265 Abs. 1 StPO darauf hingewiesen hat, vgl. § 264 Abs. 2 StPO (Löwe/Rosenberg/*Mavany* StPO § 153 Rn. 11).

6. Kapitel   **Rechtsmittelverfahren**

I. Grundlagen

408   Strafurteile können im Rechtsmittelverfahren angegriffen werden, wobei die StPO zwischen den Rechtsmitteln der **Berufung (§§ 312 ff. StPO)** und der **Revision (§§ 333 ff. StPO)** unterscheidet. Hiervon abzugrenzen ist die in §§ 304 ff. StPO normierte Beschwerde, die sich gegen gerichtliche Entscheidungen richtet, die keine Urteile sind (hierzu Kap. 7).

409   Berufung und Revision haben gemeinsam, dass durch ihre Einlegung die Rechtskraft des Urteils gehemmt wird (§§ 316 Abs. 1, 343 Abs. 1 StPO). Dieser sog. **Suspensiveffekt** hat zur Folge, dass das angegriffene Urteil bis zum Abschluss des Rechtsmittelverfahrens nicht vollstreckt werden darf. Darüber hinaus stimmen Berufung und Revision dahingehend überein, dass durch sie das Verfahren in eine höhere Instanz übertragen wird (sog. **Devolutiveffekt**). Zentraler Unterschied zwischen Berufung und Revision ist der Umstand, dass die Berufung eine zweite Tatsacheninstanz eröffnet und das Berufungsgericht den Sachverhalt nicht nur in rechtlicher sondern auch in tatsächlicher Hinsicht vollständig aufzuklären hat. Demgegenüber begründet die Revision eine reine Rechtsinstanz. Durch das Revisionsgericht wird also nur überprüft, ob das in der Vorinstanz zuständige Gericht das materielle sowie das Verfahrensrecht zutreffend angewandt hat.

410   Nach Maßgabe von § 312 StPO kann Berufung nur gegen Urteile des Strafrichters und des Schöffengerichts, mithin gegen am Amtsgericht ergangenen Strafurteile eingelegt werden. Demgegenüber folgt aus §§ 333, 335 StPO, dass Revision sowohl gegen Urteile des Amtsgerichts als auch gegen Urteile des Landgerichts sowie des Oberlandesgerichts eingelegt werden kann. Im Falle eines amtsgerichtlichen Urteils ergibt sich hieraus eine Wahlmöglichkeit der Rechtsmittelberechtigten. Sie können das Urteil im Wege der Berufung angreifen, mit der Folge, dass die kleine Strafkammer am Landgericht über die Sache verhandelt. Das Urteil der kleinen Strafkammer könnte dann im Folgenden mit der Revision zum Oberlandesgericht angegriffen werden. Alternativ kann bereits das Urteil des Amtsgerichts im Wege der sog. **Sprungrevision** angegriffen, die Berufungsinstanz mithin ausgelassen werden.

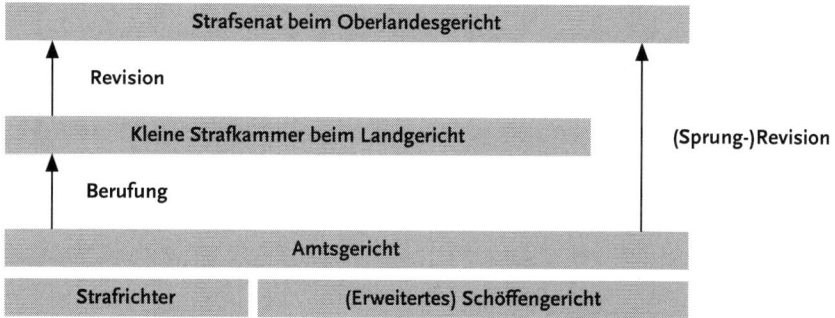

Abb. 9: Instanzenzug bei erstinstanzlicher Zuständigkeit des Amtsgerichts

Während der einheitlichen Berufungs- und Revisionsfrist (§§ 314 Abs. 1, 341 Abs. 1 StPO) ist es ausreichend, zunächst nur „Rechtsmittel" einzulegen. Nach Zugang der Urteilsgründe kann dieses innerhalb der Revisionsbegründungsfrist spezifiziert oder ggf. gewechselt werden (BGH NJW 1960, 494).

Bei erstinstanzlichen Urteilen des Land- und des Oberlandesgerichts existiert hingegen nur ein zweistufiger Instanzenzug mit Revision zum BGH. **411**

```
          Strafsenat beim Bundesgerichtshof
          ▲                          ▲
      Revision                    Revision
          │                          │
        Landgericht              Strafsenat beim OLG
Große Strafkammer    Schwurgericht
```

Abb. 10: Instanzenzug bei erstinstanzlicher Zuständigkeit des LG oder OLG

Im Rechtsmittelverfahren gegen Urteile des Amtsgerichts spielt der BGH grundsätzlich keine Rolle, wenn nicht ausnahmsweise nach § 121 Abs. 2 GVG das Oberlandesgericht eine sog. **Divergenzvorlage** vornimmt. **412**

Ist ein Urteil in Rechtskraft erwachsen, ein Rechtsmittelverfahren also endgültig abgeschlossen oder nicht mehr durchführbar, kommt eine Aufhebung des Urteils nur noch ausnahmsweise im Rahmen eines **Wiederaufnahmeverfahrens** nach §§ 359 ff. StPO in Betracht. Es handelt sich hierbei um einen außerordentlichen Rechtsbehelf, der eine Ausnahme von dem Grundsatz, dass durch ein rechtskräftiges Urteil endgültiger Rechtsfrieden hergestellt werden soll, in **413**

Konstellationen schafft, in denen dies mit einem an dem Prinzip der Wahrheitsfindung orientierten Strafverfahren nicht zu vereinbaren wäre. Eine Wiederaufnahme des Verfahrens zugunsten des Verurteilten kann aus den in § 359 StPO normierten Gründen erfolgen, insb. für den Fall, dass neue zentrale Beweismittel oder Tatsachen beigebracht werden (Nr. 5). Daneben kommt eine Wiederaufnahme zugunsten des Verurteilten in Fällen des § 79 Abs. 1 BVerfGG in Betracht. Eine Wiederaufnahme zuungunsten des Verurteilten bzw. Freigesprochenen ist in den in § 362 StPO normierten Konstellationen zulässig, insb. in Fällen, in denen der Freigesprochene ein Geständnis ablegt (Nr. 4). Die Einzelheiten des Wiederaufnahmeverfahrens ergeben sich im Wesentlichen aus den §§ 368, 369 f., 373 StPO.

📖 → Entscheidung Nr. 29

II. Überblick über das Berufungsverfahren

414   Über die (zulässige) Berufung entscheidet die **kleine Strafkammer** am Landgericht in der Besetzung von einem Berufsrichter und zwei Schöffen (§ 76 Abs. 1 Satz 1 GVG). Ausnahmsweise wird nach § 76 Abs. 6 GVG ein zweiter Berufsrichter hinzugezogen, wenn sich die Berufung gegen eine Entscheidung des erweiterten Schöffengerichts richtet.

415   **1. Zulässigkeit der Berufung.** Die Berufung muss gemäß § 314 StPO innerhalb einer Woche nach Verkündung des Urteils beim erstinstanzlichen Gericht schriftlich oder zu Protokoll der Geschäftsstelle eingelegt werden. Berechtigt zur Einlegung der Berufung sind nach §§ 296, 297 StPO insb. die Staatsanwaltschaft, der Angeklagte sowie der Verteidiger, wobei Letzterer Rechtsmittel nicht gegen den Willen des Angeklagten einlegen darf. Schließlich kann Berufung zulässig eingelegt werden durch den gesetzlichen Vertreter eines Angeklagten (§ 298 StPO), den Privatkläger (§ 390 StPO) sowie den Nebenkläger (§§ 400, 401 StPO). Eine Begründung der Berufung ist nicht erforderlich, kann nach § 317 StPO aber gleichwohl erfolgen. In den in § 313 StPO normierten Fällen der Bagatellkriminalität ist die Berufung nur zulässig, wenn sie durch das Berufungsgericht (§ 322a StPO) zur Entscheidung angenommen wird.

Weitere Zulässigkeitsvoraussetzung ist die **Beschwer** des Berufungsführers, also die Geltendmachung, dass dieser durch das Urteil in seinen Rechten betroffen wird. Hinsichtlich der Staatsanwaltschaft ist dies stets anzunehmen, wenn sie geltend macht, das angegriffene Urteil sei unrichtig. Dabei kann die **Staatsanwaltschaft sowohl zugunsten als auch zulasten des Angeklagten** Berufung einlegen. Demgegenüber ist der Angeklagte grundsätzlich nur dann beschwert, wenn in dem Urteilstenor eine für ihn nachteilige Entscheidung ergangen ist.

Nach § 318 Satz 1 StPO kann die **Berufung auf bestimmte Beschwerdepunkte** **416** **beschränkt** werden. Erforderlich ist insoweit, dass sich die Berufung auf Beschwerdepunkte bezieht, die nach dem inneren Zusammenhang des Urteils losgelöst von seinem nicht angegriffenen Teil rechtlich und tatsächlich selbstständig beurteilt werden können, ohne eine Prüfung der Entscheidung i. Ü. erforderlich zu machen (sog. **Trennbarkeitsformel**, vgl. Meyer-Goßner/Schmitt StPO § 318 Rn. 6). Hiervon ist insb. auszugehen, wenn die Berufung auf die Strafzumessung beschränkt wird oder wenn bei einer Verurteilung wegen mehrerer prozessualer Taten eine Beschränkung auf eine der Taten erfolgt.

Wird die Berufung zulässig auf einen abgrenzbaren Teil beschränkt, erwächst der nicht angegriffene Teil in Rechtskraft. Demgegenüber bewirkt eine unzulässige Beschränkung, dass das Urteil insgesamt als angefochten gilt (§ 318 Satz 2 StPO).

Eine **Rücknahme** der Berufung ist ebenso wie ein Verzicht auf die Durchführung des Berufungsverfahrens unter den gleichen Voraussetzungen möglich wie im Hinblick auf die Revision (vgl. Rn. 433). **417**

2. Verfahren vor dem Berufungsgericht. Ist die Berufung zulässig erhoben, begründet diese eine zweite Tatsacheninstanz. Das Berufungsgericht prüft den Sachverhalt mithin entsprechend der Vorgaben für erstinstanzliche Verfahren in tatsächlicher und rechtlicher Hinsicht, soweit sich nicht aus den §§ 312 ff. StPO Besonderheiten für die Verfahrensdurchführung ergeben. Zu beachten sind insoweit insb. die Regelungen in § 329 Abs. 1 Satz 1 und Abs. 2 StPO, wonach bei unentschuldigtem Nichterscheinen des Angeklagten unter den gesetzlich normierten Voraussetzungen die Berufung ohne Verhandlung in der Sache verworfen oder (bei Berufung der Staatsanwaltschaft) in Abwesenheit des Angeklagten verhandelt werden kann. **418**

419   Auch das Berufungsgericht entscheidet i. d. R. auf Grundlage einer in der Hauptverhandlung durchzuführenden Beweisaufnahme über die Berufung. Dabei gelten hinsichtlich Art und Umfang der Beweisaufnahme die Bestimmungen für die Beweisaufnahme in erster Instanz entsprechend, wobei aus § 323 Abs. 3 StPO folgt, dass auch gänzlich **neue Beweismittel** eingeführt werden können.

420   Gelangt das Berufungsgericht zu der Einschätzung, dass die erstinstanzliche Entscheidung zutreffend ist, wird die Berufung als unbegründet verworfen. Hält es die Berufung demgegenüber für zulässig und begründet, hebt es das Urteil des erstinstanzlichen Gerichts auf und entscheidet in der Sache selbst. Gebunden ist das Gericht hierbei an das sich aus § 331 StPO ergebende **Verschlechterungsverbot**, wonach das Urteil in Art und Höhe der Rechtsfolgen nicht zum Nachteil des Angeklagten geändert werden kann, wenn lediglich der Angeklagte oder sein gesetzlicher Vertreter oder zu seinen Gunsten die Staatsanwaltschaft Berufung eingelegt hat (sog. **Verbot der reformatio in peius**). Eine Veränderung des Schuldspruchs bleibt demgegenüber zulässig, ebenso die Anordnung der Unterbringung in einem psychiatrischen Krankenhaus oder einer Entziehungsanstalt. Hält das Berufungsgericht das Urteil nur teilweise für fehlerhaft, kann es sich darauf beschränken, dieses nur teilweise aufzuheben.

421   **Beispiel:**
A ist durch das Schöffengericht wegen gefährlicher Körperverletzung nach § 224 Abs. 1 Nr. 2 StGB zu einer Freiheitsstrafe von 2 Jahren und 6 Monaten verurteilt worden. Auf die von A eingelegte Berufung gelangt auch die kleine Strafkammer zu der Überzeugung, dass A sich wegen gefährlicher Körperverletzung strafbar gemacht hat. Sie hält jedoch lediglich eine Freiheitsstrafe von 2 Jahren Dauer für angemessen und geht zugleich davon aus, dass die Voraussetzungen vorliegen, unter denen die Vollstreckung der Strafe nach § 56 StGB zur Bewährung auszusetzen ist. Das Gericht kann in dieser Konstellation die gegen den Schuldspruch gerichtete Berufung als unbegründet verwerfen und sich auf eine Aufhebung der Entscheidung zur Strafzumessung beschränken.

 Kein Verschlechterungsverbot gilt zudem für Maßnahmen, die nicht im Urteil, sondern im **Bewährungsbeschluss** getroffen werden; so kann z. B. eine Geldauflage (§ 56b Abs. 2 Satz 1 Nr. 2 und 4 StGB) noch im Berufungsverfahren heraufgesetzt werden. Ein Verteidiger sollte seinen Mandanten stets darauf hinweisen.

III. Revision

1. Grundlagen. Im Revisionsverfahren erfolgt allein eine Überprüfung, ob das **422** Gericht, dessen Urteil mit der Revision angegriffen wird, das Verfahrensrecht sowie das materielle Recht richtig angewandt hat. Dies folgt aus § 337 Abs. 1 StPO, wonach die Revision nur darauf gestützt werden kann, dass das Urteil auf einer **Verletzung des Gesetzes beruht.** Dabei ist nach Maßgabe von § 337 Abs. 2 StPO das Gesetz als verletzt anzusehen, wenn eine Rechtsnorm nicht oder nicht richtig angewendet worden ist. Zu beachten ist insoweit, dass das Revisionsgericht das angegriffene Urteil grundsätzlich nur in dem Umfang auf Rechtsfehler untersucht, in dem es durch den Revisionsführer angegriffen wird. Dieser kann zunächst im Rahmen der sog. **Verfahrensrüge** geltend machen, das Urteil sei verfahrensfehlerhaft zustande gekommen. In diesem Fall besteht das Begründungserfordernis des § 344 Abs. 2 Satz 2 StPO, sodass dem Revisionsvorbringen insb. zu entnehmen sein muss, im Rahmen welchen Vorgangs das Gericht durch welches Verhalten eine bestimmte Verfahrensvorschrift nicht oder nicht richtig angewendet hat. Nur Verfahrensrügen, die den Anforderungen des § 344 Abs. 2 Satz 2 StPO entsprechen, werden durch das Revisionsgericht einer inhaltlichen Prüfung zugeführt. Neben oder anstelle der Verfahrensrüge kann der Revisionsführer auch geltend machen, das Tatsachengericht habe das materielle Recht nicht richtig angewendet. Dies ist insb. dann der Fall, wenn das Gericht den festgestellten Sachverhalt im Hinblick auf die in Betracht kommenden Straftatbestände unzutreffend gewürdigt hat oder ihm bei der Strafzumessung revisibele Fehler unterlaufen sind. Die fehlerhafte Anwendung des materiellen Rechts wird im Rahmen der sog. **Sachrüge** geltend gemacht, die lediglich erhoben, nicht jedoch eigens begründet werden muss (KK-StPO/Gericke § 344 Rn. 25; zur Sachrüge siehe ferner Rn. 444 f.).

> Obgleich eine Begründung der Sachrüge nicht zwingend vorgeschrieben ist, ist eine solche i. d. R. zweckmäßig, um den Fokus des Revisionsgerichts gleich zu Beginn des Revisionsverfahrens auf die für kritisch erachteten Gesichtspunkte zu lenken.

Über die Begründetheit der Revision entscheidet das Oberlandesgericht, wenn **423** der Instanzenzug beim Amtsgericht (Strafrichter oder Schöffengericht) begonnen hat; zuständig ist ein Strafsenat in der Besetzung mit drei Berufsrichtern (§ 122 Abs. 1 GVG). War erstinstanzlich das Landgericht oder das Oberlandesgericht sachlich zuständig, entscheidet ein aus fünf Berufsrichtern bestehender Strafsenat des BGH über die Revision (§ 139 Abs. 1 GVG).

424   **2. Zulässigkeit der Revision.** Die Revision muss zulässig erhoben worden sein. Ist dies nicht der Fall, kann die Revision in den in § 346 Abs. 1 StPO normierten Fällen bereits durch das Gericht als unzulässig verworfen werden, dessen Urteil angefochten wird. Erfolgt dies nicht, hat die Unzulässigkeit der Revision zur Folge, dass diese durch das Revisionsgericht im Beschluss- (§ 349 Abs. 1 StPO) oder Urteilswege (§ 349 Abs. 5 StPO) als unzulässig verworfen wird.

I.   Statthaftigkeit
II. Rechtsmittelberechtigung
III. Beschwer
IV. Ordnungsgemäße Einlegung
V.   Ordnungsgemäße Begründung
VI. Kein Rechtsmittelverzicht/keine Rechtsmittelrücknahme

Abb. 11:   Schema zur Zulässigkeit der Revision

425   **a) Statthaftigkeit, Rechtsmittelberechtigung und Beschwer.** Die Revision muss zunächst **statthaft** sein, sich also entweder im Fall des § 333 StPO gegen ein Urteil des Landgerichts bzw. ein erstinstanzliches Urteil des Oberlandesgerichts richten oder im Falle der in § 335 StPO normierten Sprungrevision ein Urteil des Amtsgerichts (Strafrichter oder Schöffengericht) zum Gegenstand haben. Hinsichtlich der **Rechtsmittelberechtigung** gelten die Ausführungen zur Berufung entsprechend, sodass die Revision nach §§ 296, 297 StPO insb. durch die Staatsanwaltschaft, den Angeklagten sowie den Verteidiger eingelegt werden kann, wobei Letzterer die Revision nicht gegen den Willen des Angeklagten einlegen darf. Rechtsmittelberechtigt sind ferner auch hier der gesetzliche Vertreter eines Angeklagten (§ 298 StPO), der Privatkläger (§ 390 StPO) sowie der Nebenkläger (§§ 400, 401 StPO). Auch hinsichtlich der Zulässigkeitsvoraussetzung der **Beschwer** sowie einer **Beschränkung** der Revision gelten die Ausführungen zur Berufung (Rn. 415 f.) entsprechend.

⚖ → Entscheidung Nr. 30

> Die Staatsanwaltschaft kann auch die Revision sowohl zugunsten als auch zulasten des Angeklagten einlegen (§ 296 Abs. 2 StPO). Soll die Revision zulasten des Angeklagten durchgeführt werden, muss sie jedoch die Regelung in § 339 StPO beachten, wonach die Verletzung von Rechtsnormen, die allein zugunsten des Angeklagten wirken, von der Staatsanwaltschaft nicht zu dem Zweck geltend gemacht werden kann, eine Aufhebung des Urteils zum Nachteil des Angeklagten zu bewirken.

b) Ordnungsgemäße Revisionseinlegung. Die formellen Anforderungen an die **426** Revisionseinlegung ergeben sich aus § 341 Abs. 1 StPO. Hiernach muss die Revision bei dem Gericht, dessen Urteil angefochten wird, binnen **einer Woche** nach Verkündung des Urteils zu **Protokoll der Geschäftsstelle oder schriftlich** eingelegt werden. Nur für den Fall, dass die Urteilsverkündung nicht in Anwesenheit des Angeklagten stattgefunden hat, beginnt für diesen die Frist erst mit Zustellung des Urteils. Abweichend hiervon beginnt die Frist wiederum mit Verkündung des Urteils, wenn einer der in § 341 Abs. 2 StPO normierten Fälle vorliegt und die Verkündung in Anwesenheit des Verteidigers mit nachgewiesener Vertretungsvollmacht stattgefunden hat.

Für die Fristberechnung gilt § 43 Abs. 1 StPO, sodass die Wochenfrist mit Ab- **427** lauf des Tages der auf die Urteilsverkündung folgenden Woche endet, der nach seiner Benennung dem Tag der Urteilsverkündung entspricht.

> **Beispiel:** **428**
> Das Urteil wird in Anwesenheit des Angeklagten am Dienstag, dem 20. Oktober 2020 verkündet. Die Frist für die Revisionseinlegung läuft nach § 341 Abs. 1 i. V. m. § 43 Abs. 1 StPO am Dienstag, den 27. Oktober 2020 um 24.00 Uhr ab.

War der Revisionsführer ohne Verschulden verhindert, die Frist des § 341 Abs. 1 **429** StPO einzuhalten, kann ihm unter den Voraussetzungen der §§ 44. ff. StPO Wiedereinsetzung in die Frist gewährt werden.

> Im Strafverfahrensrecht existiert, anders als insb. in § 85 Abs. 2 ZPO für das Zivilverfahren, kein Grundsatz, wonach einem Mandanten das Verschulden seines Verteidigers zuzurechnen ist. Versäumt ein Angeklagter die Revisionseinlegungsfrist allein aufgrund eines schuldhaften Verhaltens seines Verteidigers, steht dies einer Wiedereinsetzung nach §§ 44 ff. StPO daher im Regelfall nicht entgegen.

c) Ordnungsgemäße Revisionsbegründung. Anforderungen an die Revisions- **430** begründung ergeben sich aus §§ 344, 345 StPO. Nach § 344 StPO muss der Revisionsführer zunächst klarstellen, in welchem Umfang er das Urteil anfechten möchte und ob er die Verfahrens- und/oder die Sachrüge zu erheben beabsichtigt. Im Falle der Verfahrensrüge gelten die Begründungsanforderungen des § 344 Abs. 2 StPO (vgl. bereits oben Rn. 422). Die Frist für die Revisionsbegründung beträgt nach § 345 Abs. 1 Satz 1 StPO einen Monat nach Ablauf der Frist zur Einlegung der Revision. Allerdings beginnt die Monatsfrist erst mit Zustel-

lung des Urteils zu laufen, wenn das Urteil bei Ablauf der Revisionseinlegungs-
frist noch nicht zugestellt worden war (§ 345 Abs. 1 Satz 2 StPO).

> In der Praxis werden die schriftlichen Urteilsgründe nur selten innerhalb der
> kurzen Wochenfrist des § 341 Abs. 1 StPO zugestellt. Die in § 345 Abs. 1
> Satz 2 StPO normierte Konstellation, dass die Revisionsbegründungsfrist
> erst mit Zustellung des Urteils zu laufen beginnt, stellt daher in der Praxis
> den Regelfall dar. Zur **Zustellung** siehe i. Ü. §§ 36 ff. StPO und § 41 StPO.

431 Für die Fristberechnungen gelten § 43 Abs. 1 und 2 StPO. Auch im Falle der
Versäumung der Revisionsbegründungsfrist kommt unter den Voraussetzungen der §§ 44 ff. StPO eine Wiedereinsetzung in Betracht.

432 Im Falle einer Revision des Angeklagten ist diese nach § 345 Abs. 2 StPO nur
dann formell ordnungsgemäß begründet, wenn die Begründung in einer von
dem Verteidiger oder einem Rechtsanwalt unterzeichneten Schrift oder zu Protokoll der Geschäftsstelle erfolgt. Der Verteidiger muss bei der schriftlichen Begründung die volle Verantwortung für die Revisionsbegründung übernehmen.
Es reicht also insb. nicht aus, wenn er lediglich eine Erklärung des Angeklagten
wiedergibt und diese dann – unter inhaltlicher Distanzierung seinerseits – un-
terzeichnet. Für die Staatsanwaltschaft reicht die Einhaltung einfacher Schriftform nebst Unterschrift im Rahmen der Revisionsbegründung aus, wohingegen der Nebenkläger nach § 390 Abs. 2 StPO analog die Revision mittels einer
von einem Rechtsanwalt unterzeichneten Schrift begründen muss.

⚖ → Entscheidung Nr. 31

433 **d) Kein Rechtsmittelverzicht/keine Rechtsmittelrücknahme.** Hat ein zur Einlegung der Revision Berechtigter wirksam auf die Revision verzichtet oder eine
zunächst eingelegte Revision wirksam zurückgenommen, kann die Revision
grundsätzlich nicht mehr zulässig erhoben werden. Rechtsmittelverzicht und
Rechtsmittelrücknahme stellen grundsätzlich unwiderrufliche und unanfechtbare Prozesshandlungen dar. Etwas anderes gilt allenfalls dann, wenn ein Irr-
tum, der zu Verzicht oder Rücknahme geführt hat, auf einer unzutreffend
erteilten gerichtlichen Auskunft beruht. Rechtsmittelverzicht und Rechtsmittelrücknahme können auch durch den Verteidiger für den Angeklagten erklärt
werden, allerdings bedarf er hierfür nach § 302 Abs. 2 StPO einer ausdrücklichen **Ermächtigung** durch den Angeklagten, die bis zum Zeitpunkt der Rück-
nahme- bzw. Verzichtserklärung widerrufen werden kann. Zu beachten ist
i. Ü., dass die Rücknahme der Revision nach § 302 Abs. 1 Satz 3 und § 302 StPO
an Zustimmungserfordernisse gebunden sein kann.

Von besonderer praktischer Bedeutung ist die Regelung in § 302 Abs. 1 Satz 2 StPO, wonach ein Verzicht auf die Revision unwirksam ist, wenn dem Urteil eine Verständigung i. S. d. § 257c StPO vorausgegangen ist (Rn. 350). Da die Regelung allein den Rechtsmittelverzicht ausdrücklich benennt, wird es von Seiten der Praxis grundsätzlich für zulässig erachtet, wenn trotz vorausgegangener Verständigung i. S. d. § 257c StPO die Revision zunächst eingelegt und dann anschießend zurückgenommen wird. Etwas anderes soll nur dann gelten, wenn das Gericht in Verständigungsgesprächen auf den Angeklagten einwirkt, Rechtsmittel allein deshalb einzulegen, um sodann durch Rücknahme die Rechtskraft herbeizuführen oder wenn eine solche Vorgehensweise gar Inhalt einer Verständigung ist.

⚰ → Entscheidung Nr. 32

3. Begründetheit der Revision. Die Revision ist begründet, wenn eine von Amts **434** wegen zu prüfende **Verfahrensvoraussetzung** fehlt oder das angefochtene Urteil auf einer **Gesetzesverletzung** beruht (§ 337 Abs. 1 StPO). Eine Gesetzesverletzung liegt gemäß § 337 Abs. 2 StPO vor, wenn Vorschriften des Verfahrensrechts oder des materiellen Rechts nicht richtig angewendet worden sind. Hiervon ausgehend ergibt sich das nachfolgende Prüfungsschema für die Begründetheit der Revision.

I.	Verfahrensvoraussetzungen/Verfahrenshindernisse
II.	Verfahrensrügen
	1. Gesetzesverletzung (ggf. zu belegen nach § 274 StPO)
	2. Beschwer des Revisionsführers (nicht bei Revision der StA)
	3. Beruhen des Urteils auf der Gesetzesverletzung
	4. Kein Verlust der Verfahrensrüge
III.	Sachrüge
	1. Darstellungsrüge (Tatsachenfeststellung und Beweiswürdigung)
	2. Fehler bei Anwendung des materiellen Rechts
	3. Fehler bei der Strafzumessung

Abb. 12: Schema zur Begründetheit der Revision

a) Von Amts wegen zu prüfende Verfahrensvoraussetzungen und Verfahrens- 435 hindernisse. Unabhängig vom Vorbringen in der Revisionsbegründung hat das Revisionsgericht zunächst zu prüfen, ob die oben unter Rn. 74 ff. beleuchteten, von Amts wegen zu beachtenden Verfahrensvoraussetzungen vorliegen bzw. kein von Amts wegen zu beachtendes Verfahrenshindernis besteht. Fehlt es an entsprechenden Verfahrensvoraussetzungen oder liegt ein Verfahrenshindernis vor, stellt das Revisionsgericht das Verfahren (ggf. vorübergehend oder nur teilweise) ein.

436   **b) Die Verfahrensrüge.** Mit der Verfahrensrüge macht der Revisionsführer geltend, das Urteil sei verfahrensfehlerhaft zustande gekommen. In Betracht kommt in diesem Zusammenhang grundsätzlich die Rüge der Verletzung einer beliebigen Verfahrensvorschrift, unabhängig davon, welches Verfahrensstadium sie betrifft.

437   **aa) Allgemeine Voraussetzungen.** Die Verfahrensrüge setzt zunächst voraus, dass durch die Strafverfolgungsorgane bzw. das Gericht gegen eine Verfahrensvorschrift verstoßen wurde. Ist dies der Fall, so ist – soweit es sich nicht um eine Revision der Staatsanwaltschaft handelt – darüber hinaus erforderlich, dass die verletzte Verfahrensvorschrift überhaupt den Rechtskreis des Revisionsführers betrifft, dieser durch die Verletzung der Vorschrift also **beschwert** wird.

438   **Beispiel:**
Zeugin Z wird durch das Gericht entgegen § 55 Abs. 2 StPO nicht über ein ihr zustehendes Auskunftsverweigerungsrecht belehrt, worauf Z aussagt und den Angeklagten A belastet. A begründet seine Revision mit der Verletzung von § 55 Abs. 2 StPO.
Nach h. M. dient § 55 StPO allein dem Schutz des Zeugen davor, sich selbst belasten zu müssen. Der Rechtskreis des Angeklagten wird hierdurch nicht betroffen, sodass A durch die Verletzung des § 55 Abs. 2 StPO nicht beschwert wird und diese im Revisionsverfahren nicht erfolgreich geltend machen kann (Meyer-Goßner/Schmitt StPO § 55 Rn. 17).

439   Erforderlich ist nach Maßgabe des § 337 Abs. 1 StPO weiterhin, dass das Urteil auf der Gesetzesverletzung **beruht**, wobei in diesem Zusammenhang die in § 338 StPO niedergelegte Differenzierung zwischen absoluten und relativen Revisionsgründen relevant wird. Bei den in § 338 StPO normierten Verfahrensverletzungen handelt es sich um die **absoluten Revisionsgründe**, bei denen das Urteil stets als auf einer Verletzung des Gesetzes beruhend anzusehen ist. Liegt einer der in § 338 Nr. 1 bis 7 (zu Nr. 8 sogleich unter Rn. 441) StPO normierten Fälle einer Verfahrensverletzung vor, braucht daher i. d. R. nicht eigens geprüft zu werden, inwieweit sich dieser tatsächlich auf das Urteil ausgewirkt hat, ob dieses also auf der Gesetzesverletzung beruht. Fällt der festgestellte Verfahrensverstoß nicht unter § 338 Nr. 1 bis 7 StPO, handelt es sich um einen **relativen Revisionsgrund**, bei dem das Beruhen eigens festgestellt werden muss. Allerdings erfordert dies nicht die positive Feststellung einer kausalen Auswirkung des Verfahrensverstoßes auf das Urteil. Vielmehr reicht es aus, dass sich die Kausalität nicht ausschließen lässt, sodass die Revision grundsätzlich bereits dann begründet ist, wenn das Urteil ohne die Gesetzesverletzung möglicherweise anders ausgefallen wäre. Dies ist nur dann nicht der Fall, wenn ausgeschlossen werden kann, dass das Urteil ohne den Verfahrensmangel anders gelautet hätte (Meyer-Goßner/Schmitt StPO § 337 Rn. 37).

⚑ → Entscheidung Nr. 33

Selbst wenn die vorstehend dargelegten Voraussetzungen einer erfolgreichen Verfahrensrüge grundsätzlich vorliegen, kann der Revisionsberechtigte der Verfahrensrüge verlustig gehen, wenn er es versäumt hat, von einem im Gesetz vorgesehenen **Zwischenrechtsbehelf** Gebrauch zu machen, oder er eine **gesetzliche Frist** versäumt hat. So können Fehler hinsichtlich der örtlichen Zuständigkeit sowie der Zuständigkeit besonderer Strafkammern nur bis zu den in § 6a Satz 3 StPO bzw. § 16 Satz 3 StPO normierten Zeitpunkten geltend gemacht werden und muss die Ablehnung eines Richters wegen Besorgnis der Befangenheit bis zu dem in § 25 StPO normierten Zeitpunkt erfolgen. Weitere bedeutsame Fristenregelungen bzw. Bestimmungen zu vorrangigen Zwischenrechtsbehelfen ergeben sich aus §§ 217 Abs. 2, 218 Satz 2 StPO für die Ladungsfristen, aus § 222b Abs. 1 Satz 1 StPO für die gesetzeswidrige Besetzung des Gerichts und aus § 246 Abs. 2 StPO für Beweisanträge. Für Verfahrensrügen, die sich gegen die Verfahrensleitung des Vorsitzenden richten, ist darüber hinaus die Regelung in § 238 StPO zu beachten (Rn. 298). Die Verfahrensrüge kann auch in dieser Konstellation nur Erfolg haben, wenn der Beschwerdeführer von dem Zwischenrechtsbehelf des § 238 Abs. 2 StPO Gebrauch gemacht hat (Meyer-Goßner/Schmitt StPO § 238 Rn. 22).

440

Von besonderer praktischer Bedeutung ist ferner die Regelung in § 336 Satz 2 StPO, wonach Entscheidungen, die dem Urteil vorausgegangen sind, grundsätzlich nicht mit der Revision angefochten werden können, wenn sie vom Gesetz ausdrücklich für unanfechtbar erklärt oder mit der sofortigen Beschwerde anfechtbar sind. Für unanfechtbar erklärt das Gesetz in § 52 Abs. 4 GVG z. B. Beschlüsse, in denen darüber entschieden wird, ob ein Schöffe von der Schöffenliste zu streichen ist. Diesbezügliche Fehler des Gerichts können in der Revision daher allenfalls geltend gemacht werden, wenn sie willkürlich sind und hierdurch eine Verletzung des Art. 101 Abs. 1 Satz 2 GG zu begründen vermögen.

441   **bb) Die absoluten Revisionsgründe.** Nach h. M. sind absolute Revisionsgründe lediglich in § 338 Nr. 1 bis 7 StPO enthalten. Demgegenüber soll § 338 Nr. 8 StPO, wonach die Revision darauf gestützt werden kann, dass die Verteidigung in einem für die Entscheidung wesentlichen Punkt unzulässig beschränkt worden ist, durch die Formulierung „wesentlich" zum Ausdruck bringen, dass der Verfahrensfehler für das Urteil auch relevant geworden sein muss (KK-StPO/ Gericke § 338 Rn. 101). Dann handelt es sich nach Maßgabe der oben skizzierten Differenzierung indes um einen relativen Revisionsgrund. Hinsichtlich der absoluten Revisionsgründe gilt i. Ü. Folgendes:

- **§ 338 Nr. 1 StPO (Unvorschriftsmäßige Besetzung des Gerichts):** Erfasst werden insb. Fehler der gerichtlichen Geschäftsverteilungspläne sowie Verstöße gegen die Besetzungsregelung in § 76 Abs. 2 GVG. Ferner fallen die unrichtige Schöffenbesetzung sowie Mängel in der Person des Richters hierunter, die etwa bei einem blinden, tauben oder in der Sitzung schlafenden Richter angenommen werden. Zu beachten ist die in § 338 Nr. 1 HS 2 StPO geregelte Rügepräklusion.
- **§ 338 Nr. 2 StPO (Mitwirkung eines kraft Gesetzes ausgeschlossenen Richters):** Insoweit gelten die Ausführungen unter Rn. 279 f.
- **§ 338 Nr. 3 StPO (Mitwirkung eines Richters, der erfolgreich wegen Besorgnis der Befangenheit abgelehnt wurde oder dessen Ablehnungsgesuch zu Unrecht verworfen worden ist):** Insoweit gelten die Ausführungen unter Rn. 281 ff.
- **§ 338 Nr. 4 StPO (Unzuständigkeit des Gerichts):** Erfasst werden die örtliche Unzuständigkeit (vgl. § 16 StPO) sowie die funktionelle Unzuständigkeit einer Strafkammer (vgl. § 6a StPO), wobei die Präklusionsregelungen in §§ 6a Satz 3, 16 Satz 3 StPO zu beachten sind. Auch die Nichtbeachtung der Zuständigkeit der Jugendgerichte fällt unter § 338 Nr. 4 StPO, wobei insoweit keine Vorschrift zur Präklusion existiert. Die sachliche Zuständigkeit gemäß § 6 StPO stellt demgegenüber eine Verfahrensvoraussetzung dar, die auch ohne Verfahrensrüge von Amts wegen vom Revisionsgericht zu prüfen ist.
- **§ 338 Nr. 5 StPO (Durchführung der Hauptverhandlung in Abwesenheit der Staatsanwaltschaft oder einer Person, deren Anwesenheit das Gesetz vorschreibt):** Anwesenheitspflichten ergeben sich für den Angeklagten aus § 230 StPO, für den notwendigen Verteidiger aus § 145 StPO, für Staatsanwalt und Protokollführer aus § 226 StPO und für einen etwaig erforderlichen Dolmetscher aus § 185 GVG (Rn. 309). Für Richter und Schöffen gilt § 338 Nr. 5 StPO nicht, da § 338 Nr. 1 StPO insoweit spezieller ist. Zu beachten ist hinsichtlich § 338 Nr. 5 StPO, dass die Abwesenheit einen wesentlichen Teil der Hauptverhandlung betreffen muss (Meyer-Goßner/Schmitt StPO § 338

Rn. 36 ff.), die Abwesenheit einer Person, deren Anwesenheit das Gesetz grundsätzlich zwingend vorschreibt, mithin unschädlich ist, wenn während ihrer Abwesenheit keine für das Verfahren bedeutsamen Fragen erörtert werden. Zu beachten ist ferner, dass nach einer Reihe von Ausnahmetatbeständen die Verhandlung entgegen § 230 StPO ausnahmsweise in Abwesenheit des Angeklagten durchgeführt werden kann. Klausur- und Praxisrelevant sind insoweit insb. §§ 231 Abs. 2, 231a, 247 StPO.

- **§ 338 Nr. 6 StPO (Verletzung des Öffentlichkeitsgrundsatzes gemäß § 169 GVG):** Es gelten die unter Rn. 61 ff. dargelegten Grundsätze.
- **§ 338 Nr. 7 StPO (Fehlende Entscheidungsgründe oder Verletzung der Urteilsabsetzungsfrist):** Die Frist zur Absetzung des Urteils beträgt grundsätzlich 5 Wochen ab Verkündung, verlängert sich aber ab einer Hauptverhandlungsdauer von über 3 Tagen (§ 275 Abs. 1 Satz 2 HS 2 StPO). Eine Fristüberschreitung kann bei einer Hinderung durch einen nicht voraussehbaren und unabwendbaren Umstand (insb. bei Krankheit des Berufsrichters) ausnahmsweise zulässig sein.

cc) **Die relativen Revisionsgründe.** Relative Revisionsgründe können grundsätzlich aus der Verletzung jeglicher Verfahrensvorschrift folgen, soweit die weiteren Voraussetzungen in Gestalt der Beschwer und des Beruhens vorliegen. Eine abschließende Darstellung sämtlicher relativer Revisionsgründe ist an dieser Stelle nicht möglich, vielmehr wird auf die Ausführungen im Rahmen der vorstehenden Kapitel zur Durchführung des Ermittlungsverfahrens und insb. der gerichtlichen Hauptverhandlung Bezug genommen. Von besonderer Bedeutung in Klausur und Praxis sind im Zusammenhang mit den relativen Revisionsgründen die Prüfung möglicher **Beweisverwertungsverbote**, die Einhaltung der Bestimmungen zur Höchstdauer einer **Unterbrechung** der Hauptverhandlung nach §§ 229, 268 Abs. 3 StPO, die Beachtung gerichtlicher **Hinweispflichten** nach § 265 StPO, die Einhaltung des **Beweisantragsrechts** in §§ 244 ff. StPO, die Beachtung des **Unmittelbarkeitsgrundsatzes** in § 250 StPO sowie die **Gewährung des letzten Wortes** nach § 258 StPO. **442**

dd) **Beweiskraft des Protokolls.** Das Hauptverhandlungsprotokoll muss nach § 273 Abs. 1 Satz 1 StPO den Gang und die Ergebnisse der Hauptverhandlung im Wesentlichen wiedergeben und die Beachtung der wesentlichen Förmlichkeiten ersichtlich machen. Hinsichtlich dieser wesentlichen Förmlichkeiten bestimmt § 274 Satz 1 StPO, dass ihre Beachtung nur durch das Hauptverhandlungsprotokoll bewiesen werden kann. Das Protokoll entfaltet insoweit sowohl positive als auch negative Beweiskraft. **Positive Beweiskraft** bedeutet, dass sämtliche wesentlichen Förmlichkeiten, die im Protokoll als durchgeführt vermerkt **443** sind, auch als geschehen gelten; hiergegen ist nur der Nachweis der Fälschung zulässig (§ 274 Satz 2 StPO). **Negative Beweiskraft** bedeutet, dass alles was nicht im Protokoll steht, auch nicht geschehen ist (§ 274 Satz 1 StPO). Soll die Revision auf die Missachtung einer wesentlichen Förmlichkeit der Hauptverhandlung gestützt werden (zur Frage, was hierunter fällt Meyer-Goßner/Schmitt StPO § 273 Rn. 7), kann der Beweis im Revisionsverfahren somit grundsätzlich nur dann erfolgreich geführt werden, wenn sich aus dem Protokoll ergibt, dass die Förmlichkeit nicht beachtet worden ist. Dabei ist zu berücksichtigen, dass nach h. M. eine Berichtigung des Protokolls ausnahmsweise zulässig ist, wenn Protokollführer und Vorsitzender übereinstimmend darlegen, dass ein bestimmter Umstand versehentlich nicht oder fehlerhaft protokolliert worden ist. Dies kann auch dazu führen, dass eine ursprünglich zulässige und begründete Verfahrensrüge nachträglich unbegründet wird (BGH NStZ 2009, 582 – „Rügeverkümmerung“).

 → Fall 3: „Berichtigung des Hauptverhandlungsprotokolls“

444   **c) Die Sachrüge.** Auf die Sachrüge prüft das Revisionsgericht zunächst, ob die Urteilsfeststellungen eine tragfähige Grundlage für die rechtliche Prüfung bieten und ob die Beweiswürdigung Rechtsfehler aufweist. Diese sog. **Darstellungsrüge** ist begründet, wenn die Urteilsfeststellungen oder die Beweiswürdigung Widersprüche aufweisen, nicht nachvollziehbar sind oder gegen Denk- oder Erfahrungsgesätze verstoßen (Wolters/Janko JuS 2004, 684 [687]). Dabei ist zu beachten, dass die Beweiswürdigung des Tatsachengerichts allein darauf überprüft wird, ob die von dem Gericht gezogenen Schlussfolgerungen möglich sind. Demgegenüber ist es dem Revisionsgericht verwehrt, seine eigene Beweiswürdigung an die Stelle des Tatsachengerichts zu setzen, nur weil es eine bestimmte Schlussfolgerung für etwas naheliegender erachtet.

> Wird mit der Revision hingegen geltend gemacht, das Gericht habe den Sachverhalt nicht hinreichend aufgeklärt oder die Feststellungen auf Beweismittel gestützt, die nicht in die Hauptverhandlung eingeführt worden seien, handelt es sich um eine sog. **Aufklärungsrüge** bzw. eine sog. **Inbegriffsrüge**; hierbei handelt es sich um Verfahrensrügen.

445   Schwerpunkt der Sachrüge ist sodann die Frage, ob das Tatsachengericht **das materielle Recht richtig angewendet** hat, ob der festgestellte Sachverhalt also im Hinblick auf die in Betracht kommenden Strafnormen zutreffend subsumiert wurde. Zuletzt wird durch das Revisionsgericht auch überprüft, ob die in dem angegriffenen Urteil vorgenommene **Strafzumessung** Rechtsfehler aufweist.

Auch hier ist zu beachten, dass die konkrete Strafzumessung grundsätzlich Aufgabe des Tatrichters ist. Das Revisionsgericht überprüft nicht, welche Strafe es selbst für angemessen erachtet hätte, sondern allein, ob die Strafzumessung des Tatsachengerichts Rechtsfehler aufweist.

⚰ → Entscheidung Nr. 34

4. Entscheidung des Revisionsgerichts. Hat die Revision Erfolg, führt dies **446** i. d. R. nicht dazu, dass das Revisionsgericht in der Sache selbst entscheidet. Vielmehr hebt es das Urteil in dem Umfang, in dem es fehlerhaft zustande gekommen ist, auf und verweist die Sache in diesem Umfang zur erneuten Verhandlung und Entscheidung an eine andere Abteilung oder Kammer des betroffenen Gerichts zurück (§§ 353, 354 Abs. 2 StPO). Nur in den seltenen Fällen des § 354 Abs. 1 StPO kommt eine eigene Entscheidung des Revisionsgerichts in Betracht.

Das Verbot der **reformatio in peius** (vgl. bereits zur Berufung Rn. 420) gilt nach **447** § 358 Abs. 2 Satz 1 StPO mit den in § 358 Abs. 2 Satz 2 und 3 StPO normierten Ausnahmen auch im Revisionsverfahren. Zulässig bleibt i. Ü. eine bloße Schuldspruchänderung. Zu beachten ist zuletzt die Regelung in § 357 StPO, wonach bei mehreren Angeklagten die Aufhebung des Urteils wegen Gesetzesverletzung bei Anwendung des materiellen Rechts auch zugunsten von Angeklagten wirken kann, die selbst nicht Revision eingelegt hatten.

7. Kapitel **Beschwerden und Anhörungsrüge**

448 Während Berufung und Revision die statthaften Rechtsmittel gegen Urteile sind, sieht die StPO **gegen Beschlüsse und Verfügungen** die Beschwerde in unterschiedlichen Ausgestaltungen vor.

 In Prüfungen wird i. d. R. kein Detailwissen über Beschwerden verlangt.

I. Sofortige Beschwerde

449 Die sofortige Beschwerde ist in § 311 StPO geregelt und nur statthaft, wenn es die StPO ausdrücklich anordnet. Dies betrifft i. d. R. Beschlüsse, die geeignet sind, eine endgültige Rechtsfolge herbeizuführen oder aus anderen Gründen großen Einfluss auf die (Verfahrens-)Grundrechte haben. Einige wichtige Beispiele sind:

- Verwerfung eines Wiedereinsetzungsantrags (§ 46 Abs. 3 StPO),
- Unterbringung des Beschuldigten zur Vorbereitung eines psychiatrischen Gutachtens (§ 81 Abs. 4 StPO),
- Einstellung des Verfahrens wegen eines Verfahrenshindernisses (§ 206a StPO) oder einer Gesetzesänderung (§ 206b Satz 2 StPO),
- Nichteröffnungsbeschluss (§ 210 Abs. 2 StPO),
- Verwerfung der Berufung als unzulässig (§ 322 Abs. 2 StPO),
- Verwerfung des Einspruchs gegen einen Strafbefehl wegen Verfristung oder anderweitig begründeter Zulässigkeit (§ 411 Abs. 1 Satz 1 StPO) und
- Beschluss über den Widerruf der Strafaussetzung zur Bewährung (sog. **Widerrufsbeschwerde**) oder eine ähnliche Maßnahme (§ 453 Abs. 2 StPO).

450 Der Zweck der sofortigen Beschwerde besteht darin, zeitnah eine Entscheidung des instanziell höheren Beschwerdegerichts herbeizuführen (§ 73 Abs. 1 GVG und § 121 Abs. 1 Nr. 2 GVG). Sie ist binnen einer **Frist von einer Woche** ab Bekanntmachung (§ 35 StPO) des anzufechtenden Beschlusses bei dem Gericht, welches diesen erlassen hat, einzulegen (§ 311 Abs. 2 StPO). Dieses ist nur dann zur **Abhilfe** – d. h. zur Änderung der Entscheidung im Interesse des Beschwerdeführers – befugt, wenn es zuvor den Anspruch des Beschwerdeführers auf rechtliches Gehör verletzt hat (§ 311 Abs. 3 Satz 2 StPO). Die Vorschriften über die (einfache) Beschwerde (§§ 304 ff. StPO) finden ergänzende Anwendung.

> Die mit der sofortigen Beschwerde anfechtbaren Entscheidungen können nicht im Rahmen der Revision überprüft werden (§ 336 StPO). Bei Verzicht auf eine sofortige Beschwerde droht daher Rechtsverlust.

II. Beschwerde

Die (einfache) Beschwerde ist gemäß § 304 Abs. 1 StPO *„gegen alle von den Gerichten im ersten Rechtszug oder im Berufungsverfahren erlassenen Beschlüsse und gegen die Verfügungen des Vorsitzenden [...] und eines beauftragten oder ersuchten Richters zulässig, soweit das Gesetz sie nicht ausdrücklich einer Anfechtung entzieht“*. Dieser im Grundsatz sehr weite Anwendungsbereich wird durch § 305 Satz 1 StPO erheblich eingeschränkt; denn der Beschwerde entzogen sind hiernach alle *„Entscheidungen der erkennenden Gerichte, die der Urteilsfällung vorausgehen“*. Letztlich betrifft dies die gesamte Hauptverhandlung, wo regelmäßig nur ein Vorgehen nach § 238 StPO möglich ist (Rn. 298). **451**

Wichtige Anwendungsfälle der Beschwerde nach § 305 Satz 2 StPO sind: **452**
- Verhaftung bzw. Haftbefehl (sog. **Haftbeschwerde**),
- einstweilige Unterbringung und
- vorläufige Entziehung der Fahrerlaubnis.

Die Beschwerde ist gemäß § 306 Abs. 1 StPO in der dort genannten Form bei dem Gericht einzulegen, dessen Beschluss oder Verfügung angefochten wird. Sie unterliegt keiner Frist; das Gericht hat eine Abhilfebefugnis (§ 306 Abs. 2 StPO). **453**

Hilft das Gericht der Beschwerde nicht ab, so hat es die Beschwerde binnen drei Tagen dem Beschwerdegericht vorzulegen. Dieses ist auch hier das Landgericht (§ 73 Abs. 1 GVG) oder das Oberlandesgericht (§ 121 Abs. 1 Nr. 2 GVG). **454**

Der **Devolutiveffekt** sowohl der (einfachen) Beschwerde als auch der sofortigen Beschwerde ist nicht auf den bisherigen Verfahrensstoff beschränkt, sondern gestattet auch den Vortrag neuer Tatsachen (§ 308 Abs. 2 StPO und § 311 Abs. 3 StPO). Einen **Suspensiveffekt** schließt § 307 StPO jedoch – vorbehaltlich einer speziellen Regel (z. B. § 84 Abs. 4 Satz 2 StPO oder § 454 Abs. 3 Satz 2 StPO) oder einer ausdrücklichen Anordnung – aus. **455**

Entscheidungen im Beschwerdeverfahren ergehen ohne mündliche Verhandlung, jedoch *„in geeigneten Fällen“* nach Anhörung der Staatsanwaltschaft (§ 309 Abs. 1 StPO). Da es sich um Entscheidungen außerhalb der Hauptverhandlung handelt, sind Schöffen nicht zu beteiligen (Rn. 289). **456**

Die Anhörung der Staatsanwaltschaft ist der Regelfall. Das Gericht, bei dem die Beschwerde eingelegt wird, kann dem Anhörungserfordernis ohne zusätzlichen Aufwand entsprechen, indem es die Akten dem Beschwerdegericht „durch Vermittlung der Staatsanwaltschaft" zuleitet.

III. Besondere Beschwerdearten und Anhörungsrüge

457   Neben der Beschwerde und der sofortigen Beschwerde existieren einige besondere Beschwerdearten.

458   **1. Haftbeschwerde.** Eine nur vermeintlich besondere Beschwerdeart ist jedoch die Haftbeschwerde. Es handelt sich um eine „gewöhnliche" Beschwerde nach § 304 StPO, die sich nur begrifflich verselbständigt hat (Rn. 452).

459   **2. Weitere Beschwerde.** Eine weitere Beschwerde im Sinne einer dritten Instanz ist im Strafverfahren nur in den Fällen des § 310 StPO vorgesehen. Dies hat zu Folge, dass eine sofortige Beschwerde u. U. auch gegen Entscheidungen des Beschwerdegerichts möglich sein kann.

460   **Beispiel:**
Nachdem das Amtsgericht die Strafaussetzung zur Bewährung (vgl. § 56f Abs. 1 Satz 1 Nr. 1 StPO) widerrufen hat, legt der Verurteilte dagegen sofortige Beschwerde gemäß § 453 Abs. 2 Satz 3 StPO ein und versäumt die einwöchige Beschwerdefrist (§ 311 Abs. 2 StPO). Er beantragt die Wiedereinsetzung in den vorigen Stand nach §§ 44 f. StPO. Verwirft das als Beschwerdegericht zuständige Landgericht die sofortige Beschwerde und den Wiedereinsetzungsantrag (vgl. § 46 Abs. 1 StPO), ist nur gegen die Verwerfung des Wiedereinsetzungsantrages gemäß § 46 Abs. 3 StPO eine sofortige Beschwerde statthaft. Zuständiges Beschwerdegericht ist das Oberlandesgericht. Dies ist konsequent, denn das Landgericht hatte erstmalig über die Frage der Wiedereinsetzung zu entscheiden.

461   **3. Rechtsbeschwerde.** Eine Rechtsbeschwerde existiert allein im Strafvollzugsrecht gegen die Entscheidungen der Strafvollstreckungskammer (§ 116 StVollzG) sowie im Recht der Ordnungswidrigkeiten gemäß § 79 OWiG. Die Bezeichnung „Rechtsbeschwerde" verdeutlicht, dass dieses Rechtsmittel nur eine Rechtsprüfung gewährt (vgl. § 116 Abs. 2 StVollzG und § 79 Abs. 3 Satz 1 OWiG).

462   **4. Anhörungsrüge.** Eine Anhörungsrüge zur Behebung von Verletzungen des rechtlichen Gehörs (Art. 103 Abs. 1 GG) in Situationen, in denen sonst kein Rechtsbehelf statthaft ist, gestattet § 33a StPO. Ziel der Rüge ist ein Nachholungs- und Überprüfungsverfahren.

8. Kapitel   Strafvollstreckung und -vollzug

Gegenstand des Strafvollstreckungs- und Strafvollzugsrechts ist die Umset-　**463**
zung der in einem rechtskräftigen Strafurteil angeordneten Rechtsfolgen. Diesbezügliche Vorschriften finden sich insb. in den §§ 469 ff. StPO, dem JBeitrG
und (soweit der Strafvollzug betroffen ist) den Strafvollzugsgesetzen der Länder. Daneben existieren Verwaltungsvorschriften in Gestalt der StVollstrO und
der EBAO. Regelungsgegenstände des Strafvollstreckungsrechts sind u. a.:
- die Vollstreckung verhängter Freiheitsstrafen und sonstiger Freiheitsentzie-
  hungen (z. B. Strafarrest oder Jugendarrest),
- die Vollstreckung von Maßregeln der Besserung und Sicherung,
- der Einzug von Geldstrafen,
- die Durchsetzung von Fahrverbot und Fahrerlaubnisentziehung und
- die Mitteilung der Verurteilungen an das BZR und das FAER.

Die (weitere) Strafvollstreckung kann in Ausnahmefällen ausgeschlossen sein,　**464**
wenn bezüglich des Verurteilten ein **Gnadenakt** ergangen ist. Von den seltenen
Fällen des § 452 Satz 1 StPO abgesehen sind die Länder für das Verfahren der
Begnadigung zuständig, sodass sich die Einzelheiten aus dem jeweiligen Landesrecht ergeben (vgl. etwa die GnO NRW).

I.　Grundlagen der Strafvollstreckung

1. Zuständigkeiten. Zuständig für die Strafvollstreckung ist bei erwachsenen　**465**
Verurteilten grundsätzlich die **Staatsanwaltschaft als Strafvollstreckungsbe-
hörde.** Bei jugendlichen und heranwachsenden Verurteilten obliegt die Strafvollstreckung demgegenüber dem **Jugendrichter** des zuständigen Amtsgerichts als **Vollstreckungsleiter.** Eine gerichtliche Zuständigkeit besteht im
Rahmen der Strafvollstreckung für sämtliche zu einer Freiheits- bzw. Jugend-
strafe Verurteilte, wenn die Strafvollstreckung zur Bewährung ausgesetzt worden ist. Das Gericht nimmt hier die Aufgabe wahr, die Lebensführung des Verurteilten und die Einhaltung von Bewährungsauflagen durch diesen zu
überwachen. Zuständig ist insoweit das Gericht, das die jeweilige Strafe ver-

hängt hat. Schließlich begegnet im Rahmen der Strafvollstreckung noch die **Strafvollstreckungskammer beim Landgericht**, in deren Zuständigkeit insb. die Entscheidung darüber fällt, ob nach teilweiser Verbüßung einer freiheitsentziehenden Sanktion der Strafrest zur Bewährung ausgesetzt wird. Das Gericht des ersten Rechtszuges hat als „Vollstreckungsgericht" nur eine subsidiäre Zuständigkeit gemäß § 462a Abs. 2 StPO.

466   **2. Vollstreckung von Geldstrafen.** Die in §§ 459 ff. StPO und dem JBeitrG sowie den subsidiär zur Anwendung gelangenden EBAO und StVollstrO geregelte Vollstreckung von Geldstrafen obliegt nach § 451 Abs. 1 StPO, § 4 Nr. 1 StVollstrO der Staatsanwaltschaft und dort dem Rechtspfleger (§ 31 Abs. 2 RPflG). Dieser ordnet bei Eintritt der Fälligkeit der Geldstrafe, die grundsätzlich mit der Rechtskraft eintritt (§ 449 StPO), die **Einforderung der Geldstrafe** an. Hierfür wird eine Kostenrechnung nebst Zahlungsaufforderung erstellt und an den Verurteilten übersandt (§§ 4, 5 EBAO). Nach Maßgabe von § 459c Abs. 1 StPO, § 3 Abs. 2 EBAO ist die Geldstrafe hierauf binnen zwei Wochen nach Eintritt der Fälligkeit zu begleichen, es sei denn, dem Verurteilten sind Zahlungserleichterungen, wie z. B. Ratenzahlungen gewährt worden.

467   Wird die Geldstrafe nicht fristgemäß gezahlt, soll der Verurteilte gemäß § 7 Abs. 1 EBAO zunächst **gemahnt** werden. Vollstreckungsmaßnahmen werden erst vorgenommen, wenn binnen einer angemessenen Frist nach Absendung der Mahnung, keine Zahlungsanzeige eingeht, wobei eine Frist von zehn Tagen als angemessen zu erachten sein dürfte. Geht eine Zahlung auch nach Ablauf dieser Frist nicht ein, kann eine zwangsweise Beitreibung der Forderung erfolgen, die nach den Regeln der ZPO durchgeführt wird (§ 6 JBeitrG). Allerdings ist von Vollstreckungsmaßnahmen abzusehen, wenn davon auszugehen ist, dass diese nicht erfolgreich durchgeführt werden können (§ 459c Abs. 2 StPO). In dieser Konstellation kann nach § 459e Abs. 2 StPO eine Ersatzfreiheitsstrafe angeordnet und vollstreckt werden.

468   **3. Vollstreckung von Freiheitsstrafen.** Ist eine in einem rechtskräftigen Urteil verhängte Freiheitsstrafe zu vollstrecken, obliegt auch insoweit der Staatsanwaltschaft als Vollstreckungsbehörde die Einleitung der Vollstreckung. Sie hat insb. die für die Vollstreckung zuständige Justizvollzugsanstalt zu ermitteln und gemäß § 27 StVollstrO die **Ladung zum Strafantritt** vorzunehmen. In der Ladung wird dem Verurteilten eine Frist gesetzt, binnen derer er sich in der Vollzugsanstalt einzufinden hat, wobei die Frist i. d. R. so zu bemessen ist, dass dem Verurteilten mindestens eine Woche zum Ordnen seiner persönlichen Angelegenheiten zur Verfügung steht (§ 27 Abs. 2 Satz 1 StVollstrO). Ist ausnahmsweise die sofortige Vollstreckung geboten, unterbleibt nach § 27 Abs. 2 Satz 2 StVollstrO die Einräumung einer entsprechenden Frist. Erscheint der Verurteilte auf die ergangene Ladung ohne ausreichende Entschuldigung nicht binnen der ihm gesetzten Frist bzw. (wenn eine Frist nicht gewährt wurde) nicht spätestens am Tage nach der Zustellung der Ladung zum Strafantritt, erlässt die Vollstreckungsbehörde einen **Vorführungs- und Haftbefehl** (§ 33 Abs. 1 StVollstrO i. V. m. § 457 Abs. 2 Satz 1 StPO).

Die weiteren Einzelheiten des Ablaufs des Freiheitsentzuges in der Justizvollzugsanstalt richten sich nach dem jeweils einschlägigen Strafvollzugsgesetz. Erst die Frage, ob es zu einer vorzeitigen Haftentlassung aufgrund einer Aussetzung des Strafrests zur Bewährung kommt, bemisst sich nach den in §§ 57 f. StGB normierten Voraussetzungen. **469**

4. Bewährungsaufsicht. Um eine besondere Form der Strafvollstreckung handelt es sich bei der Bewährungsüberwachung. Setzt das Gericht eine Freiheitsstrafe gemäß § 56 StGB zur Bewährung aus, beschränkt sich die Tätigkeit von Staatsanwaltschaft und Gericht auf eine fortlaufende Kontrolle, ob sich der Verurteilte während der Bewährungszeit (§ 56a StGB) straffrei verhält und ggf. die ihm erteilten Auflagen (§ 56b StGB) und Weisungen (§ 56c StGB) erfüllt. Ein Antrag der Staatsanwaltschaft bzw. eine Entscheidung des Gerichts ist mit Ausnahme des angestrebten Straferlasses zum Ende der – erfolgreichen – Bewährungszeit (§ 56g StGB) nur bei auftretenden Schwierigkeiten erforderlich. **470**

II. Einführung in das Strafvollzugsrecht

Das Strafvollzugsrecht befasst sich mit der praktischen Durchführung von freiheitsentziehenden Strafen, also insb. der Freiheitsstrafe i. S. v. § 38 StGB. Es ist abzugrenzen vom Maßregelvollzugsrecht, das die Vollziehung freiheitsentziehender Maßregeln der Besserung und Sicherung zum Gegenstand hat. Das Strafvollzugsrecht war ursprünglich bundeseinheitlich in dem am 1.1.1977 in Kraft getretenen StVollzG normiert. Nachdem im Rahmen der Föderalismusreform I des Jahres 2006 die alleinige Gesetzgebungskompetenz für den Strafvollzug den Ländern zugewiesen wurde, haben zwischenzeitlich sämtliche Bundesländer eigene Strafvollzugsgesetze erlassen, die seit ihrem Inkrafttreten anstelle des StVollzG zur Anwendung gelangen. Nur einige wenige Bestimmungen im StVollzG, insb. die Vorschriften zum gerichtlichen Rechtsschutz **471**

(§§ 108 ff. StVollzG), gelten aufgrund einer fortbestehenden Gesetzgebungs-kompetenz des Bundes weiterhin in sämtlichen Bundesländern.

472 **1. Ziele des Strafvollzugs.** Die Strafvollzugsgesetze äußern sich in ihren ein-leitenden Bestimmungen zunächst zu den durch den Strafvollzug verfolgten Aufgaben und Zielen (exemplarisch Art. 2 BayStVollzG; § 2 HmbStVollzG; § 2 HStVollzG). Traditionell wird insoweit zwischen dem als **Resozialisierung** be-zeichneten Ziel der Wiedereingliederung des Gefangenen in die Sozialgemein-schaft auf der einen und dem **Schutz der Allgemeinheit** vor weiteren Straftaten auf der anderen Seite unterschieden. Resozialisierung bedeutet in diesem Zu-sammenhang, dass der Vollzugsinsasse befähigt werden soll, sich in die Sozi-algemeinschaft zu integrieren und ein Leben ohne Straftaten zu führen (BVerfG NStZ 1998, 478). Zur Erreichung dieses Zieles sehen die Strafvollzugs-gesetze zahlreiche Maßnahmen vor, welche eine Angleichung der Lebensbe-dingungen im Strafvollzug an die außerhalb der Vollzugsanstalt bestehenden Lebensumstände erreichen sollen. So kann Vollzugsinsassen beispielsweise ge-währt werden, einer **Arbeit** innerhalb oder außerhalb der Vollzugsanstalt nach-zugehen (in § 29 Abs. 1 Satz 2 StVollzG NRW als Arbeitspflicht ausgestaltet), **soziale Kontakte** durch einen Hafturlaub oder Ausgang aufrecht zu erhalten (exemplarisch Art. 13 f. BayStVollzG; §§ 53 ff. StVollzG NRW) und **Besuche** in der Vollzugsanstalt zu empfangen (exemplarisch §§ 28 ff. StVollzG Bln.). Dem-gegenüber zielt das Vollzugsziel des Schutzes der Allgemeinheit auf die Verhin-derung weiterer Straftaten ab. Seine Erreichung soll vorrangig durch Maßnah-men gefördert werden, die das Entweichen des Vollzugsinsassen aus der Haftanstalt verhindern sollen, also insb. die bauliche Gestaltung und techni-sche Ausstattung der Haftanstalt.

473 Die unterschiedlichen Vollzugsziele können auf den ersten Blick in vielfältiger Weise in ein Spannungsverhältnis geraten. Während das Vollzugsziel der Reso-zialisierung eine möglichst offene Vollzugsgestaltung gebietet, die insb. eine umfangreiche Gewährung von Vollzugslockerungen beinhaltet, kann der Schutz der Allgemeinheit während des Strafvollzugs am effektivsten dadurch erreicht werden, dass Kontakte des Vollzugsinsassen zur Außenwelt minimiert werden, der Vollzugsinsasse die Haftanstalt (oder sogar seine Zelle) mithin nur ganz ausnahmsweise verlässt. Freilich ist zu berücksichtigen, dass die Allge-meinheit gerade durch eine **erfolgreiche Resozialisierung** besonders effektiv geschützt werden kann, namentlich dergestalt, dass es nach der Haftentlassung langfristig mit erhöhter Wahrscheinlichkeit nicht mehr zu Straftaten durch den betroffenen Vollzugsinsassen kommt (dies betonend etwa § 2 Satz 3 HSt-VollzG). Vor diesem Hintergrund haben einige Bundesländer entschieden, entsprechend der schon zu § 2 StVollzG vorherrschenden Auffassung, einen Vorrang der Resozialisierung vor dem Schutz der Allgemeinheit durch die Sicherung im Freiheitsentzug zu normieren (vgl. §§ 1, 6 StVollzG NRW; wohl auch § 2 StVollzG Bln). Andere Vollzugsgesetze gehen von einer grundsätzlichen Gleichrangigkeit von Resozialisierungs- und Sicherungsauftrag aus (exemplarisch § 2 HmbStVollzG; § 2 HStVollzG; § 5 NJVollzG).

2. Ablauf des Strafvollzugs. In engem zeitlichem Zusammenhang mit dem **474** Haftantritt wird auf Grundlage einer **Behandlungsuntersuchung** für jeden Vollzugsinsassen ein individueller **Vollzugsplan** erstellt (exemplarisch Art. 8 f. BayStVollzG; §§ 9 f. StVollzG NRW; §§ 6 ff. StVollzG MV). In diesem sind insb. die auf den jeweils betroffenen Vollzugsinsassen zugeschnittenen Maßnahmen zu benennen, mittels derer seine Resozialisierung erreicht werden soll. Der Vollzugsplan enthält daher insb. Angaben zur Art der Unterbringung im Vollzug, zur Teilnahme an therapeutischen Behandlungs- oder anderen Fördermaßnahmen, zur Teilnahme an schulischer oder beruflicher Bildung, zu Art und Umfang einer Arbeit, zur Gestaltung der Freizeit und des Sports und zu vollzugsöffnenden Maßnahmen (vgl. ferner exemplarisch die Aufzählung in § 10 Abs. 1 Satz 4 StVollzG NRW). Ferner sind Angaben dazu zu machen, ob der Vollzugsinsasse in einer Anstalt des **geschlossenen oder offenen Vollzugs** untergebracht wird. Anstalten des offenen Vollzugs kennzeichnen sich dadurch, dass sie keine oder nur geringe Vorkehrungen gegen unerlaubte Entweichungen vorsehen und den Vollzugsinsassen deutlich mehr Freiheiten im Vollzugsalltag eingeräumt werden als in Anstalten des geschlossenen Vollzuges, deren Anliegen primär die „sichere Unterbringung" der Vollzugsinsassen ist (vgl. insoweit noch § 141 Abs. 2 StVollzG).

Im weiteren Verlauf des Strafvollzugs ist in regelmäßigen Zeitabschnitten (ty- **475** pischerweise innerhalb von 12 Monaten) zu überprüfen, ob es verantwortet werden kann, dem Vollzugsinsassen weitergehende Freiheiten einzuräumen und Vollzugslockerungen zu gewähren, oder ob Aspekte der Sicherheit eine Einschränkung der Vollzugsöffnung gebieten. Der Vollzugsplan ist entsprechend **fortzuschreiben** (exemplarisch § 5 Abs. 5 JVollzGB III; § 10 Abs. 2 StVollzG NRW).

Verstößt ein Vollzugsinsasse während des Strafvollzuges gegen die Anstalts- **476** ordnung, können seitens der Vollzugsanstalt **Disziplinarmaßnahmen** angeordnet werden (exemplarisch §§ 79 ff. StVollzG NRW). Zur Durchführung von Vollzugs- und Sicherungsmaßnahmen dürfen die Justizvollzugsbediensteten unter den gesetzlich normierten Voraussetzungen auch **unmittelbaren Zwang** anwenden (exemplarisch § 73 StVollzG NRW). Der Vollzugsinsasse seinerseits kann hinsichtlich Maßnahmen der Vollzugsanstalt, die er für rechtwidrig erachtet, nach § 109 Satz 1 StVollzG **gerichtliche Entscheidung** begehren. Nach Satz 2 der Vorschrift kann mit dem Antrag auch beantragt werden, eine durch die Vollzugsanstalt abgelehnte oder unterlassene Maßnahme vornehmen zu lassen. Zuständig ist nach § 110 StVollzG in beiden Fällen die Strafvollstreckungskammer, in deren Bezirk die beteiligte Vollzugsbehörde ihren Sitz hat. Gegen die Entscheidung der Strafvollstreckungskammer steht unter den Voraussetzungen des § 116 StVollzG die Möglichkeit der **Rechtsbeschwerde** offen.

477 Die Unterbringung in der Justizvollzugsanstalt endet grundsätzlich mit der **Haftentlassung**, die entweder nach Vollverbüßung der verhängten Freiheitsstrafe oder zu einem der in §§ 57 Abs. 1 und 2, 57a Abs. 1 StGB normierten Zeitpunkte erfolgt. Zum Zwecke der Vorbereitung auf die Haftentlassung soll verstärkt von der Möglichkeit der Gewährung von Vollzugslockerungen Gebrauch gemacht werden (exemplarisch § 16 Abs. 2 HStVollzG; § 17 Abs. 1 NJ-VollzG; § 59 StVollzG NRW). Ferner hat die Vollzugsanstalt den Vollzugsinsassen bei der Erledigung seiner Angelegenheiten zu unterstützen, worunter neben der Beschaffung von Ausweispapieren auch die Kontaktaufnahme zu Stellen und Personen fällt, die den Vollzugsinsassen nach der Haftentlassung unterstützen können (exemplarisch § 58 Abs. 1 StVollzG NRW). Auch hat sich die Anstalt darum zu bemühen, dass die Gefangenen nach der Haftentlassung über eine geeignete Arbeit, eine angemessene Unterkunft und ein stabilisierendes soziales Umfeld verfügen (exemplarisch § 16 Abs. 1 HStVollzG). Vor der Haftentlassung erstellt die Vollzugsanstalt einen Schlussbericht, in dem die Fähigkeiten und Entwicklungsmöglichkeiten des Betroffenen zusammenfassend dargestellt werden (exemplarisch § 60 Abs. 4 StVollzG NRW). Die Entlassung selbst soll an dem betreffenden Tag möglichst frühzeitig, jedenfalls noch am Vormittag erfolgen (exemplarisch § 60 Abs. 1 StVollzG NRW; § 50 Abs. 1 JVollzGB SA). Fällt das Strafende auf einen Samstag oder Sonntag, einen gesetzlichen Feiertag, den ersten Werktag nach Ostern oder Pfingsten oder in die Zeit vom 22.12. bis zum 6.1., können Gefangene an dem diesen Tagen oder Zeiträumen vorhergehenden Werktag entlassen werden (exemplarisch § 60 Abs. 2 StVollzG NRW; § 50 Abs. 2 JVollzGB SA). Teile dieser Regeln werden in manchen Bundesländern als „Weihnachtsamnestie" bezeichnet.

9. Kapitel   Jugendstrafverfahren

Das Jugendstrafverfahren weist gegenüber dem Erwachsenenstrafverfahren einige erhebliche Besonderheiten auf. Hintergrund ist der im Jugendstrafrecht geltende **Erziehungsgedanke**, der sich nicht nur in einem gegenüber dem Erwachsenenstrafrecht flexibleren Sanktionsspektrum (§§ 5 ff. JGG) sondern auch in dem Ablauf des Verfahrens widerspiegelt. So enthält das JGG zahlreiche Bestimmungen, die zum Zwecke der Erziehung des jungen Straftäters eine Abweichung von dem üblichen Ablauf des Strafverfahrens vorsehen. Nur für den Fall, dass dem JGG konkrete Vorgaben für das Jugendstrafverfahren nicht entnommen werden können, ist auf die allgemeinen Vorgaben, insb. aus der StPO und dem GVG zurückzugreifen (vgl. auch § 2 JGG).   **478**

Die im JGG und insb. in dessen §§ 42 bis 81 enthaltenen Vorgaben für das Jugendstrafverfahren gelten unmittelbar für Jugendliche, mithin für Tatverdächtige im Alter ab 14 und unter 18 Jahren; hinsichtlich Heranwachsender, d. h. Personen im Alter von 18 bis unter 21 Jahren ist den §§ 107 bis 109 JGG zu entnehmen, ob und in welchem Umfang die §§ 42 bis 81 JGG zur Anwendung gelangen (Definitionen in § 1 Abs. 2 JGG). Zentrales Anliegen dieser Vorschriften ist die **Verfahrensbeschleunigung** da eine spezialpräventive Einflussnahme auf junge Straftäter für wahrscheinlicher erachtet wird, wenn sie zeitnah zur Tat erfolgt (Laubenthal/Baier/Nestler Jugendstrafrecht Rn. 263). Darüber hinaus soll stigmatisierenden Wirkungen des Strafverfahrens entgegengewirkt und durch eine spezielle Schulung der Strafverfolgungsorgane eine erzieherische Einflussnahme auf den jungen Tatverdächtigen erleichtert werden.   **479**

I.   Verfahrensbeteiligte

Eine erste Besonderheit des Jugendstrafverfahrens besteht darin, dass das JGG spezielle Anforderungen an die Verfahrensbeteiligten benennt und einzelnen Institutionen eine bedeutsamere Stellung zukommen lässt, als dies im allgemeinen Strafverfahren der Fall ist. Zu berücksichtigen ist zunächst § 37 JGG, wonach die **Richter bei den Jugendgerichten** erzieherisch befähigt und in der   **480**

Jugenderziehung erfahren sein sollen. Die Vorschrift ist Ausdruck des Umstandes, dass der Jugendrichter neben seiner ahndenden Funktion gegenüber den jungen Straftätern auch erzieherisch tätig werden soll, wofür es als förderlich erachtet wird, wenn er spezielle Kenntnisse auf dem Gebiet der Pädagogik, der Jugendpsychologie, der Jugendpsychiatrie, der Kriminalbiologie sowie der Soziologie aufweist. Da auch die Staatsanwälte an der erzieherischen Beeinflussung junger Straftäter mitwirken sollen, bestimmt § 36 JGG, dass spezielle **Jugendstaatsanwälte** bestellt werden, für die § 37 JGG ebenfalls zur Anwendung gelangt.

481 Eine bedeutsame Rolle nimmt im Jugendstrafverfahren ferner die **Jugendgerichtshilfe** ein (siehe bereits Rn. 35), die – im Gegensatz zu der im allgemeinen Strafverfahren agierenden Gerichtshilfe – eine Stellung als Verfahrensbeteiligte innehat. Die von den Jugendämtern im Zusammenhang mit den Vereinigungen für Jugendhilfe ausgeübte Jugendgerichtshilfe ist nach § 38 Abs. 3 JGG so früh wie möglich und im gesamten Verfahren gegen Jugendliche und Heranwachsende zu beteiligen. Sie soll nach § 38 Abs. 2 JGG die erzieherischen, sozialen und fürsorgerischen Gesichtspunkte im Verfahren vor den Jugendgerichten zur Geltung bringen und zu diesem Zweck die beteiligten Behörden durch Erforschung der Persönlichkeit, der Entwicklung und der Umwelt des Beschuldigten unterstützen.

482 Eine spezielle Rechtsposition kommt im Jugendstrafverfahren nach § 48 Abs. 2 JGG und § 50 Abs. 4 JGG ferner **Bewährungshelfern, Leitern sozialer Trainingskurse** sowie **Betreuungshelfern** zu, die mit einem jungen Straftäter befasst sind. Vor allem haben sie ein Recht, in der Hauptverhandlung anwesend zu sein. Machen sie hiervon Gebrauch, sollen sie von dem Richter zur Entwicklung des Jugendlichen angehört werden.

483 Hinsichtlich des **Verteidigers** ergibt sich eine Besonderheit im Jugendstrafverfahren vorrangig daraus, dass eine notwendige Verteidigung nicht nur in den in § 140 StPO normierten Fällen besteht, sondern auch dann, wenn einer der in § 68 Nr. 2 bis 5 JGG enthaltenen Tatbestände erfüllt ist. Liegt ein Fall der notwendigen Verteidigung nicht vor, kann der Vorsitzende gemäß § 69 Abs. 1 JGG nach seinem Ermessen einem jugendlichen Beschuldigten in jeder Lage des Verfahrens einen **Beistand** bestellen. Zu beachten ist zuletzt die Regelung in § 67 JGG, wonach in Verfahren gegen Jugendliche auch den **Eltern und gesetzlichen Vertretern** die Rolle eines Prozessbeteiligten mit eigenen Rechten und Pflichten zukommt.

II. Besonderheiten im Ermittlungsverfahren

Besonderheiten im Ermittlungsverfahren ergeben sich zunächst daraus, dass **484**
bereits in diesem frühen Verfahrensstadium gegen einen Jugendlichen im **Be-
schlusswege richterliche Anordnungen über die Erziehung** getroffen werden
können (§ 71 Abs. 1 JGG). Darüber hinaus eröffnet § 71 Abs. 2 JGG die Möglichkeit, die einstweilige Unterbringung des Jugendlichen in einem Heim anzuordnen, wovon angesichts des erheblichen Eingriffs in die Freiheitsrechte
des (lediglich tatverdächtigen) Jugendlichen indes nur zurückhaltend Gebrauch gemacht wird. Weisungen nach § 71 Abs. 1 JGG sind ihrem Inhalt nach
in etwa mit Weisungen i. S. v. § 10 JGG vergleichbar.

> **Beispiel:** **485**
> Gegen den 16-jährigen A läuft ein Ermittlungsverfahren wegen des Ver-
> dachts der Körperverletzung, da er während des Besuchs eines Fußballspiels
> des 1. FC Köln einem Fan der gegnerischen Mannschaft im Rahmen einer
> tätlichen Auseinandersetzung den Arm gebrochen haben soll. Der zustän-
> dige Richter ordnet nach § 71 Abs. 1 JGG an, dass A bis Abschluss des Straf-
> verfahrens das Stadion des 1. FC Köln nicht aufsuchen darf.

Von erheblicher praktischer Bedeutung ist ferner der Umstand, dass nach § 72 **486**
Abs. 1 JGG **Untersuchungshaft** (§§ 112 ff. StPO) im Jugendstrafverfahren nur
angeordnet und vollstreckt werden darf, wenn ihr Zweck nicht durch eine vorläufige Anordnung über die Erziehung gemäß § 71 Abs. 1 JGG oder durch andere Maßnahmen erreicht werden kann (**Prinzip der Haftvermeidung**). Besonders strenge Voraussetzungen für die Anordnung der Untersuchungshaft
bestehen darüber hinaus nach § 72 Abs. 2 JGG, wenn es sich bei dem Beschuldigten um einen Jugendlichen handelt, der das sechzehnte Lebensjahr noch
nicht vollendet hat. Denn in dieser Konstellation darf eine Fluchtgefahr (§ 112
Abs. 2 Nr. 1 StPO) nur angenommen werden, wenn der Beschuldigte sich entweder dem Verfahren bereits entzogen bzw. Anstalten zur Flucht getroffen
(Nr. 1) oder im Geltungsbereich des JGG keinen festen Wohnsitz oder Aufent-
halt hat (Nr. 2). Wird die Untersuchungshaft angeordnet, ist nach § 72 Abs. 5
JGG das Verfahren mit noch deutlicherer Beschleunigung durchzuführen.

Zu beachten sind im Ermittlungsverfahren gegen Jugendliche und Heranwachsende ferner §§ 43 Abs. 1 Satz 1, 109 Abs. 1 Satz 1 JGG, wonach so frühzeitig wie möglich die Lebens- und Familienverhältnisse, der Werdegang,
das bisherige Verhalten des Beschuldigten und alle übrigen Umstände ermittelt werden sollen, die zur Beurteilung seiner seelischen, geistigen und
charakterlichen Eigenart dienen können. Hierfür sollen insb. der Erzie-
hungsberechtigte und der gesetzliche Vertreter, die Schule und der Ausbil-
dende gehört werden (§ 43 Abs. 1 Satz 2 JGG).

487   Von erheblicher praktischer Bedeutung ist ferner die Regelung in § 45 JGG, die
ein Absehen von der Strafverfolgung unter im Vergleich zu § 153 StPO deutlich
erweiterten Möglichkeiten zulässt. In der Praxis wird bei einer Verfahrenseinstellung im Jugendstrafrecht üblicherweise von „**Diversion**" gesprochen. Über
§ 47 JGG werden auch die Einstellungsmöglichkeiten des Richters nach erfolgter Anklageerhebung erweitert.

III. Besonderheiten im gerichtlichen Verfahren

488   Erstinstanzlich zuständig für Verfahren gegen Jugendliche und Erwachsene
sind i. d. R. spezielle Abteilungen der Amts- und Landgerichte in Gestalt der
Jugendrichter, der **Jugendschöffengerichte** sowie der **Jugendkammern** (§ 33
Abs. 2 JGG). Dabei besteht die Besonderheit, dass die Hauptverhandlung gegen
Jugendliche nach § 48 Abs. 1 JGG unter **Ausschluss der Öffentlichkeit** durchgeführt wird. Hintergrund ist der Umstand, dass der Jugendliche nicht durch ein
breites Publikum unnötig eingeschüchtert und stigmatisiert werden soll. Bei
Heranwachsenden kann nach § 109 Abs. 1 Satz 5 JGG die Öffentlichkeit ausge-
schlossen werden, wenn dies in ihrem Interesse geboten ist.

489   Eine weitere Besonderheit des Jugendstrafverfahrens stellt der Umstand dar,
dass die in §§ 231 ff. StPO eröffneten Möglichkeiten, die Hauptverhandlung in
Abwesenheit des Angeklagten durchzuführen, durch §§ 50 f. JGG stark eingeschränkt werden. Hiernach soll der Jugendliche während der Hauptverhandlung grundsätzlich **durchgehend anwesend** sein, es sei denn, eine Verhandlung
in Abwesenheit wäre auch im allgemeinen Verfahren zulässig und es liegen
darüber hinaus besondere Gründe für eine Durchführung der Verhandlung in
Abwesenheit des Angeklagten vor und der Staatsanwalt stimmt dem zu.

Auch im Jugendstrafverfahren endet die Hauptverhandlung grundsätzlich mit **490** der Verlesung der Urteilsformel und der anschließenden mündlichen Eröffnung der Urteilsgründe. Hiervon abweichend kann nach § 54 Abs. 2 JGG von einer mündlichen oder schriftlichen Mitteilung der Urteilsgründe abgesehen werden, wenn durch die Mitteilung **erzieherische Nachteile** zu befürchten wären. Abgesehen von dieser Sonderkonstellation normiert § 54 Abs. 1 Satz 1 JGG für den Fall, dass der Angeklagte schuldig gesprochen wird, dass in den Urteilsgründen auch ausgeführt werden muss, welche Umstände für seine Bestrafung, für die angeordneten Maßnahmen, für die Überlassung ihrer Auswahl und Anordnung an das Familiengericht oder für das Absehen von Zuchtmitteln und Strafe bestimmend waren. Wird der Angeklagte verurteilt, kann nach § 74 JGG (i. V. m. § 109 Abs. 2 Satz 1 JGG) entgegen § 465 Abs. 1 StPO davon abgesehen werden, ihm die **Kosten des Verfahrens** aufzuerlegen.

Abweichungen vom allgemeinen Strafverfahren ergeben sich zuletzt im Hin- **491** blick auf das **Rechtsmittelverfahren.** Zwar existieren auch im Jugendstrafverfahren die Rechtsmittel der Berufung und der Revision, jedoch bestimmt § 55 Abs. 1 JGG, dass eine Entscheidung, in der nur erzieherische Weisungen (§ 10 JGG), Erziehungsbeistandschaft (§ 12 Nr. 1 JGG) oder Zuchtmittel (§§ 13 ff. JGG) angeordnet oder in der die Auswahl und Anordnung der Erziehungsmaßregeln nach § 53 JGG dem Familiengericht überlassen worden sind, hinsichtlich Art und Umfang der verhängten Rechtsfolgen nicht angefochten werden kann. Das Rechtsmittel kann in diesen Fällen also allein auf die tatsächliche und/oder rechtliche Bewertung der Schuldfrage und die Anwendung des § 105 JGG gestützt werden, nicht jedoch darauf, dass die ausgesprochene Sanktion inhaltlich anders hätte ausfallen müssen. Zu beachten ist ferner § 55 Abs. 2 (i. V. m. § 109 Abs. 2 Satz 1) JGG, wonach gegen Entscheidungen des Jugendrichters und des Jugendschöffengerichts jeder Anfechtungsberechtigte nur mit einem Rechtsmittel vorgehen kann. Er muss sich also entscheiden, ob er Berufung oder Revision einlegen möchte. Entscheidet er sich für die Berufung, steht ihm gegen das Berufungsurteil die Revision nicht mehr zu.

Der jugendstrafrechtliche Erziehungsgedanke wirkt sich auch auf die **Vollstreckung jugendgerichtlicher Sanktionen** aus. Diesbezügliche Abweichungen vom allgemeinen Verfahren sind insb. in den §§ 82 ff. JGG und den vollzugsrechtlichen Bestimmungen der Länder geregelt.

10. Kapitel   **Weitere besondere Verfahren**

492   Einige besondere Verfahrensarten und Verfahrensabschnitte können abschließend nur kurz erwähnt werden:

493   Das Recht der Abschöpfung von Tatmitteln und Taterträgen (sog. **Vermögensabschöpfung bzw. Einziehung, §§ 73 ff. StGB i. V. m. §§ 421 ff. StPO**) wurde bereits mehrfach als Bestanteil des Strafverfahrens angesprochen. Ein **selbständiges Einziehungsverfahren** sieht § 435 StPO vor.

494   Auf diese Vorschrift verweist auch § 444 Abs. 3 StPO für das selbständige Verfahren über die **Festsetzung einer Geldbuße gegen juristische Personen oder Personenvereinigungen (§ 30 OWiG).**

495   Unbeschadet des Rechts der Vermögensabschöpfung führt eine strafrechtliche Verurteilung nicht automatisch zu einem zivilrechtlichen Titel (vgl. §§ 704, 794 ZPO). Um einen Zivilprozess und damit ein weiteres Verfahren zu vermeiden, können die durch eine Straftat Verletzten nach §§ 403 ff. StPO einzelne mit der Tat im Zusammenhang stehende Ansprüche durch ein sog. **Adhäsionsverfahren** geltend machen (z. B. Schmerzensgeld).

496   Die Behandlung **zivil- oder verwaltungsrechtlicher Vorfragen** ist für das Ermittlungsverfahren in § 154d StPO geregelt; für das gerichtliche Verfahren enthält § 262 Abs. 2 StPO eine ähnliche Regel (siehe umgekehrt § 149 ZPO). Staatsanwaltschaft und Gericht können hiernach die strafrechtliche Untersuchung aussetzen, wenn die Beurteilung maßgeblich von einem zivil- oder verwaltungsrechtlichen Rechtsverhältnis abhängt. Auf diese Weise soll auch eine missbräuchliche „Nutzung" der Verfolgungsbehörden aus rein privaten Interessen vermieden werden. Auf Verfahren anderer Gerichtsbarkeiten (vgl. Art. 95 Abs. 1 GG) finden die Vorschriften analoge Anwendung (vgl. Meyer-Goßner/Schmitt StPO § 154d Rn. 3); für Steuerstrafverfahren siehe außerdem § 396 AO.

497   Die **Entschädigung für unrechtmäßig erlittene Strafverfolgungsmaßnahmen** richtet sich nach dem StrEG. Die Entscheidung über die Gewährung einer Entschädigung hat im Urteil oder mit dem verfahrensbeendenden Beschluss zu erfolgen (§§ 8 f. StrEG).

Stichwortverzeichnis

Die Zahlenangaben beziehen sich auf die Randnummern des Buches.